D1872804

Marlene Dietrich muß nicht vorgestellt werden, jeder kennt sie. Ihre Filme werden in den Kinos und im Fernsehen immer wieder aufgeführt, ihre Schallplatten sind weit verbreitet, die hohen Summen, zu denen ihre noch nicht vollendeten Memoiren gehandelt werden, machen international Sensation. Weitgehend unbekannt aber ist die Geschichte der Entstehung ihrer Filme und ihres künstlerischen Werdegangs. Die Stiftung Deutsche Kinemathek Berlin legt nun zwei Materialbände vor, die zahlreiche unbekannte oder verschollene Dokumente zu den Filmen von Marlene Dietrich enthalten. Die Filme werden durch Rezensionen der internationalen Presse sowie Produktions- und Atelierberichte dokumentiert.
Der erste Band verdient besonderes Interesse durch ein Dossier zum *Blauen Engel,* dem Wendepunkt in der Karriere Marlene Dietrichs, in dem Emil Jannings, Josef von Sternberg, Heinrich Mann, Friedrich Hollaender, Karl Vollmoeller, Erich Pommer, Carl Zuckmayer u. a. zu Wort kommen. Außerdem enthält er Originalbeiträge von Herman G. Weinberg, dem bekannten Filmjournalisten und intimen Kenner der Filme Sternbergs, von Jean Améry und Frieda Grafe.
Der zweite Band schließt die Dokumentation durch eine Chronik, die die gesicherten Daten zu Leben und Werk Marlene Dietrichs aufführt, eine Theatrographie, Filmographie, Discographie und Bibliographie ab.

Internationale Filmfestspiele Berlin
Stiftung Deutsche Kinemathek
Retrospektive 1977

Marlene Dietrich

Dokumente/Essays/Filme/Teil 1
Zusammengestellt
von Werner Sudendorf
Carl Hanser Verlag München

Redaktion des Bandes: Gero Gandert
Redaktion der Retrospektive: Helga Belach, Peter Schulz
Übersetzungen: Cäcilie Glinz, C. Noll
Brinckmann, Karola Gramann

ISBN 3-446-12463-2
Alle Rechte vorbehalten
© 1977 Carl Hanser Verlag München, Wien
Umschlag: Klaus Detjen, München
Herstellung: H. Heenemann KG, Berlin
Printed in Germany

Inhalt

Polemik vor der Premiere

Reaktionen der Kritik

Filme

Jean Améry
Die Künstlerin Dietrich und die Öffentliche Sache

Anfang Mai 1933 konnten die Leser des deutschen Fachblattes »Lichtbildbühne« den folgenden polemischen Text lesen:

»Von der Paramount wird die Nachricht bestätigt, daß Marlene Dietrich und Joseph v. Sternberg für die Saison 1933/34 erneut unter Paramount-Kontrakt stehen. — So sehr die deutschen Filmfreunde die Nachricht zu schätzen wissen, daß Marlene Dietrich unter der Weltmarke Paramount weiter arbeitet, so werden die nationalen Filmkreise Deutschlands diese Nachricht doch nicht ohne gewisse Bedenken aufnehmen. Marlene Dietrich ist heute in der Welt die berühmteste deutsche Filmdarstellerin. Diese Künstlerin weiter in den Händen eines amerikanischen Unternehmens zu wissen, kann nicht restlos begeistern, wenn man an die Fülle von Kitsch denkt, für den diese deutsche Frau in den letzten Jahren mißbraucht worden ist. Eine deutsche Künstlerin, und noch dazu eine von Weltruf, wünscht man in deutschem Geist und in deutscher Produktion tätig zu sehen! Marlene Dietrich mag über den Ozean hinüber zur Kenntnis nehmen, daß heute für eine deutsche Künstlerin, wenn sie sich als solche zu betrachten wünscht, nicht die Dollar-Kontrakte das ausschlaggebende Kriterium für ihre Engagements-Abschlüsse sein darf. Es ist nach der nationalen Revolution absurd, daß unsere berühmteste Filmschauspielerin in fremdem Land nach fremden Direktiven in englischer Sprache statt in ihrer Muttersprache Filmrollen spielt, statt ohne Rücksicht auf Gage-Fragen ihre Kunst und ihren Ruhm dem Film des eigenen Volkes zur Verfügung zu stellen. Im übrigen: nachdem von der N.S.-Spio (was immer das für eine ›Dienststelle‹ gewesen sein mag — d. V.) die Frage schon angeschnitten worden ist, ob das neue Deutschland auf die Einfuhr von Filmen solcher deutscher Künstler noch Wert zu legen hat, die den Staub des Vaterlandes von ihren Füßen zu schütteln vorgezogen haben, dürfte es zweifelhaft bleiben, ob das deutsche Publikum künftig noch Marlene-Dietrich-Filme zu sehen bekommen wird, solange sie sich für den Dollar entscheidet.«

Das war vor rund 43 Jahren in den Frühlingsstürmen des nationalen Aufbruchs. Und soeben — Frau Dietrich ist eine betagte Dame, der ihr eigenes filmisches und politisches Geschick bereits als Teil der Geschichte und darum dem persönlichen Bereich einigermaßen entrückt erscheinen mag — berichtet in ihrer Nummer vom 19. März 1977 unter der Rubrik »People« die »International Herald Tribune«: »Marlene Dietrich gelang es [. . .] die Münchener Premiere eines Films zu blockieren, in welchem Adolf Hitler als ein sie heimlich Liebender dargestellt wird. Die in Deutschland geborene Schauspielerin führte ins Treffen, daß *Adolf und Marlene* für sie beleidigend sei und drohte, durch ihren französischen Anwalt rechtliche Schritte zu unternehmen, damit dieser Film niemals gezeigt werde . . .«*
Die beiden hier angeführten Nachrichten, getrennt voneinander durch mehr als vier Jahrzehnte, sollen gleich eingangs Zeugnis dafür ablegen, daß die Künstlerin Dietrich, die 1930 als die »Künstlerin Fröhlich« des Heinrich Mannschen »Professor Unrat«, verwandelt allerdings durch Pommers und Sternbergs Eingriffe in die »Lola Lola, Liebling der Säsonk«, den Deutschen und der Welt zu einem, wie Roland Barthes sagen würde, »Mythos des Alltags« geworden war —, daß diese Künstlerin Dietrich seit dem Machtantritt Hitlers wahrscheinlich wider ihren Willen, gewiß entgegen ihrer ursprünglichen Bestimmung, Symbol der Öffentlichen Sache ist. Marlene Dietrich ist ein zeitgeschichtliches Phänomen. Sie war und sie blieb — wie wir es der oben zitierten Kurznachricht entnehmen können — ein Politikum. In den im freundlichen Flachland gelegenen Gefilden der »leichten« Kunst bedeutet sie das, was auf den Höhen von Davos und Sils-Maria, dort also, wo es todernst und feierlich zugeht, Thomas Mann war. Beide, die zierliche Frau mit den dokumentarisch belegt hübschen Beinen, und der Dichter mit dem strengen Patrizierkopf, hätte herzlich gern das Dritte Reich in dessen Anfängen als verlorene, aber wiedergefundene Kinder Deutschlands an seinen Busen gedrückt; im Falle Frau Dietrichs heißt es, Goebbels habe sogar ihren Schwager als Emissär zu ihr gesandt, sie zur Heimkehr zu bewegen. Beide blieben sie unzugänglich — die Künstlerin Dietrich noch etwas energischer als der Schriftsteller Thomas Mann. Der einen wie dem anderen haben die Deut-

* Inzwischen ist der Film angelaufen (Anm. des Hrsg.)

schen nicht verziehen. Die Unerbittlichkeit dieses Volkes nahm höchst eigentümliche und zugleich charakteristische Formen an. Es war ja nicht so, daß gegen Thomas Mann nur die unbelehrbar Altbraunen aufheulten: kaum hatte es diesen (aus Altersgründen und der daraus folgenden stillen Verblödung) den Atem benommen, traten selbstbewußt und nicht wenig hoffärtig die Junglinken an ihre Stelle. Für diese war natürlich Thomas Mann nicht mehr der »Verräter seines Volkes«; er war, nun ja: ein Relikt des bürgerlichen Zeitalters, ein »Vertreter spätbürgerlicher Ideologie«, wie mir einmal an einer deutschen Hochschule wörtlich nach einem Vortrag über den Dichter ein Student in der Diskussion zurief. Frau Dietrich wiederum wurde, als das alberne »Verräter«-Argument sich nicht mehr so recht zeitgemäß ausnahm, flugs zur »Oma« deklariert, die als solche überhaupt nicht mehr interessieren könne.

Es ist doch überaus merkwürdig, wie die verschiedenen Völker auf diese Frau, ihre Kunst, ihre »Gestalt« reagieren! Noch vor wenigen Jahren ließ sie sich in Brüssels größter Konzerthalle sehen und hören. Die Presse berichtete einhellig, die Leistung der Künstlerin sei schlechthin überwältigend gewesen, weit überzeugender als seinerzeit die der gleichfalls noch im Alter das Publikum bezaubernden Mistinguett. Als aber Marlene Dietrich 1960, in einem für show-business-Begriffe noch durchaus szenenmöglichen Alter, blendend aussehend, in der Bundesrepublik gastierte, waren nicht nur ein paar stumpfsinnige Nationalisten zur Stelle, sie zu kränken, sondern es erschienen auch in ganz vernünftigen Zeitungen Artikel von außerordentlicher Perfidie. *Was* die deutsche Presse sich damals an Vulgarität, Klatschsucht, falscher Sentimentalität, Insinuation bis zur offenbaren Niedertracht hin geleistet hat, könnte der Anlaß zu einer Analyse des deutschen Medien-Verhaltens und des Problems der »öffentlichen Meinung« im allgemeinen sein. Dergleichen ist hier unmöglich. Ich werde später nur in einigen Andeutungen und kurzen Beispielen auf die Frage, was die Deutschen in ihren Zeitungen lesen wollen und was man ihnen bietet, zu sprechen kommen. Zunächst aber muß doch wohl, da ich ja nicht nur ironisch auf Heinrich Manns Künstlerin Fröhlich anspielend, vielmehr auch ganz ernsthaft von der *Künstlerin* Dietrich sprach, die Frage ihrer Künstlerschaft — nun ganz jenseits des politischen Faktums — erörtert werden. Ich halte, um es gleich vorweg zu nehmen, Frau Dietrich für eine gute Künstlerin, eine Schauspielerin von Geist und

Grazie, sowie für eine ganz ausgezeichnete Diseuse, und schließlich kenne ich von Lucienne Boyer bis Barbara, von Lotte Lenya bis Patachou nicht wenige Damen des »leichten« Gesangsvortrags-Fachs. Aber wieviel gilt mein Urteil über Film und Vortragskunst, habe es sich auch in Jahrzehnten durch große Aufmerksamkeit auf das jeweils Neue gebildet? Ich bin, dies sei eingestanden, recht unsicher. Unsicherer noch, als wenn es darum ginge, Keller und Fontane oder gar Gleim und Matthisson zu bewerten. Gewiß gibt es auch in der literarischen Ästhetik — um nur eben diese als Exempel anzuführen, weil sie mir vergleichsweise geläufig ist — keine allgemein verbindlichen Wertkriterien. Aber es gibt literarische Traditionen, breite Geschmacksgemeinschaften, und es gibt vor allem den Lehrbetrieb, der jegliche direkte Aneignung älterer literarischer Zeugnisse uns zugleich unmöglich macht und als Aufgabe freundlich abnimmt: es wurde über die Literatur von ihren ersten Spuren bis sehr weit herauf in unsere Zeit so gut wie alles Sagensmögliche schon ausgesprochen. Unmöglich und zugleich überflüssig, sich Hölderlin (aber auch Benn, aber auch Brecht!) auf eigene Hand anzunähern. Zwischen uns und den literarischen Phänomenen hat sich das Gebirge von Sekundärliteratur und Kritik aufgebaut, dergestalt freilich, daß es unseren Blick nicht verstellt, sondern als Bestandteil des je zur Rede stehenden Textes konditioniert. Die Geschichte, zu der auch die Jüngstgeschichte gehört, hat hier ihr unwiderrufliches und trotz gelegentlich gewaltsamer Revisionsversuche unverlierbares Wort gesprochen. Ist denn »eigentlich« — und ich setze das Wort unter Anführungszeichen, da es doch so gut wie nichts bedeutet — »Füllest wieder Busch und Tal« ein schönes Gedicht? Die Absurdität der Frage liegt auf der Hand, nicht etwa weil es »selbstverständlich« ein schönes Gedicht ist und weil irgend jemand auf der Welt in intersubjektiv gültiger Sprache erklären könnte, warum es schön sei, sondern weil diese Verse totaliter eingegangen sind: sowohl in die geistesgeschichtliche Tradition und den sanktifizierenden Lehrbetrieb, wie auch in jedermanns psychische Existenz. Die Tradition tradiert nicht nur: sie ist ein schöpferischer Prozeß, der Realität erzeugt.

Daß es sich im Film, im show-business, ja sogar im Bereich des »seriösen« Theaters nicht so verhält, ist offenbar. *Der Film hat noch keine Geschichte,* sofern wir über die mit ihm befaßte Fachwelt hinausgehen. Er wird nicht als Geistesgut weitergegeben; alle Weihen, sogar die niedrigen, fehlen ihm. Stärker den je herrschenden Marktgesetzen unterworfen als die Bildnerei, die Literatur, die »hohe« Musik, ist er darum auch abhängiger von den mit steigender Geschwindigkeit wechselnden Moden. Der Verschleiß der Filmgesichter ist gewaltig, zumal diese den einander geschwind und unablässig ablösenden Schönheitsidealen, den erotischen Typen, entsprechen müssen. Der »Vamp«, um ein Beispiel herauszunehmen, das uns die Person von Frau Dietrich wieder näherbringt, ist heute nur noch komisch. Sogar das Wort ist aus dem Vokabular verschwunden. So wie die Antlitze, die Coiffuren, Toiletten, verbraucht sich auch die Gestensprache. Stimmfärbungen, Vortragsstile werden nicht nur von einem Tag auf den anderen unmodern (unmodern ist schließlich auch Gottfried Keller ...) — sie werden unmöglich und ridikül. Sehr wahrscheinlich würden sich heute Künstlerinnen des großen Theaters, wie die Königin des Wiener Burgtheaters im XIX. Jahrhundert, Charlotte Wolter, die Sarah Bernhardt, die Duse in tragischen Szenen überaus humoristisch ausnehmen. Man müßte, um ihnen gerecht zu werden, sie *historisch* sehen. Da aber das gespielte Theater im Gegensatz zur Dramatik, die wir *lesen,* keine Geschichte hat, ist das *historische Schauen* nicht möglich. Und nun gar erst der Film, das Chanson! Der Verbrauch macht sie zunichte im Hui. Nicht nur die Nachwelt flicht dem Mimen keine Kränze, auch jene, mit denen die Mitwelt ihn krönt, verwelken von einer Stunde zur anderen. Was bleibt, das ist im besten Fall Erinnerungsatmosphäre. Die »evergreens« bleiben grün nur, solange irgend jemand noch da ist, dem sie ein Stück eigener Vergangenheit vermitteln. Die alten Filme werden rezipiert — ich wiederhole es: mit Ausnahme einer bemühten Fachwelt — nur von jenen, für die sie ein Stück ihrer Jugend bedeuten. Nur allzu gut erinnere ich mich, wie ich durch puren Zufall vor einigen Jahren den von der gesamten kinematographischen Fachliteratur gefeierten und höchst geistvoll interpretierten Murnau-Film *Der letzte Mann** sah, der mir bis dahin unbekannt gewesen war. Es war eine Nervenprobe schlimmster Art. Jannings als Hotelportier, den das Geschick in den Hades der Toiletten stößt, war ein grotesker Popanz. Keine Spur von Ergriffenheit. Nur ein schmerzendes Gelächter über so viel täppisches Ungeschick, so viel

* *Der letzte Mann.* Deutschland 1924. Regie: F. W. Murnau

ärgerliches Chargement seitens des Hauptdarstellers und des Regisseurs.
Und damit komme ich nach diesem bereits allzulangen ästhetischen Exkurs wieder zurück zu Marlene Dietrich und zur Einschätzung ihrer Filme, von denen ich bekennen muß, daß ich sie ganz subjektiv sehe und mit meinen Urteilen auch nicht den mindesten Anspruch auf Gültigkeit erhebe. Was ich hier wertend aussage, ist bestimmt einerseits durch die schon erwähnte Erinnerungsatmosphäre, andererseits durch ephemere ästhetische Kriterien, die in Geltung standen, als Frau Dietrichs Filme neu waren, und die heute ganz gewiß überholt sind, so wie die Urteile Truffauts, die ich soeben seinem Buch »Die Filme meines Lebens«* entnehmen konnte. Nach all diesen Einschränkungen und Vorbehalten sage ich nun aus persönlicher Sicht, daß Frau Dietrich in wenigen hervorragenden, vielen durchschnittlichen und manchen miserablen Filmen zu sehen war, daß sie mir aber mit der einzigen Ausnahme von *Golden Earrings* (1947), wo sie eine gleichsam einem schlechten Öldruck entstiegene Zigeunerin zu spielen hatte, stets als eine souveräne Künstlerin erschien, interessanter (weil selbstironischer) als die Garbo, mindestens so schön wie heute Cathérine Deneuve, so gewandt wie Barbra Streisand, so intelligent wie Romy Schneider. — Übrigens gebe ich zu, daß ich im Falle der Künstlerin Dietrich nicht nur durch Erinnerungsatmosphäre, sondern auch *politisch* befangen bin: womit das zentrale Thema dieser Überlegung wieder angeschlagen ist.
Marlene Dietrich ist ein politisches Symbol: für jene, die sich mit Hitlers Reich freudig oder auch nur faul arrangierten, und (mit umgekehrtem Vorzeichen) für uns, denen ein solches Arrangement entweder a priori gar nicht möglich war oder die sich freiwillig ihm verweigerten. Frau Dietrich gehört zu den sehr wenigen deutschen Künstlern, die, ganz jenseits des allzuoft und zumeist konfus evozierten »politischen Bewußtseins«, nach Hitlers Machtantritt, wie die NS-Filmzeitung schrieb, »den Staub des Vaterlandes von ihren Füßen schüttelten«. Man mag einwenden, daß sie schon seit 1930 in Hollywood arbeitete. Man kann wieder und wieder vom »Dollar«

* François Truffaut: Die Filme meines Lebens. Aus dem Französischen von Frieda Grafe und Enno Patalas. (Originaltitel: Les Films de ma vie, Paris 1975.) München 1976

reden. Man kann ins Treffen führen, daß sie, als es darauf ankam, zum Dritten Reich ja oder nein zu sagen, noch immer dem jüdischen Regisseur Sternberg verbunden war. All dies wiegt federleicht angesichts der Tatsache, daß zwischen 1933 und dem Ausbruch des Zweiten Weltkriegs Deutschland sich als eine wirtschaftliche und militärische Macht erster Ordnung konstituierte und daß jedermann, wie es mit einem widrigen Ausdruck heißt, durchaus »richtig lag«, wenn er sich zu dieser neuen Weltmacht bekannte. Furtwängler »lag richtig« — man lese das einmal in Lion Feuchtwangers verschlüsseltem Roman »Exil«* nach. Richard Strauss »lag richtig«: er hat sich hierzu auch mit der ganzen Naivität eines Musikers, der zugleich ein moralisch defizienter und dummer Mann ist, Klaus Mann gegenüber noch 1945 bekannt. Und richtig lagen selbstverständlich alle die Schauspieler, Chansonniers, Librettisten, Schlager-Komponisten, die, mit ganz wenigen Ausnahmen, als deren rühmlichste Hans Albers ausdrücklich genannt werden muß, von einem Tag auf den anderen ihre gestern noch umworbenen jüdischen Freunde und Kollegen kaum noch kennen wollten. Ein recht charakteristisches Exempel für die richtig Liegenden ist der Schlager-Konfektionär Peter Kreuder, der in einem Memoirenbuch über Frau Dietrich den indiskretesten Unsinn zusammenschrieb. Die Rivalen, die Robert Stolz, Werner Heymann, Paul Abraham, Friedrich Hollaender, Hans May waren draußen in der Emigration. Umso besser. Nun hatte man es leicht und gut, indem man alle ihre Plätze auf einmal einnahm.

Marlene Dietrich aber, preußische Offizierstochter, war nicht gestimmt, ihre wunderbare Erscheinung und ihre — ja, ich weiß schon, heute etwas komische, damals aber den Stand der erotischen Emanzipation ausdrückende — leicht heisere Altstimme in den Dienst der so ganz offensichtlich zukunftsträchtigen nationalen Sache zu stellen. Ihr Verhalten war trotz des »Dollars« nicht wenig riskant. Vergessen wir doch nicht: In Deutschland wäre sie ganz selbstverständlich und mühelos die Erste gewesen: in den USA gab es, Star hin, Star her, einen Konkurrenzkampf von unglaublicher Härte. Wo es drüben Anwärterinnen in Fülle gab, lauter schöne, hochbegabte Frauen, Landeskinder eines Territoriums, das ein schier unerschöpfliches Talent-Reservoir abgab, dort gähnte in

* Lion Feuchtwanger: Exil. Amsterdam 1939

Deutschland eine nachtschwarze Leere, und der Minister Goebbels war darauf gestellt, sich als schwachen Ersatz die Schwedin Zarah Leander zu holen, unachtlich des nicht ganz geheuren Vornamens. Zivilcourage muß man Frau Dietrich zugestehen. Auch physischen Mut. Während des Zweiten Weltkriegs hat sie, nunmehr neugebakkene Amerikanerin, an praktisch allen Fronten vor den GIs gesungen. Fünfhundert Auftritte, viele davon unter nicht nur prekären, sondern faktisch gefährlichen Umständen. Das war durchaus Kriegsdienst. Alle Bundesbürger, einschließlich der Jüngsten, die sie kaum noch kennen, inbegrifflich jener, die 1960 von ihr als einer — ach pfui doch! — sexy sich herausstellenden »Oma« sprachen, hätten ihr Dank zu sagen: Am Ende waren es doch, was immer man später wider die amerikanische Politik hat vorbringen müssen — ich selber habe in den Kaltkriegstagen unter Boykottrisiko nicht wenig gegen sie gewettert! —, *amerikanische Soldaten,* die Deutschland von Hitler befreiten; es waren die von der Dietrich erfrischten GIs, die es uns allen möglich machten, als mehr oder weniger freie Menschen zu sprechen, in Freiheit auch *gegen* die USA, wenn es uns nötig scheint, Stellung zu beziehen. Frau Dietrich sang in der US-Uniform, die ihr reizend stand zu dem mageren Gesicht und der zierlichen Figur, ihre alten Lieder und ein paar neue. Sie sang gelegentlich auch in deutscher Sprache, und irre ich nicht, dann wurden ihre Lieder durch Lautsprecher nach den deutschen Linien hin übertragen — »Zersetzung der Wehrkraft« denn also, ein Delikt, das 1943 auch auf meinem eigenen Gestapo-Akt stand. Das war es im wesentlichen, das man nicht vergab. Man »bewältigte« den Fall Dietrich nicht, verweigerte sich ihm — solange bis der Begriff der Vergangenheitsbewältigung, durch alle Gossen einer mediokren Presse gezogen, lächerlich gemacht wurde, was immer das geistesschlichteste Mittel ist, sich einer Problematik zu entziehen.
Hat die Künstlerin Dietrich Fehler begangen? Natürlich, genau so wie wir alle jeden Tag. Sie hat mittelmäßige Superproduktionen mit ihrem Gesicht und ihrem Namen in Hollywood ausstaffiert. Sie sang manch untermittelmäßiges Lied und zerdehnte dabei die Konsonanten, daß man es leid wurde. Aber noch die elendsten melodramatisch aufgebauschten Filme, in denen man sie sah, waren zumindest *harmlos,* während zur gleichen Zeit in Deutschland allzuviele ihrer Kolleginnen und Kollegen bösartige Propaganda vom Bildschirm aus ins Land sekretierten; mit Gruseln erinnere ich die große

Schauspielerin Paula Wessely, die einen Gipfelpunkt verderblichen Kitsches erklomm in einem Film, wo sie eine von den »bestialischen Polen« bedrängte »Volksdeutsche« spielte. Und was soll man gar erst sagen über Werner Krauß, dessen schauspielerisch imponierende Leistung in Harlans *Jud Süß** so eindringlich war, daß sie im Publikum Pogrom-Stimmung hat erzeugen müssen? Aber Krauß nahm an seiner Seele so wenig Schaden wie an seiner Laufbahn. Nach dem Kriege war er der große alte Mann des deutschen Theaters; der Remigrant Kortner war nur eine Unannehmlichkeit, die man ertrug, und die Künstlerin Dietrich blieb stigmatisiert als Verräterin. — Nein, die mittelmäßigen und selbst die schlechten Filme kann man vernünftigerweise nicht ihrem Schuldenkonto anlasten; Struktur und Ästhetik Hollywoods bedingten, was sie zu tun hatte; um ein Haar hätte man ja auch die wundersame Michèle Morgan und Gabin »le Magnifique« in jenen Traumfabriken zerstört, deren künstlerische Höhe ungefähr auf dem Geistes- und Sensibilitätsniveau des alten Louis B. Mayer lag.
Der große Irrtum ihrer künstlerischen und politischen Existenz war die Deutschland-Tournee im Jahre 1960, die zu einem Desaster für sie und zu einem unfreiwillig schmählichen Selbstbekenntnis der deutschen Öffentlichkeit wurde. Sie kam, wie sie meinte, als Triumphator heim — und als Repräsentantin des Landes, dem die zweite deutsche Republik ihre Freiheit und Sicherheit verdankte. Was sie nicht bedacht hatte und was keinem Exil-Deutschen, einschließlich jener Schriftsteller, die sich als Remigranten die Rollen der Praeceptores Germaniae zutrauten oder anmaßten, in den Sinn wollte, das war die völlig unerwartete Selbstsicherheit der Bundesbürger und der Westberliner. Wie sich Verdienst und Glück verketteten, das hatte ihr nicht eingeleuchtet. Mit dem wirtschaftlichen Aufstieg Deutschlands hatte das Volk dieses Landes auch sein ganzes gutes Gewissen wiedergewonnen. Zudem war schon eine Generation herangewachsen, für die Frau Dietrich so wenig bedeutete wie der Nazi-Spuk: Was hatten denn tatsächlich junge Menschen, die bei Kriegsende zehn Jahre alt waren und nun, 1960, *ihre* Idole sich aufbauten und zugleich die ersten schüchternen Schritte ins politische Gelände wagten, noch zu schaffen mit einer Frau, die sie in keinem einzigen Film gesehen hatten und deren politische Drangsal ihnen

* *Jud Süß*. Deutschland 1940. Regie: Veit Harlan

so ferne lag und so unverständlich war wie die pro-Dreyfus-Position der Sarah Bernhardt? Jene freilich, die damals die deutsche Presse auf all deren Ebenen beherrschten, wußten, worum es ging. Sie verstanden, daß man den Deutschen, Jungen, Alten, Jüngsten, nur so oft wie irgend möglich die Wörter »deutsch« und »Deutschland« ins Ohr brüllen mußte, um von langer Hand her konditionierte Reflexe auszulösen. Man ließ sich gar nicht erst ein auf die Künstlerin Dietrich. Man sprach dagegen von der Frau, die Deutschland haßte oder nicht haßte, die eine rechte Deutsche oder eine Ex-Deutsche war, von einer preußischen Offizierstochter, die Deutschland schmähte, einer Emigrantin, der die wieder gefragten DM schmeckten, einer Großmutter, die sich unstatthafterweise noch erotische Präsenz erlaubte. Man könnte seitenlang zitieren, was damals an Bösartigem ausgegossen wurde. Das ist unmöglich. Ein paar Beispiele scheinen mir dennoch unerläßlich.
»Marlene marschierte an der Seite der Widerstandskämpfer und unversöhnlichen Feinde alles Deutschen durch die Champs Elysées und ließ sich feiern als Bekämpferin alles Deutschen. Marlene zügelte ihre Zunge nicht, als das deutsche Volk längst begonnen hatte, sich aus Trümmern und Elend zu erheben und wieder Achtung in der Welt zu gewinnen. [. . .] Es wäre für Marlene und für uns besser, sie bliebe dort, wo sie ist [. . .]« (Badisches Tagblatt, Baden-Baden, 24. 3. 1960). — »Die USA und die Bundesrepublik waren längst wieder Freunde, als Marlene Dietrich noch immer ihren Privatkrieg führte gegen das ohne Not (sic!) aufgegebene Vaterland. [. . .] Nun, wir würden deshalb auch gar nicht mit ihr rechten, wenn die harten D-Mark-Gagen genau so verachtet würden von ihr wie ihr Geburtsland und deren (sic!) Menschen . . .« (Kölnische Rundschau, 23. 3. 1960). — »Wer hat diese Person, die im Krieg gegen uns gearbeitet und mit unseren damaligen Feinden paktiert hat, zu Gastspielen eingeladen? Schämen diese Leute sich nicht? . . .« (Leserzuschrift an die BILD-Zeitung vom 12. 3. 1960, abgedruckt unter der Überschrift ›Bleib, wo du bist, Marlene!‹) — »Man sagte mir drüben, ihr hättet ein goldenes Kalb gemästet« (als Legende unter einer Karikatur, Frau Dietrich in den Mund gelegt vom ›Simplizissimus‹, 7. 5. 1960).
Das sollte genügen. Was mir an Dokumenten über persönliche Zuschriften an Marlene Dietrich vorliegt, ist so abstoßend, ja teilweise sogar obszön, daß ich keine Lust habe, mich darauf einzulassen.

Auffallend ist der Gleichklang von patriotischer Entrüstung und Parvenü-Stolz auf die »harte D-Mark«. Das Verhalten der deutschen Presse gegenüber der Künstlerin Dietrich spiegelt getreulich die psychische Verfassung eines Restaurations-Deutschland unter Adenauer wider, das sich lückenlos fügt an die Bundesrepublik dieser Tage, der ihre Position als wirtschaftliche und militärische »Führungsmacht Europas« so sehr zu Kopfe stieg, daß sie nicht nur die — ohnehin nur allerwegen Unfug stiftenden — Franzosen, sondern den gestern noch mit ärgerlicher Servilität umdienerten Amerikanern ihre ganze Hoffart von Tag zu Tag zügelloser zu verspüren gibt. Und es erhellt auf fast erschreckende Weise das tragische Schicksal der Emigranten. Gewiß doch: Man hätte sie allenfalls wieder aufnehmen und gebrauchen wollen, wären sie nur im Büßerhemd heimgekehrt. Man verabscheute sie, sobald sie die objektiv historisch gültige Wahrheit auszusprechen wagten, nämlich: daß sie die Sieger waren in einem guten, gerechten Krieg. Nur freilich, es läßt sich rechtens einwenden, daß man nicht zugleich Sieger sein kann und besiegtes Landeskind; daß es unmöglich ist, zu triumphieren, und von eben jenen, denen man mit einer noch so legitimen Überwindergeste gegenübertritt, herzliche Zuneigung zu erwarten. Die Tragik der Emigranten bzw. Remigranten bestand in dem grundeinfachen Faktum, daß sie in der Tat beides waren: Landsleute der Deutschen, gefesselt an dieses Deutschland durch alle erdenklichen emotionalen Bindungen — und dennoch die Überwinder Deutschlands und unumgänglicherweise auch guten Hasser. Haß und Liebe waren gleich stark. Die Entscheidung war eine existentielle Katastrophe —: der konnte man nicht ausweichen, auf das Risiko hin, jegliche Identität zu verlieren. Der rechte Weg war ganz gewiß der, den Oskar Maria Graf einschlug. Er war ein Deutscher, ein bayrischer Volksdichter, aber er lebte, ein Fremder, in New York, wo er auch starb.

Nein, die Deutschland-Tournee 1960 mit all den Demütigungen, die sie mit sich brachte, hätte Frau Dietrich sich ersparen können. Es führte, es führt kein Weg zurück. Eine andere Sache ist das Verhältnis der Deutschen zu dieser Künstlerin, das sich heute, mehr als drei Jahrzehnte nach Kriegsende mit einigem guten Willen jenseits von Klatsch und Ressentiments auf eine neue Basis stellen ließe. Deutschland könnte, müßte die Künstlerin Dietrich wiederfinden, so wie man Tucholsky wiederfand, der ja am Ende den Deutschen

viel bitterer schmeckende Wahrheiten gesagt hat, wie ein Robert Neumann, der den Weg zu einer über die politische Bewußtseinsschwelle tretenden neuen deutschen Jugend beschreiten durfte. Allerdings ist zu bedenken, daß die genannten Autoren einen mächtigen Alliierten hatten: die im Entstehen begriffene junge Linke in Deutschland. Marlene Dietrich hatte niemals einen so hochartikulierten Verbündeten. Sie war im engeren Sinne des Politischen nicht fixiert gewesen und hatte auch später keine politische Stellung bezogen. Ihre Wahl, nicht aus den USA nach Deutschland zurückzukehren, als Hitler die Macht ergriff, war eine *moralische* und hatte nur insofern mit Politik zu tun, als damals jedes moralische bzw. unmoralische Verhalten politische Konsequenzen nach sich zog. Dies macht ihren »Fall« unendlich viel komplizierter, wiewohl er doch im Grunde der allereinfachste war. In einem Interview, das sie 1966 einer französischen Wochenschrift gab, sagte sie: »Ich war Deutsche, aber ich weigerte mich, mich mit einem Land solidarisch zu erklären, in dem solche Ungeheuerlichkeiten vor sich gingen ...« Und auf die Frage, ob sie wohl ›gerührt‹ gewesen sei, als sie 1960 wieder in Berlin war, die vollkommen klare und saubere Antwort: »Nicht eine einzige Stunde. Wenn ein Emigrant in sein Vaterland zurückkehrt, das er verlassen hat, um anderswo sein Glück zu versuchen, dann verstehe ich, daß er gerührt ist. Dies war aber bei mir nicht der Fall: ich hatte mein Vaterland aufgegeben, weil es mir Schande machte.«
Gerade weil Frau Dietrich einerseits die Sentimentalität gegenüber ihrer deutschen Vergangenheit so wenig kennt wie einst ihr Freund Erich Maria Remarque, und weil sie andererseits von keiner Seite politisch reklamiert werden kann, müßte es endlich möglich sein, sowohl ihr moralisches Verhalten zu würdigen wie ihre künstlerische Leistung zu analysieren und zu diskutieren. Ich schlage nichts weniger vor als eine deutsche »Wiedergutmachung« für Frau Dietrich; eine solche hat sie nicht nötig; sie käme außerdem auch viel zu spät. Aber ich plädiere für eine emotionsfreie, ernsthafte Auseinandersetzung der deutschen Öffentlichkeit mit dem Geschick und den Arbeitsqualitäten der *Emigrantin* Marlene Dietrich. Dergleichen wird hoffentlich im Rahmen der geplanten Marlene-Dietrich-Retrospektive geschehen, mit öffentlichen Debatten von Fachleuten und, wenn irgend möglich, auch von Zeit-und Schicksalsgenossen Frau Dietrichs. Es ist ja zu bedenken, daß diese Künstlerin den Deut-

schen, die heute um die Dreißig sind, bestenfalls noch dem Namen nach bekannt ist, daß ihre wichtigsten Filme sogar die Generation der Vierziger nicht mehr gesehen hat, daß man also am Punkt Null beginnen muß und eben darum die besten Chancen hat, zu einem vernünftigen Urteil zu gelangen. Das geschichtliche Element, von dem ich eingangs sprach, müßte dann wohl eingeführt werden, und zwar in dessen ästhetischer wie auch politischer Ausdehnung, jenseits der abgeschmackten »Nostalgie« natürlich, unabhängig auch von allen kommerziellen Überlegungen. 1959 veranstaltete das »Museum of Modern Art« in New York City ein zwei Monate währendes Dietrich-Film-Festival. Es ist das Allernatürlichste, daß endlich nun auch in Deutschland ein solches Vorhaben durchgeführt wird. Die alten Freunde Marlene Dietrichs sind nicht wenig gespannt auf die Reaktion des Publikums.
In Deutschland wird ja immer noch und ganz entgegen den oft verkrampften Versuchen zur »Demokratisierung der Kunst«, anders als in den USA, eine strikte Demarkationslinie gezogen zwischen »leichter«, und »hoher« Kunst. Was Kurt Weill einmal für die Musik gesagt hat, was aber grosso modo für alle Künste gilt, nämlich: daß nicht nach leicht und schwer gemessen werden dürfe, nur nach gut und schlecht, man hat es sich in Deutschland nicht zu Herzen genommen. Marlene Dietrich ist eine Künstlerin des »leichten« Fachs, meinetwegen. Aber in ihren besten Songs, ihren geglücktesten Filmen hob sie die Leichtigkeit auf und machte sie zu unfeierlichem und gerade darum besonders eindrucksvollem Ernst. In ihrem Leben auch. Ein Bild, das in Deutschland arg schockiert hat, ist mir besonders teuer: Frau Dietrich mit amerikanischer Soldatenmütze und geschmückt mit dem Kreuz der Ehrenlegion, zum zehnten Jahrestag der Befreiung von Paris mit Widerstandskämpfern die Champs Elysées hinaufmarschierend. Gehörte ich dem Volk der Deutschen an, ich wäre stolz auf sie — und stolz auf diesen Stolz.

Marlene Go Home!
Briefe und Flugblätter zur Deutschlandtournee im Mai 1960*

Ein schamloses Frauenzimmer kämpft um seine Ehre!
Es ist leider nicht überall bekannt, daß der *Marlene Dietrich* 3 Filme aus ihrem »ruhmreichen« Schaffen verboten wurden: Die spanische Tänzerin, Marokko, Der blaue Engel!
Diese unrühmlichen »Kunstwerke« gerieten schon von den Nazis sofort in Acht und Bann. Die Dietrichen rächte sich an den Nazis, indem sie die amerikanischen Truppen mit Haßgesängen gegen Deutschland anfeuerte. Tausende von Gräbern deutscher Soldaten vor Aachen hat somit die Dietrichen auf dem Gewissen, indem sie nicht nur die Nazis bekämpfte, sondern auch das deutsche Volk, was andere Emigranten nicht getan haben!
Zur Schande der Dietrichen mußte sie erfahren, daß die Freiwillige Filmselbstkontrolle ihren »Blauen Engel« im Jahre 1957 wieder abgesetzt hatte, und zwar aus Gründen der Sittenverderbnis der Männer- u. Frauenwelt, wie das zahllose Briefe bekundet haben. Denn nach dem Besuch des »Blauen Engels« gings tatsächlich früher schon vom Film ins Freuden-haus. Also war der Kampf der Dietrichen vergeblich gewesen. Sie hatte sich nur eine ungeheure Belastung zugezogen, wie früher schon, als sie als Frau und Mutter in schamlos sexuell aufreizender Kostümierung von der Tonne herabgröhlte: »Ich bin von Kopf bis Fuß auf Liebe eingestellt.« Mit Recht wurde ein solches verderbliches Filmschaffen auch von der Freiwilligen Selbstkontrolle verworfen und gegeißelt. Auf ihrer Europa-Tournee aber sucht die Dietrichen Hilfe wie bei *Willi Brand, dem ehem. Widerstandskämpfer in Schweden,* ferner bei den *Emigranten, Kz-lern,* bei der *Halbwelt* und bei *den Dummen.* Zweifellos läßt die Dietrichen diese ihre Freunde mitverdienen. Im »Blauen Engel« aber *haben sich Juden, Katholiken, Disidenten wahrhaftig* ein unrühmliches Stelldichein gegeben; hier war man in der Behandlung des Sex im Element!

* Sämtliche Briefe und Flugblätter werden im Originaltext wiedergegeben. Grammatikalische oder orthographische Fehler wurden nicht korrigiert.

Dieser Volksschädling von Dietrich würde auch von uns für einen gefallenen Vater, Sohn oder Bruder (vor Aachen) die verdiente Strafe erfahren.

Flugblatt in Aachen

Ich kann nicht anders, aber ich muß meinem Herzen Luft machen und Ihnen sagen, daß Sie das verkommenste Frauenzimmer sind, das bis heute gelebt hat.
Schämen Sie sich nicht, als gemeine und schmutzige Verräterin nochmals deutschen Boden zu betreten?
Sind Sie sich nicht bewußt, daß Sie durch Ihre infamen Hetzereien auf der Feindseite tausende deutscher Menschen auf dem Gewissen haben?
Sie gehören gelyncht, da Sie die elendste Kriegsverbrecherin sind.
Dies schreibe ich im Namen all meiner deutschen Schwestern und Brüdern!

Namentlich gezeichneter Brief einer Frau aus Mayen/Rheinland

Soeben entnehme ich Artikel Nuernberger Nachrichten Nr. 101 Montag 2. Mai folgendes: Das Bändchen der französischen Ehrenlegion leuchtete rot unter Marlene Dietrichs Mantel hervor als sie auf dem Flugplatz Berlin-Tegel dem Flugzeug entstieg »Ich bin glücklich wieder in meiner Heimatstadt zu sein« — zuerst in englischer dann in französischer und schliesslich in deutscher Sprache. Wenn man dieser neuesten Provokation ihrer Person hinzurechnet was Sie sich bereits in früheren Jahren an Beleidigungen gegen Ihr Vaterland und Ihre deutsche Heimat geleistet haben ist man zunächst verwundert dass sie die Unverfrorenheit besitzen überhaupt noch einmal deutschen Boden zu betreten. Wenn dies nunmehr tatsächlich in der Absicht geschieht in dem nach Ihrer Meinung verruchten Deutschland ein Gastspiel durchzuführen um damit wenigstens ein gutes Geschäft zu machen dann vermag man ob einer solchen Ehr und Schamlosigkeit nur noch dem dringenden Ersuchen Ausdruck zu geben: »Verlassen Sie sofort deutschen Boden und fahren dorthin wo Sie hergekommen sind. Für jeden anständigen

Deutschen ist es eine Schmach und Schande eine Marlene Dietrich auf deutschem Boden zu wissen.«

Namentlich gezeichnetes Telegramm eines Mannes aus Nürnberg

Frau Marlene Dietrich,
Der jüdische Snob und der intellektuelle Mob werden sich vor Begeisterung über Ihren Auftritt in Berlin kringeln! Sie und Ihre jüdischen Hintermänner haben es geschafft den Verfall des Westens und seiner Moral u. Kultur zur unabbänderlichen Tatsache zu machen. In die Kloake mit Ihnen und Ihren geschäftstüchtigen Smocks.
Vaterlandsverräterin

Anonymer Brief aus Berlin

20. 5. 60

Frau Marlene Dietrich!
In unserem deutschen Lande, da wachsen noch immer die Tannen und auch das Erz, doch Du liebe Marlene hast kein deutsch fühlendes Herz.—
Kein *freies* Lächeln kommt von Deinem von Narben *verzehrten* Gesicht, aber auf *deutsches Geld* bist Du plötzlich ganz *verpicht.*—
Aus einem adligen Hause sollst Du sein, aber Deine Seele ist so schrecklich klein.—
Doch wirst Du später noch älter sein, dann werden für Dich, die von Dir ausgesprochenen Sätze über uns Deutsche sehr peinlich sein.—
Wo ist Dein zu Hause, Du unruhiges Menschlein klein.—
Im Namen aller deutschen Frauen und Mütter die vieles hergeben mußten.—

Anonym

An alle Jugendlichen in Wiesbaden!
MARLENE DIETRICH – von Kopf bis Fuß auf D-Mark eingestellt.

Marlene Dietrich will uns am 22. Mai 1960 mit einem Gastspiel beehren. Wer ist Marlene Dietrich?
Hier ihr Steckbrief:
Vor *60 Jahren* in Weimar als Marie v. Losch geboren — lange vor Hitler ins Dollarland entfleucht — im Krieg »Frontsängerin« und Ami-sierdame bei unseren Gegnern — »ausgezeichnet« mit dem roten Band der frz. Ehrenlegion — *schämt sich, Deutsche zu sein* — wollte ihr Geburtsland nie wieder betreten und nie wieder ein Wort deutsch reden — jetzt in enormen Geldschwierigkeiten, daher (für 20.000,— DM pro Abend) bereit, noch einmal Deutschland zu betreten und (einige Worte) deutsch zu sprechen — singt englisch! — Sie trägt in Deutschland einen Orden für ihren Kampf gegen Deutschland! Sie möge sich an ihre früheren Beteuerungen erinnern und uns künftig verschonen! Damit sie es auch versteht: Marlene go home!

Flugblatt in Wiesbaden

Ich gebe Ihnen den guten Rat, lassen Sie nicht in der Bundesrepublik sehen. Sie sind eine Landesverräterin und dementsprechend wird man Sie hier empfangen. Man wird Sie mit faulen Tomaten und Eiern beschmeißen, wenn nicht gar ohrfeigen, wie Sie es auch nicht anders verdient haben. In Berlin ist schon alles dementsprechend *organisiert.*
Hochachtungsvoll!

Anonym

Für soviel Abgebrühtheit, wie Sie sie besitzen, ist für einen Deutschen kein Wort scharf genug. Sie müssen sich schämen! Erst finden Sie nicht genug Gemeinheiten für uns Deutsche und nun wollen Sie sich an unserem Gelde wieder laben. Wir wollen Sie nicht sehen und Ihr Gegröhl nicht hören. Wir haben genug gute Deutsche die uns ihren Gesang darbieten und gegen diese guten Deutschen ist Ihr Singen nur Gegröhl.
Es kursieren bereits Listen, nach denen sich tausende und abertausende Deutsche erklären, Ihr Auftreten zu boykottieren, geben Sie

sich also keine Mühe noch in einer Deutschen Stadt zu versuchen unser gutes deutsches Geld einzuheimsen.
Mit aller Verachtung
Gute Deutsche, die Sie nicht hören und sehen wollen.

Anonym

12. 4. 1960

Gnädige Frau,
Woher nehmen Sie eigentlich den Mut, in Berlin aufzutreten? Nachdem Ihr Benehmen während der Kriegszeit doch alles andere als deutschfreundlich war. Wir für unser Teil wünschen Ihnen, daß Ihnen das Berliner Publikum einen entsprechenden Empfang bereitet.
Für eine Antwort wären wir Ihnen sehr verbunden.
Hochachtungsvoll

Namentlich gezeichneter Brief einer Berliner Elektrofirma

Herman G. Weinberg
Reminiszenzen

I

Kennen Sie das Buch »Die Frau, nach der man sich sehnt«?
Diesen romantischen Roman schrieb Max Brod, der österreichisch-jüdische Lyriker, Romanautor und Dramatiker, Freund, Nachlaßverwalter und Biograph Kafkas, Schöpfer von Romanen wie »Tycho Brahes Weg zu Gott« und »Rëubeni, Fürst der Juden«*. Jene geistigen Exkursionen in die Gedankenwelt des genialen dänischen Astronomen Tycho Brahe, der den Weg für Keppler und andere große Astronomen bereitete und ihre Entdeckungen möglich machte — gleichermaßen philosophische wie poetische Werke — gingen einem vergleichsweise sogar belanglosen Opus voraus, das vielleicht nicht mehr als ein Feuilleton war, eine fast unbekannte *Romance Sentimentale* — »Die Frau, nach der man sich sehnt«!
»Nur eine Liebesgeschichte?« werden Sie sagen. »Was soll's?«
»Liebe mag vielleicht nichts Besonderes sein«, sagte Benhazigne, »aber damit verglichen ist alles andere überhaupt nichts.«
»Alors« — werden Sie sagen. »Na und — ?«
Nur daß diese kleine Liebesgeschichte Kurt Bernhardt als Vorlage für den Film diente, der — von der Terra 1928 in Deutschland hergestellt — die Welt mit dem wahren Gesicht Marlene Dietrichs bekannt machte; zwei Jahre später überwältigte es in dem Film *Morocco* (ich spreche nicht vom *Blauen Engel,* darin war sie aus anderem Stoff) allüberall das Publikum, doch wurde sie nun zu einer Vision, zu einem Etwas, das man anders als mit normalen Augen betrachtet, einer bildhaft gewordenen Idee, einem Phantasiegebilde ... einer Fata Morgana ...
Kurt Bernhardt? Wer war Kurt Bernhardt? Kein besonderer, wirklich nicht, obgleich er in Deutschland, Frankreich und Hollywood arbeitete. Eine Liste der von ihm gemachten Filme würde absolut nichts Bedeutendes enthalten — diesen einen Film ausgenommen. Solche sonderbaren Dinge passieren in dieser bizarresten aller Kün-

* Die ersten beiden Bände der Romantrilogie «Kampf um die Wahrheit», erschienen bei Kurt Wolff, Leipzig 1915 und Wien 1925

ste — dem Film. E. A. Dupont hat als Regisseur in Deutschland, England oder Hollywood nichts Außergewöhnliches produziert — bis auf eine absolut erstaunliche Ausnahme: *Varieté**. Erle Kenton, ein völlig unbedeutender Regisseur in Hollywood, der mehr als hundert Filme drehte, schuf eine Komödie *Other Women's Husbands* (1926), die von Lubitsch hätte stammen können. Und so weiter. Und Kurt Bernhardt macht den Film, der die Dietrich in Amerika einführt, *Three Loves* betitelt (gleichzeitig Titel der amerikanischen Übersetzung des Romans). Alle anderen, vor ihrer Entdekkung durch Sternberg in Deutschland gedrehten Filme waren nicht der Rede wert. Ob Sternberg den Brod-Bernhardt-Film jemals gesehen hat, ist ungewiß. Wenn ja, dürfte er darin nichts für sich entdeckt haben. Die lässig-nachlässige Kabarett-Sängerin, nach der er suchte, war weit entfernt von der Rolle Staschas in dem Brod-Bernhardt-Film. Zu ihr sollte er erst später kommen, als er das Werk von Brod-Bernhardt vermutlich längst vergessen hatte (falls er es überhaupt je gekannt hat). Davon abgesehen, hatte es Sternberg nicht nötig, sich durch die Phantasie eines anderen inspirieren zu lassen — er hatte seine eigene Vision, die er der Welt in *Morocco* präsentierte und an der er in fünf weiteren Filmen mit Marlene Dietrich festhielt.

Neben Frau Dietrich spielte Kortner, der große Kortner, so wie sie den großen Jannings als Partner im *Blauen Engel* haben sollte. Und die Fabel des Brod-Bernhardt-Films? Sie war nicht außergewöhnlich, eine x-beliebige Geschichte, und noch dazu eine Liebesgeschichte. Die Mayreder Textilfabriken sind bankrott, als der älteste Sohn die Chance hat, die Tochter eines reichen Bankiers zu heiraten und so das Mayreder Werk zu retten. Zufällig begegnet er Stascha, und verliebt sich wie wahnsinnig, hoffnungslos in sie. Sie nutzt ihre Chance, trifft sich mit Erwin, um Dr. Karkos zu entgehen, dem Mann, der von ihr besessen und dem sie ihrerseits verfallen ist. Für eine ganz kurze Zeit sind Erwin und Stascha miteinander glücklich. Karkos spürt sie auf und nimmt Stascha mit sich fort. Sie muß ihm folgen. Ich möchte die Geschichte zu Ende erzählen, wie der Autor selbst sie zu Ende führt:

* *Varieté*. Deutschland 1925. Regie: E. A. Dupont

Ich traf Stascha einmal ganz zufällig, rue Chaptal. Monatelang hatte ich sie vergebens gesucht, alle Hilfsmittel in Schwung gesetzt. Plötzlich lief sie mir ganz unerwartet über den Weg. Sie lud mich ein, sie zu besuchen, ich ging gleich mit. Unterwegs sprachen wir kaum. Sie machte nur die Bemerkung, daß das Seidenhemd, das ich trüge, von ihr gekauft sei. »Ich trage es sehr gern« erwiderte ich. Der Doktor verabschiedete, als wir eintraten, eben einen jungen Mann mit dichtem dunklen Haar, weißgrauen Augen — einen Führer der Pariser Syndikalisten, wie Stascha mir sagte. Dann begrüßte er mich höflich, sehr zurückhaltend. Anders hatte ich es auch nicht erwartet. Ob wir einander schon alles gesagt hätten, — oder ob wir noch unter vier Augen sprechen wollten, fragte er. Er wolle indes ins Nebenzimmer gehn. In der Tür sich umwendend, sagte er zu Stascha: »Deine Schwester aus Stockholm hat geschrieben.« Und er reichte ihr den Brief. »Wissen Sie«, sagte ich zu Stascha, als er gegangen war, »ich habe eigentlich geglaubt, daß Sie gar keine Schwester in Stockholm haben, daß Sie mir das nur so gesagt hätten und es später nicht haben zurücknehmen wollen.« »Warum hast du das geglaubt?« fragte Stascha brüsk. »Weil du, solange ich dich darum gebeten habe, nie an deine Schwester geschrieben hast. Aber dem Doktor zu Gefallen hast du es also offenbar doch getan.« Das war das Stichwort zu einem Streit, dessen plötzlich ausbrechende Heftigkeit mir in der Folge eigentlich unbegreiflich geblieben ist. Daß gerade dieser höchst unwichtige Brief es sein mußte, an dem wir den Zusammenhang der vielen guten und bösen Tage aufrollten, die wir miteinander erlebt hatten, und in diesem Augenblick sogar auch zu durchschauen glaubten — das gehört zu den unerklärlichen, unheimlichen Erscheinungen, die sich wie jener Rosenkauf in Arco oder der blasse Portier oder der Eintänzer immer am Rand unserer Liebe herumgetrieben haben, um im rechten Moment über sie herzufallen und sie zu schädigen. Randerscheinungen der Liebe! sie haben es nie geduldet, daß das Wunder stetig blieb, sie haben es immer wieder zerlöchert ... Bald kam der Doktor aus dem Nebenzimmer, durch den Lärm aufgestört. Stascha erging sich in Vorwürfen, nun auch gegen ihn. Er antwortete sehr grob — mir wies er, als ich Staschas Partei nahm, die Tür. Stascha warf sich vor die Tür, breitete die Arme aus. »Er wird nicht weggehn. Ich liebe ihn, nur ihn liebe ich.« Ich umfaßte sie: »Dann komm mit mir.« »Ja, und tausendmal ja.« »Ihr habt euch doch eben gezankt«, wandte der Doktor mit höhnischem Lachen ein, aber schon lag er auf dem Boden, ich über ihm. Es endete damit, daß der Concierge kam und einen Polizeimann holte. Ich wurde abgeführt. Im Polizeiarrest — wegen Hausfriedensbruch verurteilt — wurde mir vom Wächter einmal die Zeitung gereicht. Die Geliebte erschossen — hieß es in drei Zeilen. Doktor Karkos, ein ausländischer Anarchist, hatte Stascha erschossen. Die Meldung schloß mit den Worten, daß er ins Irrenhaus gebracht worden war. — Er hat die Vernunft nie geliebt. Hatte sie sich nun auf solche Art an ihm gerächt? Man darf darüber nicht nachdenken. — Ich habe ihn öfters besucht. Er war rettungslos verloren. — — Das war das Ende. Die Liebe hat uns alle drei zerschlagen. Bei mir wendet sie die langwierigste ihrer schmerzlichen Methoden an. Aber trotzdem, es bleibt dabei: Ich bedaure nichts. Ich bin immer noch besser dran als die meisten. Die Glückstage, wissen Sie, die Glückstage ... « Und er lächelte ganz schwach.

Volles Tageslicht.

Das Gesicht des Offiziers, gelblich, abgezehrt, sah nach der Anspannung, mit der er die Schlußworte gesagt hatte, erloschener aus als während der Nacht.

Wir hatten den Montmartrefriedhof betreten.

Gleich am Anfang, vor Stendhals Grab, blieb Mayreder stehn.

»Der da hätte mich verstanden.« Nach einer Pause setzte er traurig hinzu: »Wer weiß — vielleicht auch er nicht. Rechtes Verständnis ist ja so selten in der Welt.«

Damit konnte auch ich gemeint sein.

So blieb ich stehn, während er weiterging und langsam seinen Weg unter dem Viadukt hindurch längs der Gräber nahm.*

Marlene Dietrich spielte Stascha, Kortner war Dr. Karkos und der junge schwedische Schauspieler Uno Henning (der schon in G. W. Pabsts *Die Liebe der Jeanne Ney*** auftauchte) spiele Erwin Mayreder.

Im Herbst 1930 bekam ich einen Brief von Marlene Dietrich. Sie hatte gerade den *Blauen Engel* gedreht und schrieb aus Berlin-Wilmersdorf.

»Lieber Mr. Weinberg,

meine Freundin, Frau Karman, war so freundlich, mir Zeitungsausschnitte zu übersenden, die Sie freundlicherweise gesammelt und an sie geschickt haben ... « (Sie meinte die ersten Rezensionen eines Dietrich-Films in Amerika — die Rezensionen von *Three Loves* — in denen sich schon die großen Dinge ankündigten, die da kommen sollten.)

«Diese sind für mich von großem Interesse und großem Wert.

Ich möchte darüber hinaus Ihre Güte in Anspruch nehmen und Sie bitten, die Originalzeitungen für mich zu bestellen. Wenn ich drei Exemplare jeder Zeitung bekommen könnte, wäre ich Ihnen dankbar.

* Max Brod: Die Frau, nach der man sich sehnt. Berlin – Wien – Leipzig 1927, S. 395 – 398

** *Die Liebe der Jeanne Ney.* Deutschland 1927. Regie: G. W. Pabst

Titel und Datum der Zeitungen füge ich an in der Hoffnung, daß ihnen dies ermöglichen wird, die Originalausgaben zu bekommen.
Nochmals möchte ich Ihnen für die mir erwiesene Freundlichkeit herzlich danken, und ich hoffe, daß Sie mir auch jetzt helfen können.
Mit freundlichsten Grüßen und in der Hoffnung, daß ich Ihnen persönlich danken kann, wenn ich Amerika besuche, ———

Ihre Marlene Dietrich «

Nachdem ich ihr die Zeitungen geschickt hatte, bedankte sie sich mit einer großen, schönen Porträt-Studie, aufgenommen in einem Berliner Photo-Atelier; darauf hatte sie mir eine Widmung geschrieben. (Diese Aufnahme ist, wie mir scheint, niemals publiziert worden.) Bald darauf erreichte mich eine Bildpostkarte mit einem Motiv aus dem *Blauen Engel* (eines von jenen, an denen sich die Schüler im Film ergötzten), auf der sie mir mitteilte, wann sie in New York ankommen würde.
Ich traf sie am Pier des Norddeutschen Lloyd, als sie auf der »Bremen« ankam, mit verschiedenen Paramount-Leuten im Schlepptau, unterwegs nach Hollywood, um mit Sternberg *Morocco* zu drehen. Nach Fertigstellung des *Blauen Engel* hatte sie ihm für die Schiffsreise ein Buch als Lektüre mitgegeben. Es war der Roman »Amy Jolly« von Benno Vigny, aus dem der Film *Morocco* wurde; der Film hatte mit dem Buch genauso viel zu tun wie Heinrich Manns Roman »Professor Unrat« mit dem *Blauen Engel.* Nach *Morocco* hatte die Garbo eine Rivalin.
Einige Jahre später traf ich sie (und Sternberg) an dem Galaabend wieder, mit dem das Museum of Modern Art eine Retrospektive ihrer Sternberg-Filme eröffnete. Ich erinnerte sie an die New Yorker Kritiken anläßlich des Brod-Bernhardt-Films. Sie lächelte: »Sie hatten recht, nicht wahr?«
1966 schrieb ich ein Buch über Sternberg, das beinahe ebensosehr ein Buch über sie war*. Sternberg hatte 1965 schon sein eigenes Buch »Fun in a Chinese Laundry« veröffentlicht** — auch das handelte fast ebenso sehr von ihm wie von ihr. Ein halbes Dutzend anderer Bücher sind über Marlene Dietrich seitdem in Amerika und

* Herman G. Weinberg: Josef von Sternberg. Paris 1966; erweiterte Fassung New York 1967

** Josef von Sternberg: Fun in a Chinese Laundry. New York 1965. Deutsch unter dem Titel: Ich, Josef von Sternberg. Velber bei Hannover 1967

England erschienen. »Alle haben sie etwas über mich gesagt«, bemerkte sie kürzlich, »nun werde *ich* reden.« Und so schreibt sie schließlich ihr eigenes Buch über sich selbst. It will be a thing to read.

II

»Es war mir zuwider, Schauspielerin zu sein!«, sagte sie einmal. Sie ging erst zum Theater, als sie sich mit sechzehn Jahren durch sechs Stunden Geigenspielen am Tag eine Muskelverletzung am Arm zugezogen hatte. Wer bei Professor Carl Flesch an der Hochschule für Musik in Berlin studierte, hatte sich definitiv für eine musikalische Karriere entschieden. Es schien ihr plausibel, dann auch Max Reinhardt vorzusprechen, so wie sie bei Flesch vorgespielt hatte — beide proteische Gestalten —, allerdings fiel sie bei Reinhardt durch. Und das war trotz seiner grandiosen Talente als Theaterregisseur besser für sie, denn ihre Karriere führte sie folgerichtig vom frivolen Boulevardtheater und Kino zur musikalischen Revue *Zwei Krawatten* von Georg Kaiser, in der Sternberg sie sah. Der Rest ist Geschichte.
Ironischerweise wurde die Dietrich, die nicht Schauspielerin werden wollte, und die die Schauspielerei, bevor sie Sternberg traf, niemals ernstgenommen hatte, im eigentlichen Sinn des Wortes eine wirkliche Schauspielerin — während ihre Rivalin, die Garbo, obgleich immer »die Göttliche«, niemals eine richtige Schauspielerin war, vielleicht bis auf das eine Mal unter Lubitsch in *Ninotchka**, und das sagt sie auch selbst. In keiner ihrer Rollen, von *Gösta Berling*** bei Stiller in Schweden bis zum Ende ihrer Karriere, mußte die Garbo eine solche Palette von Emotionen entfalten wie die Dietrich; sie brauchte nur ihre Schönheit, ihre unbeschreibliche Schönheit vorzuzeigen, die dem Publikum überall auf der Welt genügte. Diese von den fabelhaften Beleuchtungseffekten der Hollywood-Studios intensivierte Schönheit war auch die der Dietrich — besonders in den von Sternberg und Lee Garmes ausgeleuchteten und zum großen Teil von den beiden selbst photographierten Filmen.

* *Ninotchka.* USA 1939. Regie: Ernst Lubitsch

** *Gösta Berlings Saga.* Schweden 1923. Regie: Mauritz Stiller

Aber die Garbo mußte keine Schauspielerin sein — sie spielte sich nur selbst, und die Leute rasten vor Begeisterung. Die Dietrich dagegen mußte hart arbeiten, nicht nur das Glamourbild verkörpern, das Hollywood so geschickt zu stilisieren verstand, sie mußte sich wirklich als Schauspielerin beweisen (besonders in ihren Tonfilmen), um der Qualität ihrer Drehbücher, die sehr viel intellektueller waren als die der Garbo, gerecht zu werden. Und das spiegelt sich bei einem Regisseur wie Sternberg, diesem Dämon mit seinem Ungestüm und seiner Poesie, seinem Sinn für Humor, in den Rollen wieder, die sie unter seiner Anleitung, unter dem Einfluß seines Willens erarbeitete. Erinnern wir uns an Filme wie *Morocco, Dishonored, Shanghai Express, Blonde Venus, The Scarlet Empress* und *The Devil is a Woman* und daran, was in diesen Filmen von ihr verlangt wurde und was sie gegeben hat. Ganz abgesehen von dem *Blauen Engel,* der alle Welt verblüffte, nicht zuletzt Miss Dietrich selbst. Ihre Darstellung in diesem Film war so weit von ihrer ureigensten Natur entfernt, daß Marlene Dietrich, wie sie selbst einmal gesagt hat, damals ganz verstört war und sich an die Hoffnung klammerte, man werde ihr die Auffassung dieser Rolle nicht persönlich verübeln und gegen ihre künftigen Rollen auf der Leinwand ausspielen. Ich will damit nicht unterstellen, daß die Garbo nicht gleiches hätte leisten können, hätte man es von ihr verlangt. Ihre Darstellung in *Ninotchka,* dessen Drehbuch voller amüsanter Fußangeln steckte und dessen Regisseur einen Sinn für das Lächerliche besaß, war ebenso gut wie alles, was die Dietrich jemals unter Sternberg gemacht hat. Aber das passierte eben nur ein einziges Mal.

Der Stil der Dietrich unter der hypnotisierenden Regie Sternbergs war so einmalig, daß sie keine andere Schauspielerin weder in Amerika noch anderswo beeinflußt hat. Wer konnte Blicke werfen wie sie, oder reden mit wechselndem Timbre wie sie, Nuancen bieten, die so viel ausdrücken? Wer sonst konnte die Dinge aussprechen, die man ihr auszusprechen zumutete? Sätze bisweilen, die absolut aus dem Rahmen fielen. Nur sie konnte sich das leisten. Auch die Garbo hat keine anderen Schauspielerinnen beeinflußt, aus den gleichen Gründen, wegen ihrer Persönlichkeit und ihrer Stimme. Man kann nicht erwarten, daß eine außerordentliche Persönlichkeit ein Stück von sich selbst an jemand anderen weitergibt; so wie man nicht erwarten kann, daß Maurice Chevalier sein überschäumendes Temperament auf andere überträgt oder daß es jemals »einen zwei-

ten« Jean Gabin, »einen zweiten« Harry Langdon oder Raimu geben wird; geschweige denn »einen zweiten« Chaplin ...
Auch diese Gedanken sind nur Reminiszenzen an Miss Dietrich. Wir haben uns vergegenwärtigt, was sie zu einer so einzigartigen Schauspielerin gemacht hat, da sie doch ursprünglich »nur« mit einer brillanten Interpretation des Präludiums der Partita für Solo-Violine in E-Dur von Bach »das Haus zur Raserei bringen« wollte. Wir sind uns bewußt, daß wir einer solchen Frau, die sogar in ihrem zweiten Beruf, selbst wenn man ihre Grenzen berücksichtigt, so Außergewöhnliches geleistet hat, nach menschlichem Ermessen nicht wiederbegegnen werden.
Übrigens darf ich daran erinnern, daß Marlene Dietrich, wenn sie auch das Geigenspiel aufgeben mußte, in den Hollywood-Studios ihre Kollegen oftmals mit Konzerten auf der singenden Säge unterhielt. Möglicherweise nahm sie das perfekte Spiel auf diesem Instrument genauso ernst wie die Schauspielerei oder sogar die ganz große Schauspielkunst (sie hat ja durchaus Humor). Ihre Freunde sagten immer, daß sie auch auf der singenden Säge gut war ...

1 *Tragödie der Liebe.* Deutschland 1923

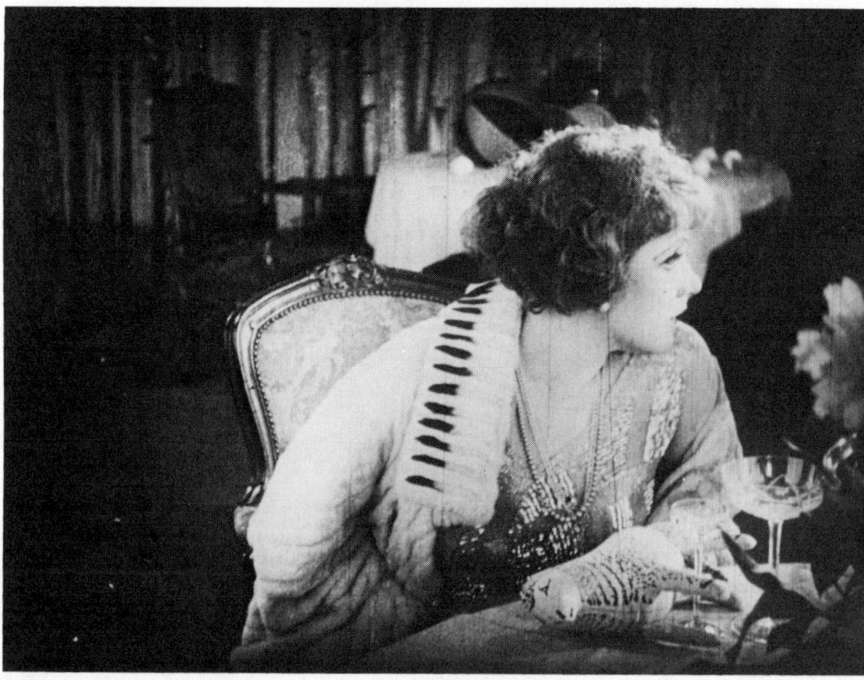

2 *Manon Lescaut.* Deutschland 1926
Mit Wladimir Gaidaroff und
Fritz Greiner *(links oben)*
3 *Eine Dubarry von heute.*
Deutschland 1926 *(links unten)*
4 *Ich küsse Ihre Hand, Madame*
Deutschland 1929
Mit Harry Liedtke *(rechts oben)*
5 *Ich küsse Ihre Hand, Madame*
(rechts unten)

6 *Das Schiff der verlorenen Menschen.* Deutschland 1929
Mit Maurice Tourneur *(links oben)*
7 *Das Schiff der verlorenen Menschen.* Mit Wladimir Sokoloff *(links unten)*
8 *Gefahren der Brautzeit.* Deutschland 1929. Mit Willi Forst *(oben)*

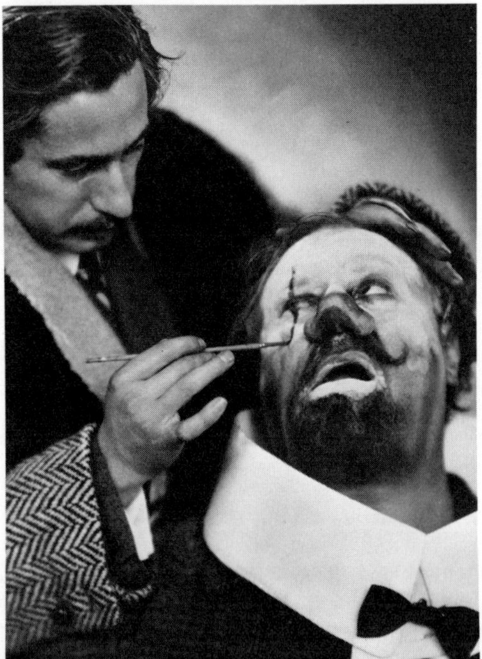

9 *Der Blaue Engel.*
Ankunft in Berlin.
Von links nach rechts:
Karl Vollmoeller, Josef von Sternberg, Emil Jannings, Frau von Sternberg, Erich Pommer *(links oben)*

10 *Der Blaue Engel.* Die Maske.
Josef von Sternberg und Emil Jannings *(links unten)*

11 *Der Blaue Engel.*
Die Schulklasse *(rechts oben)*

12 *Der Blaue Engel.*
Der Liebling der Saison *(rechts unten)*

13 *Der Blaue Engel.* Die Hochzeit. Am Klavier: Friedrich Hollaender

14 *Der Blaue Engel.* Die Garderobe. Rechts: Rosa Valetti *(links oben)*

15 *Der Blaue Engel.* Verheiratet.
Links: Kurt Gerron *(links Mitte)*

16 *Der Blaue Engel.* Der Nebenbuhler.
Mitte: Hans Albers *(links unten)*

17 Josef von Sternberg und Marlene Dietrich *(oben)*

18 *Morocco.*
USA 1930
Mit Paul Porcasi
(links)

19 *Morocco.*
Mit Gary Cooper
und
Adolphe Menjou
(Mitte)

20 *Morocco*
(unten)

21 *Dishonored.*
USA 1931
Mit Gustav
von Seyffertitz
22 *Dishonored.*
Mit Victor
McLaglen
23 *Dishonored.*
Mit Barry Norton

24 *Shanghai Express.* USA 1932
Josef von Sternberg bei den Dreharbeiten *(links oben)*
25 *Shanghai Express.* Mit Clive Brook *(links Mitte)*
26 *Shanghai Express. (links unten)*
27 *Blonde Venus.* USA 1932
Mit Dickie Moore *(rechts oben)*
28 *Blonde Venus (rechts Mitte)*

29 *Blonde Venus.* »Hot Vodoo«

Zehn Fragen an Marlene Dietrich

Zunächst ein paar Fragen zu Ihren Filmen.
Welche haben Sie heute noch besonders gut in Erinnerung?

The Devil is a Woman.

An welche Ihrer Partner oder Regisseure können Sie sich besonders gut erinnern?

Von Sternberg.

Immer wieder haben Sie die Bedeutung technischer Details beim Film betont. Hatten Sie selber je Regie-Ambitionen?

Nein.

Mit Ihren Filmen bei der Paramount haben Sie einen ganz neuen Typus geschaffen: den Vamp, die femme fatale, eine neue, ungewohnte Mischung von Glamour und Sex. Konnten Sie bei der Paramount Ihre Rollen frei wählen oder entschied das Studio allein?

Entschied Josef von Sternberg.

Wie kam es zu dem Übergang zur zweiten großen Karriere, zur Diseuse?

Demand and supply.

Wie Hildegard Knef wechseln Sie zur Zeit in eine dritte Karriere über, die der Autorin. Fällt Ihnen das schwer? Schreiben Sie gern?

Nein.

Es gibt nur ganz wenige große Weltstars, die so populär sind wie Sie, aber keinen, dem es gelungen ist, sich über Jahrzehnte von allen Skandalen, Affären, von dem üblichen Star-Klatsch fernzuhalten. Wie ist Ihnen das gelungen?

Ganz einfach.

Nach dem Krieg wurden Sie von der deutschen Presse sehr feindselig und böswillig behandelt. War das Neid, schlechtes Gewissen, Provinzialität, oder wie erklären Sie es sich?

Haß-Liebe.

Könnten Sie sich vorstellen, heute wieder in Deutschland zu leben?

Ja und Nein.

Sie haben ein großes Repertoire wunderschöner Lieder über Ihre Heimatstadt Berlin gesungen. Ist diese enge Beziehung bis heute geblieben?

Ja.

Frieda Grafe
Das Bild Marlene und wie daraus ihr Image wurde

Mein Blick auf Marlene ist beschränkt und parteiisch. Mich interessiert an ihr nur, was das Kino weiterbrachte. Meine Eindrücke setzen sich zusammen aus dem, was man von ihr in ihren Filmen sehen kann. Mein Vorteil: daß es dabei um Weiblichkeit im Kino geht, um deren transparentes Denkmal. Ein Monument aus Weiblichkeit in Zelluloid.

Vorm *Blauen Engel* spielte sie die Rollen, die sich anboten. Elegant war sie schon damals. Ihre Kleider in *Ich küsse Ihre Hand, Madame* waren phantastisch, erinnert sich Louise Brooks. Ihre Gesten wirken ein wenig lasziv. Ihr Blick tut verschleiert, aber er redet offener, als Worte es je könnten. Und hin und wieder trug sie im rechten Auge ein Monokel.

Dann kam Sternberg. Nach Berlin. Ihr erster Regisseur mit einer eigenen Konzeption vom Kino. Er suchte keine Schauspielerin, auch kein Modell. Ein Requisit, hat man verächtlich gesagt, aber elektrisch sollte es sein. Für Sternberg war die Realität des Kinos anders als die Realität und nur deshalb so geeignet, Verborgenes, Latentes ins Licht zu rücken. »Ich dramatisierte ihre Eigenschaften und machte sie allen sichtbar.«

Für ihn war der idealistische Professor aus Heinrich Manns Roman, der sein offizielles Leben aufs Spiel setzt für ein vulgäres, wertloses Frauenzimmer, nicht die Tragödie. Des Kinos wegen rückte er die Frau ins Zentrum. Um die Macht sprachloser Faszination zu zeigen, Inkarnation dessen, was Männer Verführung nennen. Wo es nur eine andere Welt ist. Der andere Teil der Welt. Der Kontinent im Dunkeln. Der emotionalisierte Hintergrund wurde so von selbst zum Vordergrund, schreibt Sternberg in seinem Buch. Das Plasma, die Materie, die erst die wahrnehmbaren Formen generiert.

1935 zeigte das County Museum in Los Angeles die Kunstsammlung Josef von Sternbergs. Degas, Matisse, Kubisten — aber auch, aus Wien, Klimt, Schiele und Kokoschka. 1949 im November ließ er sie in New York verkaufen. Um seine Arbeit zu beschreiben, gebrauchte er am liebsten Vokabeln aus der Malerei. Weil für ihn der gravierende Unterschied zwischen den Bildern der Maler und seinen Bildern die Bewegung war, konzentrierte er seine ganze Aufmerksamkeit eben auf sie. Jede Art von Bewegung: die in den Bildern erscheint, die den Zuschauer ergreift, die der Kamera, der er jederzeit mehr Raum zugesteht als den Dingen vor ihr. Bewegung synonym für Transformation.

»Marlene Dietrich war kein Mythos, vielleicht für andere, nicht für mich. Der eigentliche Mythos, das war ich hinter der Kamera, wie ich das machte, was Sie den Mythos Marlene nennen. Das Wort Mythos bedeutet etwas Unbegreifliches, Mysteriöses, Unaussprechliches. Für mich sind alle Frauen wundervoll und die Männer übrigens auch. Jedes menschliche Wesen ist mit einer tausendjährigen Geschichte behaftet. Wenn an dem, was ich mache, etwas Geheimnisvolles ist, dann liegt das daran, daß für uns der Wechsel von einer Gestalt in die andere so voller Geheimnis ist. Ich lasse wahrscheinlich absichtlich bestimmte Dinge unausgesprochen. Ich lasse den Wind des Lebens durch jede Szene wehen. Es gibt keine Schlüsse zu ziehen aus dem, was ich mache. Ich kenne keine Schlüsse. Das ist es möglicherweise, was Ihnen als Mythos erscheint.«

Nach sieben Filmen mit Marlene sei er fertig gewesen mit ihr. Das ist ein klares, akzeptables Statement. »Mit jedem neuen Konzept, das ich erforschte, erweiterte sich der Bereich meiner Erfahrung, aber das Feld für neue Werte verkleinerte sich, und oft schien es mir aussichtslos, noch einen Weg zu finden, dem ich hätte nachgehen können. Was meinem Stil die einheitliche Form gibt, basiert auf Suche, nicht auf Konklusionen.«

Wie groß die Liebe zwischen den beiden war, damals in Berlin, er hat es mir nicht erzählt. Ein kleines Erdbeben wird es schon gewesen sein. Für uns, die wir das Kino lieben, war es ein einziger Glücksfall: daß ein Mann auf eine Frau traf, die in ihrer Person die ganze Weiblichkeit umfassen konnte. Nicht nur die andere, die den Männern fremde, auch deren eigene, die aus ihrer tausendjährigen Geschichte kommt, die Spuren der Vorfahrinnen. Und daß eine Frau einem Mann begegnete, der den Teil ihrer Weiblichkeit verstand und artikulierte, der so eins ist mit uns, daß wir ihn nie abtrennen könnten, um ihn zu symbolisieren, zu repräsentieren.

Was Sternberg für sich beanspruchte, war das, was man den Malern längst einräumte: nicht beurteilt zu werden nach der Wahl der Sujets. Madame Matissens Hüte waren für die bildende Kunst schon lange kein Skandal mehr. »Die Neigungen eines Künstlers sind schon wichtig, aber doch sekundär. Was er aus ihnen macht, ist das Entscheidende — in veränderter Form wiedergeben, was einen beeindruckte.« Und weiter sagte Sternberg, eine Landschaft sei zu photographieren mit ihren Hügeln, Bäumen und Seen genau wie Augen, Nase, Mund und Haar. Er war ein Maler mit elektrischem Licht. Er setzte den Divisionismus Seurats fort und Monets Luminismus. Das heißt, er setzte nicht die Maler fort, er bestätigte mit anderen Mitteln, wie sie, den durch die traditionellen Abbildungsmethoden deformierten Charakter unserer Sehweisen. In kontrollierte Lichtverhältnisse rücken und so ins Blickfeld setzen, was vorher im Schatten lag.

Monatelang ging in Berlin die Suche nach einer Darstellerin für die Rolle der Rosa Fröhlich. Sternbergs Vorstellung nach sollte sie eine Mischung sein aus den Frauenbildern zweier Maler: wie Rops und Zille zusammen sollte sie sein.

Dann saß Marlene in seinem Ufabüro, in einem heliotropfarbenen Tailleur, mit ihren langen Handschuhen spielend, absolut desinteressiert, weil überzeugt, daß sie nicht die Gesuchte sei. Eher femme du monde als eine Frau, die Arbeit will. Wenn man Sternberg erlebt hat, wenn man liest, was er schreibt, dann weiß man, was Gelassenheit vor allem anderen ihm bedeutete. »Ich bin eiskalt. Wenns ums Filmen geht, darf man nicht emotional beteiligt sein, sonst verliert man die Kontrolle über die Szenen.« Selbst wenn Marlenes Desinteresse damals echt war, er fand die Situation dennoch sehr gut gespielt. Das war nicht nur Rops, schreibt er entzückt, das war Toulouse-Lautrec noch obendrein. Ich hatte mehr gefunden als ich gesucht hatte.

Nicht ganz ausschließlich speisten Malerbilder seine Vorstellung; aus früheren Zeiten führen auch Wege zur Literatur. Unter den Bildern und hinter dem jungen Mann aus Amerika, dem Hollywood nach acht Filmen ein exzentrisches Talent nicht absprach, lag eine Jugend in Wien. Viel vom Drama meines bewegten Lebens, schreibt er in seiner Autobiographie, entschied sich in Wien. Und wenn er gesagt hat, daß sein Gefühl für Materialien und Stoffe nicht ohne

Zusammenhang sei mit einer Lehrzeit in einem Spitzengeschäft in der Fifth Avenue, dann haben Pratergerümpel und leichte Mädchen mindestens so sehr Eingang gefunden in seine Filme. In Interviews nach Filmeinflüssen auf seine Arbeit gefragt, läßt er nichts gelten, bis auf Stroheim, von dem er sagt, der habe das Sichtbare wie das Unsichtbare im Bereich seiner Kameras beeinflußt und noch die Luft aufgeladen mit dem Strom seiner kreativen Vitalität.

Und noch einmal Wien: »In meinem Arbeitszimmer steht eine mir gewidmete Photographie von Schnitzler. Das Datum ist der 24. Mai 1921. Er war der erste, der mir künstlerischen Mut gab. Ich sprach mit ihm stundenlang und hörte plötzlich erschrocken auf und sagte, daß ich doch gekommen sei, um ihn anzuhören. Ich sprach sehr viel und dann selten wieder.«

Schnitzler, von dem man gesagt hat, daß er die Triebe und ihre Schicksale für seine Leser und Zuschauer inszeniert habe; dem Freud schreibt, er habe ihn zu treffen vermieden, aus Furcht, seinem Double zu begegnen: »Ich habe immer wieder, wenn ich mich in Ihre schönen Schöpfungen vertiefe, hinter deren poetischem Schein die nämlichen Voraussetzungen, Interessen und Ergebnisse zu finden geglaubt, die mir als die eigenen bekannt waren. Ihr Determinismus wie Ihre Skepsis, Ihr Ergriffensein von den Wahrheiten des Unbewußten, von der Triebnatur des Menschen, Ihre Zersetzung der kulturell-konventionellen Sicherheiten ... unheimliche Vertrautheit ... Rätsel des Lebens ...«

Schnitzlers feingesponnene Geschichten von Hypnotiseuren, von Spielern und Nachtschwärmern in Clubs, deren reflektierende Spiegelwände die Grenzen, die banalen Wände der Räume verschwinden lassen, spielen in sagenhaften, schattenhaften Zwischenreichen, in denen Warnungen, Weissagungen, ein bloßes Wort tödliche Folgen haben können und in denen seltsam unstet Frauen zirkulieren: Else, Beatrice, Therese, Beate.

»Ein Liebespaar weckt unmittelbar Interesse, weil man für einen kurzen Moment Zeuge des aufregenden Vorfalles werden kann, daß zwei Individuen zur selben Zeit dasselbe Gefühl ergreift. Gewöhnlich lebt das menschliche Wesen hinter einem undurchdringlichen Schleier, und nur in einer Krise, die alle Kontrollen durchbricht, treten seine tiefsten Empfindungen hervor.«

Aufgehobene Zeit, gelüftete Schleier, die Unordnung auf der anderen Seite, Bewegungen, die üblicher Kontrolle sich entziehend losbrechen, das läßt sich nur indirekt darstellen, nur suggerieren mit der Realität entlehnten, transformierten Elementen. Freud nörgelte über Schnitzlers Erzählung »Die Weissagung«: Er verspricht die gemeine Wirklichkeit und geht dann doch über sie hinaus. Wir reagieren auf seine Fiktionen so, wie wir auf eigene Erlebnisse reagiert hätten; wenn wir den Betrug bemerken, ist es zu spät, der Dichter hat seine Absicht bereits erreicht, aber ich muß behaupten, er hat keine reine Wirkung erzielt. Sternberg warnt: Marlene ist ein Schwindel, Marlene bin ich. Nur hat man nicht auf ihn gehört.

Schnitzler, der Nervenarzt war, mit einer Ausbildung, wie Freud, bei Meynert und Bernheim, wußte, daß die Bereiche, die er beschreibt, ohne feste Konturen sind. Die Lust, sagen die Analytiker, ist allenfalls umschreibbar: sie bringt Unruhe, sie schafft Zeitlosigkeit, ihr Bereich verhält sich kontrapunktisch zum organischen.

Was die Macher des frühen Kinos, Chaplin zum Beispiel, aber auch sein erster Theoretiker, Hugo Münsterberg, als Spezifikum des neuen Mediums empfanden, war nicht die Abbildbarkeit der äußeren Realität. Sie sahen in seinem Rhythmus eine Bewegung, die alles Natürlichen sich entledigt hatte. Die anorganischen Bewegungen des Kinos verwandte Sternberg, um Licht zu werfen auf Bereiche des Realen, denen mit Mitteln gegenständlicher Darstellung Gewalt angetan würde. Sternberg öffnete dem amerikanischen Kino die Wege des Unbewußten, schrieb Ado Kyrou in seiner Geschichte des Kinosurrealismus. Wiener Prägungen verbanden sich mit dem neuen Medium, so wie man es in der Neuen Welt verstand. Für einen Moment konvergiert die Kinogeschichte mit einer Frauengestalt, so sagt man wohl. Marlenes Wiege stand in Berlin, aber auch, das weiß ich ganz bestimmt, in Wien.

Ohne das Elektrisierende eines neuen, aufregenden weiblichen Wesens wäre aus dem *Blauen Engel* nur eine Studie über die Borniertheit eines alten Schultyrannen geworden. Freund Kracauer schreibt nach Jahren (als der Film herauskam, überschüttete er ihn hauptsächlich mit Hohn): Lola verkörpere das Geschlecht in neuer Gestalt. Neu hieß für Sternberg etwas Kombiniertes aus Kunst und Realität, eine Mutation; neu für Kracauer, denk ich mir, war, daß materialistische Positionen sich mit so unfeinen Mitteln markieren ließen.

Lola ist ein offenes, durchsichtiges Geheimnis für jedermann. Mit Sexualität geht sie unverblümter um als alle Männer. Das macht sie ihnen mysteriös, schleierhaft, attraktiv. Weder ist sie verworfen noch eine kindlich unschuldige Sirene. Sie läßt sich einfach nicht tangieren von der Wertewelt der Männer. Wenn sie den bramarbasierenden Pauker von seinen tönernen Füßen stößt, geschieht das eher beiläufig, unabsichtlich. Sie gibt freimütig von dem wenigen, das sie hat. Sie rechnet nicht. Wann immer Marlene in ihren späteren Rollen Soldaten verführt, Staatsgeschäfte stört, ihr Vaterland verrät, wenn sie lieber einem Habenichts in die Wüste folgt, als bei einem reichen Mann zu bleiben, dann ist es immer derselbe Wind der Unordnung, des Lebens, der in die verknöcherten Systeme bläst. Hahnenfedern, Affenhaar, Boas, Pelze, blonde dünne Locken, Spitzen, Schleier gegen Uniformen mit Rangabzeichen und Zylinder. Sie inkarniert nicht das Böse wie früher die vampirischen Frauen, sie inkarniert bloß die Bewegung, die Veränderung bringt.
Sie ist auf recht banale Weise, Sternberg würde sagen auf kinematographische, mysteriös; sie ist auskalkuliert. Und wenn die Männer ihre Opfer werden, dann sind sie das Opfer nicht einer Naturgewalt, sondern eines bloßen Effekts auf ihre Einbildung. Mit der künstlichen Marlene zeigt Sternberg viel weniger die Manipulierbarkeit der Frauen als die der männlichen Vorstellung von ihnen. Viel Wahl bleibt den Frauen nicht. Die Selbstironie in *Morocco* ist recht eindeutig: zwischen einem selbstzufriedenen, schnöseligen Legionär mit amerikanischen Manieren und einem dezenten europäischen Lebemann, der Sternberg selbst mindestens so gleicht wie später dann Conchitas Opfer Lionel Atwill in *The Devil is a Woman*.
Sich ihres Körpers zu bedienen: Ich kann halt lieben nur. »Von Kindheit an dazu erzogen, sich zu verstellen, den von Männern gemachten Sitten und Gebräuchen gehorchend ...«, schreibt Sternberg von *den* Frauen. Genau daran hält in den Filmen Marlene sich nicht. »Sie kann sich anziehen, um so mit dem Mann zu konkurrieren ...« Sie ist im Spielen, im Verstellen so geübt, so gekonnt, daß sie auch Männer spielen kann, ohne, wie die Männer im umgekehrten Fall, nur im geringsten lächerlich zu wirken. Nicht nur setzen die Frauen Männer in die Welt, sie sind absolut in der Lage, Männliches zu verkörpern.
Sie hätte, als er sie in Berlin auf der Bühne sah, etwas von einem Frauendarsteller gehabt, schreibt Sternberg. Man braucht sie nicht

erst zu sehen in Billy Wilders *Zeugin der Anklage,* wenn sie in einem Hamburger Joint mit einem Schifferklavier und in einer Aufmachung auftritt, die an Hans-Albers-Nummern erinnern, um zu wissen, woher sie den ziehenden Ton in ihren Chansons hat.
Männlichkeit, die man allenthalben spürt an ihr, die ausdrücklich wird, wenn sie eine Uniform anzieht oder eine Fliegerkluft oder einen Cutaway, hat nie etwas Perverses, Phosphoreszierendes. Ihr dragonerhafter Gang ist wie die Spur, die preußisch militärische Vorfahren in ihr hinterlassen haben. Es gehört dazu. Nicht im Sinn einer vollkommeneren Menschlichkeit, einer Idealität, eher im Sinn einer weiter aufgefaßten Natur.

Man hatte sich so gewöhnt an Marlenes glamouröses Hollywoodbild, daß in der Literatur über sie und ihre Filme ihre Lola im *Blauen Engel* als Vorform ihrer späteren Erscheinung eher herablassend akzeptiert wird. Weder ihr noch Sternbergs bester Film, heißt es meistens. »Das dralle, blonde deutsche Fräulein« war das häßliche Küken, das erst in Amerika mit internationalem Lack veredelt wurde. Der Schritt von ihrem deutschen Film zu den amerikanischen ist, daß die Momente der Faszination, da sie immer wieder neu sein müssen um aufzuregen, logischerweise immer ausgeklügelter, immer technischer wurden. Ihr Bild wird immer zweidimensionaler. Mit den Pfunden, die Marlene sich abhungerte, kam sie sicher Sternbergs Bild vom Kino immer näher. Daß es für sie als Person ein qualvoller Prozeß war, hat sie oft genug geäußert. Sie akzeptierte es nicht aus Unterwürfigkeit, sie hatte diesen Weg des Kinos akzeptiert. Deshalb ließ sie sich später so schlecht einpassen in andere Kinokonzepte. Sie hatte sich eben nicht nur den Wünschen eines Machers angepaßt.
Der Sprung vom *Blauen Engel* zu *Morocco* muß eine ungeheure Anstrengung gewesen sein. Sternberg hat ihre ganze Verschüchtertheit, ihre Unsicherheit bei den ersten Schritten in der Neuen Welt in *Morocco* einbezogen. Sie ist noch nicht die exotische Fremde, die es gewohnt ist, aus Koffern zu leben, sie schaut wirklich wie ein furchtsamer Einwanderer. Nie mehr hat Sternberg so ihr Profil photographiert. Die hinreißende, etwas fliehende Linie ihrer Nase verwandelten Photographie und Schminke nachher in einen festen Nasenrücken, gängigen Schönheitsstandards angepaßt.

Man kann es bedauern, daß dabei so viel von Lolas vitaler Vulgarität auf der Strecke geblieben ist. Es verschwand nämlich nicht nur die Natürlichkeit, wie Louise Brooks vermutet und wie Renoir es zum Ausdruck bringt: »Was Marlene Dietrich angeht, die tut mir richtig leid, weil ich daran denken muß, welche Entbehrungen diese gut gepolsterte Deutsche hat auf sich nehmen müssen, um zu ihrem vorschriftsmäßigen Äußeren zu kommen. Sie wäre hinreißend als Mutter, die einem Dutzend Kindern die Brust gibt. Daß das Kino diese entzückende Mama in ein Knochenbündel verwandelt hat, das ist wirklich unverzeihlich.« Aber dann macht sein Text eine Wendung, die nicht so ganz einleuchten will: »Die Gaben, die die Natur einem Ausnahmewesen verliehen hat, sind wenig gegen die ehrliche und strenge Praxis eines erlernten Metiers. Und Vamp sein, das ist erlernbar.«

Vielleicht machte Renoir, so sehr er in seinen Filmen bemüht war, Natur wiederzugeben, doch noch einen Unterschied zwischen den Frauen in seinen Filmen und den Frauen im Leben. Wie Sternberg übrigens auch: »Es ist nicht meine Absicht, Weiblichkeit abzuwerten. Die Natur hat viel experimentiert, ehe sie zu einer perfekten Version gelangte. Aber einem Mann genügt es nicht, eine Frau nach den außerordentlichen Qualitäten zu beurteilen, die zu ihrer Entwicklung Millionen von Jahren brauchten, und nicht selten ist ihm ein Bild lieber, das zu seiner Herstellung nur den Bruchteil einer Sekunde brauchte.«

Wenn man Marlene reden hört im *Blauen Engel* und das vergleicht mit dem anästhesierten Englisch ihrer späteren Filme, dann hat man schon das Gefühl von Verlust. Ihre berlinerischen Stereotypen gegen das Pflichtdeutsch des Professors Rath, das war nicht nur die Verhöhnung auf bloßer Verbalität fußender patriarchalischer Ansprüche. Da rüttelte wer wild an Klassenschranken, an Bildungsschranken.

Sternberg, in seinem Buch, redet von den alchimistischen Prozessen seiner Arbeit. Marlene, bei ihm, das ist eine Frau, die durchs Feuer gegangen ist. Nicht Erfahrungen läuterten sie, sondern das Kino, und die Vulgarität spielt auch da noch eine Rolle, wo sie nicht ganz so natürlich wirkt wie im *Blauen Engel*. Die Wertlosigkeit, an kulturellen Standards gemessen, von Sternbergs Geschichten und die Figur des billigen, käuflichen Mädchens, die Marlene immer wieder zu verkörpern hatte, das ist absichtsvoll gewählter Schund, mit dem

bewiesen wird, daß das Kino nach anderen Gesetzen sich bewegt. Marlene, sagt Sternberg, das ist Venus, die vom Sockel steigt und mit jedem x-beliebigen übers Wetter redet. Das Publikum, der »pit«, in den Marlene hinuntergeht, nimmt in den Inszenierungen immer mehr Raum und Bild ein als das kleine bißchen Bühne, das übrigens jederzeit und überall improvisierbar ist.
Marlene, die, als Inkarnation von Erotik in Sternbergs Filmen, von der Bühne ins Publikum sich begibt, das sollte man zum besseren Verständnis ruhig metaphorisch nehmen. Das ist nicht die abgetrennte Fiktion der alten Bühne, jenseits der Rampe. Die Zweidimensionalität der Leinwand hat zugleich Zuschauer und Dargestelltes wie in eine Ebene gezogen. Die Geschichten, in denen sie spielt, sind läppisch, schauspielerische Qualitäten im alten Sinn nicht mehr gefragt, weil das, was sie ausmacht in Sternbergs Filmen, das Ausspinnen ihrer Eigenschaften ist. Das lädt nicht ein zur Identifikation, sondern löst Faszination aus. Es stimuliert Wünsche. Evasionskino, allerdings, glücklicherweise.
Sprachliche Schemen, wie Schnitzler sie erfand, um zu suggerieren, sind im Kino immer schon Schattenfiguren, verkörperte Emotionen und Wünsche. Mischbildungen, zu deren Leben der Zuschauer ganz entscheidend beiträgt. Die Zeit- und Ortlosigkeit, Marlene als wurzellose Fremde, deren Wohin und Woher im Dunkel bleibt, ist nicht Funktion in der erzählten Geschichte. Es gehört definitorisch zu dem Bereich, den diese Filme verbildlichen. Die äußere Realität, die nur ihre eigenen Gesetze gelten lassen will, möchte ihn zu gern verdrängen.

Marlene ist synthetisch wie Sternbergs Kino. Die verschiedensten Leute rühmen sich, ihr Bild mitgeformt zu haben. Die Berliner Journalistin Ruth Landshoff-York erzählt, wie sie Marlene schon vor deren Abreise nach Hollywood in einem Berliner Atelier Garderoben mit männlichem Einschlag habe schneidern lassen. Seine Beleuchtungstechnik habe ihr Gesicht gemacht, sagt Lee Garmes, der Kameramann ihrer ersten drei amerikanischen Filme. Dann spielte unzweifelhaft der Touch des Studios eine Rolle. Bis 1936 machte Marlene ihre Filme bei der Paramount. Travis Banton war dort zuständig für das Modedepartment. Er prägte dem Glamour-Stil der dreißiger Jahre mit, ohne seine Erfindungen würde ein wichtiger

Teil Marlene fehlen. Daß diese einzelnen Momente fusionierten, die ganze Künstlichkeit wie echt sich bewegte und der Mythos einer werden konnte, dazu brauchte es nicht, wie früher, einen Autor, sondern einen versierten Könner. »Glamour als Eigenschaft heißt, provozierend, aufreizend, betörend, faszinierend, bezaubernd zu sein, dazu gehört das Mitschwingen und Mitvibrieren des Emotionsapparates des Zuschauers. Glamour kann auch, wenn auch selten, rein ästhetische Befriedigung bedeuten, frei von allen primitiven Impulsen, indem man zunächst, bis auf den letzten Tropfen, das Blut aus dem eigenen Körper abzieht.«

Mir könnte es schon gefallen, daß im Zeitalter der reproduktiven Künste an die Stelle der verlorengegangenen Aura der Originalität der Glamour träte.

Der Glamour von Marlene und Garbos Mythos? Marlene ist eine wirklich neue Erfindung, aus anderen Ansprüchen gemacht und für andere Erwartungen. Rouben Mamoulian drehte 1933 mit beiden einen Film. Mit Marlene *Song of Songs*, eine Geschichte, die eine echte Wiener Melange aus Sternberg und Stroheim ist, wenn sie auch in Berlin spielen soll; mit Garbo drehte er im selben Jahr die *Queen Christina:* »Dietrich und Garbo, das sind entgegengesetzte Pole. Garbo ist intuitiv, ein natürliches Phänomen, wie ein Geysir, ein Strom, eine Blume; man braucht nur den rechten Punkt zu berühren, dann bricht es auf. Das ist bei der Dietrich überhaupt nicht; sie besitzt phantastischen Ensemblegeist, niemand arbeitet härter, niemand könnte disziplinierter sein, und wenn sie erst einmal etwas akzeptiert hat, dann macht sie genau das, was man von ihr verlangt. Bei ihr ist alles kalkuliert, bei Garbo alles instinktiv. Dietrich muß sehr sorgfältig ausgeleuchtet werden, man muß dabei vorgehen wie ein Maler, mit einzelnen Pinselstrichen, während Garbos Gesicht, das läßt sich einfach nicht schlecht photographieren.« Die Variante desselben Tatbestandes von Garbos Kameramann Bill Daniels: Ich habe ihr Gesicht nicht gemacht, es verändert sich von Film zu Film, sie hat nicht nur eins wie Marlene.

Marlene sei ein Professional, sagt Hitchcock voll Bewunderung. Dazu Marlene: »Sternberg brachte mir bei, daß das Bild einer Kinofigur sich nicht nur zusammensetzt aus Spielen und Aussehen, sondern daß alles im Film Sichtbare mit dazugehört. Er unterwies mich in Kameraführung, Beleuchtung, Kostüm, Make-up, Timing, wie Szenen zu verbinden, zu schneiden und zu montieren sind.«

Marlene, die Kinofigur, gibt zu erkennen, daß die Welt, in der sie sich durchzuschlagen hat, keine von Frauen für Frauen gemachte ist. Aber nie läßt sie es dahin kommen, wie Garbo, leidendes Opfer zu sein. Weder ist sie mysteriös in ihren Entschlüssen noch unveränderbar natürlich. Wie sie sich adaptiert, ergibt sich keine Gelegenheit für Selbstverleugnung oder Selbstaufgabe. Marlene ist ganz einfach viel zu praktisch. Als mit dem Kriegsausbruch der europäische Markt für Hollywood verlorenging, verlor die Garbo ihr Publikum, und das war das Ende ihrer Karriere. Marlene dagegen verlegte sich auf amerikanische Genres, sie drehte ihren ersten Western. Bestimmt ist *Destry Rides Again* kein highlight, und ihre Darstellungskünste darin sind eigentlich mehr Ticks, aber man spürt, wie eine Art von Glamour, den Willen, die neue Situation in die Hand zu bekommen. Und so weit vom *Blauen Engel* entfernt war diese Rolle auch nicht. Marlene hatte von ihren Anfängen an mehr von Mae Wests Lady Lou als von Garbos Kameliendame. Später in *The Spoilers* tritt sie dann auch auf mit der schweren blonden Haartracht der Belle of the Nineties. Und was die zelebrierte Weiblichkeit betrifft, die Verkörperung dessen, was gemeinhin den Erwartungen entspricht, da gibt keine der anderen etwas nach.

In der einen oder anderen Weise haben die Regisseure, die nach Sternberg kamen, zumeist nur Erzählstücke ihrer vorhergehenden Filme ausgewalzt, nicht einmal Aspekte ihrer Figur ausgebeutet: Boleslawski die Wüste, René Clair, komisch variiert, das Liebhabergespann aus *Morocco;* Raoul Walsh in *Manpower* operiert mit der für Männer offensichtlich so stimulierenden Mischung von erotischer Ausstrahlung und Hausfrauenkünsten.

Die beiden Regisseure, die wirklich reizvoll umgehen mit dem, was als Bild schon vorher da war, sind Lubitsch und Tay Garnett. »Muß das sein, daß du immer diesen alten Admiralsmantel trägst?« sagt Wayne unwirsch in *Seven Sinners,* nachdem er sich entschlossen hat, ihr seine Marinekarriere zu opfern, eine Tradition zu brechen, die schon aus seinem Vater einen Admiral und den Sohn eines Admirals gemacht hatte.

Lubitschs Interpretation Marlenes ist, das versteht sich fast, ein wenig perfider. Er läßt vermittels Sprache aufblitzen, was bei Sternberg nur über die Bilder verständlich war. Marlene bei ihm ist Projektionsschirm maskuliner Vorstellungen, Männertreffpunkt. Wenn

der hingerissene Liebhaber dem Freund seinen »Angel« beschreibt, dann hat man als Zuschauer einige Mühe, seine Worte in Deckung zu bringen mit dem, was man von Marlene sieht. Sie hat schon mehr die langsam hart werdenden Züge einer Lebedame als das Aussehen eines ephemeren Wesens aus anderen Gefilden. Auch Lubitsch hätte es sicher weit von sich gewiesen, Weiblichkeit herabmindern zu wollen; vielleicht wollte er nur den Frauen bedeuten, daß nicht die Freiheit der freien Frauen die Männer anzieht, sondern eher die beruhigende Vorstellung, sich auf ein Land zu wagen, das nicht mehr terra incognita ist, vertraute Spuren trägt und nicht mehr der schwarze Kontinent ist, den Freud und mit ihm viele so fürchten.
Marlene, die in *Angel* ihr Incognito nicht lüften möchte, schlägt ihrem feurigen Verehrer gleich eine ganze Galerie möglicher Vergangenheiten vor, die einer Aufzählung ihrer früheren Rollen gleichkommt. Nicht das dumme, zur Täuschung bereite Publikum verwechselt im Star Rolle und reales Leben. Weil er vorher schon viel mehr von seiner eigenen Person einbringen muß in sein Metier, als es je von einem Bühnendarsteller verlangt wurde, vermischen auch sein Leben und seine Rollen sich auf neue, unverwechselbare Weise.

Dossier: Der Blaue Engel

Zahllose Publikationen und Essays sind dem nun bald fünfzig Jahre alten *Blauen Engel* gewidmet. Angefangen mit Arbeiten zum Thema Literatur und Film reicht das Spektrum der Sekundärliteratur über Jannings-, Sternberg- und Zuckmayer-Monographien bis hin zu Studien über die Kultur der Weimarer Republik.

Für Marlene Dietrich war *Der Blaue Engel* nicht allein Höhepunkt ihrer Laufbahn in Deutschland und Beginn einer neuen Karriere in Hollywood; ihre Darstellung der Lola Lola prägte das Bild, mit dem sie und ihre Rollen von nun an identifiziert wurden: das der lässig-frechen Dame aus der Halbwelt, die die Regeln des Spiels der Erotik mit selbstverständlicher Perfektion beherrscht. Lola Lola ist biographische Vorgeschichte der Amy Jolly aus *Morocco* ebenso wie der Shanghai Lily aus *Shanghai Express*. Und nicht zuletzt ist sie mit ihren Songs erfreulich frivoler Bestandteil einer oft muffigen und spießigen deutschen Popularkultur. Grund genug also, dem *Blauen Engel* einen besonderen Platz einzuräumen.

Bei der Überfülle der Literatur mag zu Recht die Frage auftauchen, ob nicht das letzte Wort schon gesprochen, die letztgültige Kritik nicht schon geschrieben wurde. Wir haben uns deshalb dafür entschieden, die weitgehend unbekannten und schwer erreichbaren ersten Texte und ersten Kritiken über den *Blauen Engel* zusammenzutragen. Einerseits wird dadurch die Herstellungsgeschichte von Drehbuch und Film dokumentiert; zum anderen kann der Leser an Hand der Uraufführungskritiken die Bedeutung des Films innerhalb der zeitgenössischen Filmproduktion und der aktuellen Tonfilmdiskussion nachvollziehen. Eine Berücksichtigung neuerer Texte allerdings hätte aus dem Dossier ein eigenes Buch gemacht. Interessierte seien in diesem Zusammenhang auf die Bibliographie in Band 2 verwiesen.

Offensichtlich falsche Angaben der Memoirenliteratur wurden in Fußnoten, fehlerhafte Orthographie und Namensschreibung stillschweigend korrigiert. Die Schreibweise des Filmtitels (Der blaue Engel, Der Blaue Engel) und der männlichen Hauptrolle (Raat, Rath, Unrat(h)) wurde vereinheitlicht. Den »Song der Guste« entnahmen wir der vermutlich zweiten Drehbuchversion aus der Privatsammlung Gero Ganderts.

Werner Sudendorf
Produktionsgeschichte

Vom ersten Tag der Vorbereitung bis zur Premiere und der Entdekkung, daß nicht Emil Jannings, sondern Marlene Dietrich die Massen in die Kinos strömen ließ, stand *Der Blaue Engel* unter dem Zeichen: »Ein Emil-Jannings-Film der Erich-Pommer-Produktion«. Pommer und Jannings — zu Recht genügte der Ufa die Nennung dieser beiden Namen für ihre Werbekampagne, waren sie doch seit Jahren die sichersten Garanten für den Kassenerfolg. Vor dem *Blauen Engel* hatten sie erfolgreich schon in *Varieté*, *Der letzte Mann* und *Tartüff** zusammengearbeitet, ja, ihre Filme wurden — seltsam genug für heutige Verhältnisse — vom breiten Publikum ebenso goutiert wie von den Intellektuellen. Kein Wunder also, daß der Vorstand der Ufa im Juni 1928 nur zu gern Erich Pommers Vorschlag aufgreift, einen neuen Film mit Emil Jannings zu produzieren.[1] Jannings, zu jener Zeit in Hollywood, wird das üppige Honorar von 75 000 Dollar angeboten, Joe May als Regisseur vorgesehen, doch dann telegraphiert Jannings, daß er nicht vor November in Berlin eintreffen werde. Solange allerdings kann die Produktion nicht zurückgestellt werden; man einigt sich, das Projekt auf den Herbst des nächsten Jahres zu verschieben.[2] Gleich in den ersten Januartagen des Jahres 1929 läßt Emil Jannings wissen, wann sein Terminkalender Dreharbeiten in Deutschland zuläßt; November bis Februar 1930, so wird es im Vorstandsprotokoll festgehalten.[3]

Dieses Jahr 1929 sollte für die Ufa wie für alle großen Filmfirmen der Welt zu einem Jahr der Umstellung und des Umdenkens werden. Aus Amerika nämlich kam Kunde vom unerhörten Erfolg der ersten großen Tonfilm-Produktion *The Jazz Singer***. Ufa-Direktor Ludwig Klitzsch sieht auf einer Amerikafahrt Muster dieses Films und nutzt als erster in Deutschland die Chance für seine Gesellschaft. Gleich nach seiner Rückkehr geht man an die Planung neuer, speziell für Tonfilmaufnahmen ausgerüsteter Ateliers, und schon im April schließt die Ufa einen langfristigen Vertrag mit der

* *Tartüff*. Deutschland 1925. Regie: F. W. Murnau

** *The Jazz Singer*. USA 1927. Regie: Alan Crosland

Klangfilm, die bald darauf mit der Tobis fusioniert.[4] Am 25. April 1929 beginnen die Arbeitskolonnen mit dem Abbruch mehrerer Stummfilm-Ateliers auf dem Ufa-Gelände in Neubabelsberg; knapp eine Woche darauf erfolgt der erste Spatenstich für die Ausschachtungsarbeiten der neuen Ateliers. In Tag- und Nachtschichten wird gearbeitet, bis am 25. Juni der fensterlose Rohbau fertiggestellt ist. Ganze drei Monate noch brauchen die Techniker für den Einbau der neuen Apparaturen — aus Unsicherheit hat man sich nicht für das Licht- oder Nadeltonverfahren entschieden, sondern gleich beide Systeme eingebaut[5] — ehe am 27. September die Aufnahmen für die ersten Filme beginnen können.[6] Während andere Firmen sich noch schwerfällig über Vor- und Nachteile einer solchen Investition den Kopf zerbrachen, war die Ufa in gut einem halben Jahr die führende Tonfilm-Gesellschaft in Deutschland geworden.

Bei einer solchen Planung war es naheliegend, den ersten Jannings-Film in Deutschland als Tonfilm zu projektieren, »unter der Voraussetzung guter und von Jannings gebilligter Manuskripte«.[7] Aus Hollywood in Berlin eingetroffen, schlägt Jannings einen Stoff vor, der ihm schon lange am Herzen liegt: »Rasputin«. Die Umstände sind günstig, dem Schriftsteller, Drehbuchautoren und Freund Karl Vollmoeller ist das Sujet vertraut. Jannings nämlich hatte bereits im Herbst 1927 mit der Paramount über einen Rasputin-Film verhandelt, der vermutlich aus rechtlichen Gründen nicht gedreht wurde. »Diesen Film«, so schrieb der Schauspieler im September jenen Jahres an Vollmoeller, »*muß* ich machen, und auch Paramount ist dafür«.[8] Entwürfe und Charakterskizzen, die sich in Vollmoellers Nachlaß zu diesem Sujet finden, sind wahrscheinlich auf Jannings Anregung entstanden.[9] Der Mime sollte sein Lieblingsprojekt übrigens nie verwirklichen können. Eine erneute Initiative im Jahre 1931 scheitert an der entschiedenen Ablehnung des Ufa-Vorstandes.[10]

Im Juli 1929 aber ist man mit dem Projekt einverstanden und versucht sogar, Ernst Lubitsch als Regisseur zu gewinnen — allerdings ohne Erfolg.[11] Wahrscheinlich auf Anregung von Emil Jannings nimmt die Ufa-Direktion nunmehr Kontakt mit Josef von Sternberg auf; knapp drei Wochen später, am 16. August, trifft Sternberg in Begleitung seiner Frau in Berlin ein.[12] Karl Vollmoeller, Emil Jannings und Erich Pommer stehen zu seinem Empfang am Bahnhof Zoo bereit, und gleich nach den ersten Begrüßungsworten zieht sich

die Vierergruppe zur Besprechung zurück. Zum ersten Mal, so stellt Sternberg es in seinen Memoiren dar, erfährt der Regisseur von dem Plan, einen Film über Rasputin zu drehen.[13] Seiner Ablehnung folgt eine lange und ergebnislose Diskussion: für den am Nachmittag anstehenden Presseempfang zu Ehren Sternbergs einigt man sich auf die Formel, einen Stoff in der Art von *Varieté* zu drehen; das Manuskript, so heißt es schon jetzt, sollen Karl Vollmoeller und Zuckmayer ausarbeiten.[14] Welches Manuskript? Wieder ist es Jannings, der den entscheidenden Vorschlag macht: »Professor Unrat« von Heinrich Mann*. Auch die Darstellung des Professor Unrat scheint Jannings schon lange gereizt zu haben. So berichtet Heinrich Mann in einem weiter unten abgedruckten Interview mit Raoul Ploquin, daß der Mime ihn schon 1923 auf eine Verfilmung des Romanes angesprochen habe. Die Theater- und Filmschauspielerin Maly Delschaft gar erinnert sich genau, daß bei den Dreharbeiten zum *Letzten Mann* im Jahre 1924 der Regisseur F. W. Murnau und Emil Jannings eben dieses Projekt des öfteren erwähnten — mit Maly Delschaft in der Rolle der Künstlerin Fröhlich. Es ist durchaus denkbar, daß die damaligen Vorbereitungen bis zu den Gesprächen gediehen, die Heinrich Mann auf das Jahr 1923 datiert.[15]
1929 nun hat das Projekt sichere Aussicht auf Realisierung. Sternberg erklärt sich nach der Lektüre des Romans mit dem Sujet einverstanden; die beiden Stars des Films einig wissend, beeilt sich die Ufa, mit Heinrich Mann über den Ankauf der Verfilmungsrechte zu verhandeln. Schon am 23. August wird der Vertrag unterzeichnet: 25 000 RM zahlt die Ufa für die Rechte, weitere 10 000 RM erwarten den Dichter bei der Uraufführung des Films in Amerika.[16] Am gleichen Tag wird Karl Vollmoellers Vertrag als dramaturgischer Mitarbeiter zu einem Honorar von 23 000 RM (tatsächlich wurden fast 4 000 RM mehr gezahlt) nachträglich vom Ufa-Vorstand gebilligt — zur Bestätigung lag er bereits seit der Ankunft Sternbergs in Berlin vor. Merkwürdigerweise wird die Vereinbarung aber erst am 7. Oktober rechtsgültig.[17] War die Unterzeichnung einfach vergessen worden oder begann Vollmoellers Mitarbeit am literarischen Drehbuch erst zu diesem Zeitpunkt? Bei seinen freundschaftlichen Kontakten mit Josef von Sternberg kann man das erstere annehmen, ob-

* Heinrich Mann: Professor Unrat oder das Ende eines Tyrannen. München 1905 u. ö.

wohl Sternberg in seinen Memoiren schreibt, daß Vollmoeller ihm ein wertvoller Führer durch Berlin war »... und ich wollte ihm danken und helfen, indem ich seinen Namen in den Vorspann aufnahm, aber mit dem Text des Manuskriptes hatte er [...] nichts zu tun.«[18] Fast 27 000 RM als Gefälligkeitszahlung? Das klingt unwahrscheinlich, zumal wenn der Partner Ufa heißt.

Carl Zuckmayer, dessen Name in den Bulletins der Ufa des öfteren als alleiniger Bearbeiter des Mannschen Romans genannt wird, stand mit der Filmgesellschaft schon seit längerem in einer nicht immer glücklichen Verbindung. Eines seiner Manuskripte, »Der Bauer aus dem Taunus«, wurde Anfang 1929 abgelehnt. Originalzitat Ufa: »Die Versammlung findet ihn [den Stoff] stark, hat aber gegen die Lebenswahrheit des Konfliktes erhebliche Bedenken.«[19] Im Mai desselben Jahres wird Zuckmayer für die Erich-Pommer-Produktion eingestellt. Sein vom Vorstand angenommenes und bereits mit 10 000 RM bezahltes Exposé kann aus verlagsrechtlichen Gründen nicht weiter verfolgt werden; mit resignierter Geste wird um Ersatz in Form eines Tonfilm-Exposés gebeten, abzuliefern bis Anfang 1930. Vier Tage nach dieser Aufforderung, am 27. 8. 1929, ist Zuckmayer für die Mitarbeit am Drehbuch *Der Blaue Engel* verpflichtet; Honorar: 15 776,20 RM.[20] Sieht es nicht sehr danach aus, als ob die Ufa froh gewesen ist, für ihren unbequemen Schützling endlich eine Beschäftigung zu finden?

Wer von den bislang drei Beteiligten — Sternberg, Vollmoeller oder Zuckmayer — nun das Drehbuch geschrieben hat, können auch wir nicht exakt beantworten. Wir müssen uns mit der Vermutung behelfen, daß Zuckmayer in Zusammenarbeit mit Vollmoeller und Heinrich Mann ein literarisches Drehbuch verfaßt hat, das von dem routinierten Drehbuchautoren Robert Liebmann nachträglich mit filmtechnischen Angaben versehen und später von Sternberg nochmals verändert wurde. Weder Zuckmayer noch Sternberg haben wahrscheinlich, wie sie zu behaupten pflegten, das Manuskript allein geschrieben; und schon gar nicht war das Buch *Der Blaue Engel* — der Titel, unter dem eine Zeitlang Heinrich Manns Originalroman vertrieben wurde — ein nach Sternbergs Ansicht »kümmerliches Plagiat seiner originalen Filmschöpfung«.[21]

Ein Wort noch zu den Abweichungen des Films vom Roman. Zwar wird dieser Punkt in einem Teil der Dokumentation ausführlich von den Beteiligten diskutiert, doch soll an dieser Stelle nicht verschwiegen werden, daß entgegen ihren Feststellungen die Ufa-Direktion ebenfalls ihre Hand im Spiel gehabt haben kann. So findet sich im Protokoll einer Sitzung des Ufa-Vorstandes vom 28. August 1929 folgende Eintragung: »Gegen diesen Stoff sind von verschiedenen Seiten Bedenken geäußert worden, weil er einen bösartigen Angriff gegen die hohe Schule darstellt und weil besonders die Hauptfigur des Professor Unrat in übertrieben unsympathischer Weise dargestellt sei. Es wird darauf aufmerksam gemacht, daß der betreffende Roman von Heinrich Mann seinerzeit bei Erscheinen im Mittelpunkt lebhaftester Diskussionen gestanden habe und daß zu erwarten sei, daß auch der Film von den interessierten Kreisen angegriffen werden würde. Demgegenüber erklärt Herr Correll*, daß der Stoff vollkommen umgearbeitet und die Figur des Professor Unrat in menschlich verständlicher Weise geschildert werden würde, so daß zu den befürchteten Angriffen kein Anlaß bestehen würde.«[22] Denkbar ist, daß Herr Correll den Drehbuchautoren oder Emil Jannings eine entsprechende Empfehlung gab, die Heinrich Mann späterhin akzeptierte. Denn zu dem Zeitpunkt der oben zitierten Notiz — fünf Tage nach Vertragsabschluß mit Heinrich Mann — waren alle für den Film vorgesehenen Änderungen gewiß noch nicht besprochen. Kann es sein, daß Heinrich Mann, von Ufa-Boten und Dichterkollegen bestürmt, einer Änderung seines Buches zustimmte, die ganz im Sinne der Ufa-Direktion Satire und Gesellschaftskritik durch menschlich Anrührendes und Melodramatik ersetzte? Unrat, der Menschenfeind, endet im Roman als Inhaber eines Spiel- und Vergnügungssalons und wird schließlich wegen gemeinen Diebstahls ins Gefängnis geworfen; dagegen gerät im Film ein vertrockneter, in seiner schrulligen Weltfremdheit aber nicht unsympathischer Charakter auf Abwege, erkennt seinen Fehltritt zu spät und zahlt mit öffentlicher Entmündigung; geläutert darf er am Pult seines ehemaligen Klassenzimmers sterben. War das wirklich im Sinne Heinrich Manns? »Heinrich Mann hat [. . .] selbst die wichtigsten Abweichungen des Manuskripts festgelegt, so daß das neue Buch mit seinem Einverständnis entstand«, erklärt Emil Jannings in einem Interview.[23] Ähnliches klingt an in Manns Äußerungen zu dem Filmwerk. Und nur eine Notiz aus der Fachpresse jener Zeit deutet an, was sich hinter den Kulissen abgespielt haben

* Produktionschef der Ufa.

könnte: »Es ist nicht leicht gewesen, Heinrich Mann zu einem Einwilligen in diese Umformung zu bringen. Auch sonst ist es bei soviel verschiedenartigen Mentalitäten naturgemäß zu manchem Meinungsstreit gekommen. Aber zum Schluß hat man sich immer wieder gut verstanden. ›Gerade aus diesen Meinungsverschiedenheiten‹, erzählt Karl Vollmoeller, ›haben wir immer wieder gelernt, haben neue Gedanken entwickeln können. Interessant genug ist die Situation gewesen: der Autor, der sich auf Momente — wie jeder Schöpfer einer Gestalt — vergewaltigt fühlen muß, steht diesmal Menschen gegenüber, die, wie er, Autoren sind und nicht Filmleute‹«.[24]

Zurück zum Produktionsverlauf. Das Sujet gewählt und die Drehbuchautoren engagiert, wird ein endgültiger Vertrag mit Sternberg besprochen. Vereinbart wird ein Honorar von 40 000 Dollar, zahlbar an jedem Mittwoch bis zum 31. Dezember in Raten von 1 500 Dollar; über diesen Termin hinaus »darf die Ufa die Dienste des Herrn von Sternberg nur mit Genehmigung der Paramount in Anspruch nehmen, keinesfalls jedoch länger als bis zum 14. Januar 1930. Für jede angefangene Arbeitswoche über den 31. 12. 1929 hinaus erhält Herr von Sternberg Dollar 3 000.—«.[25]

Es beginnt die Auswahl der Schauspieler und des technischen Stabs. Wahrscheinlich ist, daß Sternberg, mit den Beschäftigten der Ufa nicht eng vertraut, sich in dem zweiten Punkt auf Erich Pommers Erfahrungen und Kenntnisse verließ. Entschieden kamen für den ersten Emil-Jannings-Tonfilm nur die besten Kräfte in Frage. Als Kameramänner werden Hans Schneeberger aus der Freiburger Schule Arnold Fancks und Günter Rittau, maßgeblich beteiligt schon an Fritz Langs *Nibelungen**, verpflichtet; vom Deutschen Theater wird der Maskenbildner Waldemar Jabs engagiert; für die Bauten stehen mit Otto Hunte und Emil Hasler zwei Männer zur Verfügung, die sich eben noch bei dem Fritz-Lang-Film *Frau im Mond*** bewährt haben. Wie aber fand Sternberg seine Schauspieler? Lassen wir an dieser Stelle Gerhard Bienert, den Darsteller des Schupo im *Blauen Engel* berichten: »1929 gab es in Berlin zwei berühmte Aufführungen: *Cyankali* und *Zwei Krawatten*. Diese beiden Aufführungen besuchte Sternberg, der keine jungen deutschen

* *Die Nibelungen*. Deutschland 1922—24. Regie: Fritz Lang
** *Frau im Mond*. Deutschland 1929. Regie: Fritz Lang

Schauspieler kannte, aber nicht die alten nehmen wollte, die schon vom Stummfilm bekannt waren. Hier fand er seine Schauspieler, und zwar engagierte er aus *Zwei Krawatten* Marlene Dietrich, Rosa Valetti und Hans Albers und aus *Cyankali* meinen Bruder Reinhold Bernt, Ilse Fürstenberg für die Rolle der Wirtschafterin, Ludwig Roth für den Pedell und mich als Schupo. Und sofort nach diesem Film war ich der Schupo des deutschen Films — ich wurde dauernd als Schupo engagiert.«[26] Es scheint mir überflüssig, hier nochmals die Auslassungen der zahlreichen selbsternannten Entdecker Marlene Dietrichs zu diskutieren, die weiter unten in Auszügen abgedruckt werden. Letzten Endes bleibt es doch Sternberg, der aus der nur in Deutschland bekannten Schauspielerin einen international gefragten Star formte. Geradezu prophetisch klingt in diesem Zusammenhang eine Äußerung Marlene Dietrichs zum Jahreswechsel 1929/30: »Wir alle, die im *Blauen Engel* Darsteller sind, säen heute und werden 1930 ernten. Unter solcher Regie und dem Zusammenspiel aller bin ich ›erst‹ geworden. In diesem Jahr bin ich noch die ›Lola Lola‹ im *Blauen Engel,* und dann geht es im Tempo hinein in die Tonfilmproduktion.«[27] Bevor die Besetzung der Lola Lola allerdings entschieden war, ließ Sternberg eine ganze Reihe deutscher Schauspielerinnen Revue passieren, darunter so bekannte Namen wie Lucie Mannheim, Blandine Ebinger, Brigitte Helm und Käte Haack.

Am 9. Oktober ist Marlene Dietrich zu einem Pauschalhonorar von 20 000 RM engagiert; für die gleichzeitig gedrehte englische Version werden ihr nochmals 5 000 RM gezahlt. Zum Vergleich: Emil Jannings erhält für seine Darbietung 200 000 RM.[28]

Der Oktober vergeht mit der Inspektion der Bauten und Probeaufnahmen mit Marlene Dietrich. Jannings kann für solche Arbeiten auf ein Double zurückgreifen und erscheint wahrscheinlich nur zu einer Tonprobe, die er mit dem klassischen Zitat des Götz von Berlichingen bestreitet.[23] Mitte Oktober wird der Titel *Der Blaue Engel* bekanntgegeben, der 4. November schließlich markiert den Beginn der Dreharbeiten. Unterbrochen wird Sternbergs zügiges Arbeitstempo des öfteren durch Atelierbesuche. Gleich in den ersten Wochen sehen nacheinander Max Reinhardt, George Grosz, S. M. Eisenstein und Reichskunstwart Dr. Erwin Redslob dem Hollywooder Regisseur bei der Arbeit zu; von einem ruhigen Platz aus studiert Arnold Fanck Sternbergs Inszenierungsmethode, der Dichter

Fritz von Unruh sucht sich Anregungen für sein neues Bühnenstück ›Phäa‹, und bei einer besonders frivolen Aufnahme mit Marlene Dietrich konnte es schon vorkommen, das ein ganzes Aufnahmeteam in Neubabelsberg die Arbeit liegen ließ, um sich das Ereignis aus der Nähe anzusehen.[29] Marlene Dietrichs Szenen nämlich wurden immer mit ganz besonderer Raffinesse vorbereitet — sehr zum Mißvergnügen Emil Janning's, wie Reinhold Bernt berichtet: »Jannings merkte sofort, daß nicht er der Star des *Blauen Engel* sein würde, sondern Marlene Dietrich. Wenn eine Szene mit Marlene Dietrich auf dem Plan stand, wurde noch und noch ein Schleier angebracht, dann hat Sternberg selbst durch die Kamera gesehen, was er sonst nie tat. Bei Jannings hieß es nur : ›Na, Sie kommen da rein . . .‹ — ›Na, soll ich nicht auch??‹ — ›Ja, ja, machen Sie nur, wie Sie sich das denken.‹ Das merkte Jannings natürlich.«[26] Wenn Jannings eifersüchtig auf Marlene Dietrich war, so war er doch geschickt genug, seinen Neid in der Öffentlichkeit zu verbergen. Seine Äußerungen über Schauspielerkollegen im *Blauen Engel* und Sternberg sind durch die Bank ohne Informationswert — dafür behalf er sich mit ausführlichen Statements über die Qualitäten des Tonfilms. Marlene Dietrich — falls man sie überhaupt zu einer Äußerung über den *Blauen Engel* bewegen konnte — blieb da weniger allgemein: »Albers war immer nett zu mir. Jannings dagegen lehnte mich bis zum letzten Drehtag des *Blauen Engel* ab, wie viele, die den Regisseur Sternberg für verrückt hielten, weil er mich engagierte. Sehen Sie, man fragt mich immer nach meinen Schauspieler-Kollegen von damals, aber schließlich war ich doch ein Nichts. Eine kleine Komparsin, die in Reinhardts verschiedenen Theatern — mit dem Bus von einem zum anderen eilend — je einen Satz in verschiedenen Stücken am selben Abend sprechen durfte, die Komparserie in ein paar Filmen machte. Und an die niemand glaubte, als Sternberg mir eine Hauptrolle im *Blauen Engel* gab . . .«[30] Berichte, daß Emil Jannings sich in seiner Eifersucht schließlich soweit verrannt hatte, daß er seine Partnerin in den Schlußszenen tatsächlich strangulierte, so daß die Dreharbeiten für eine Woche unterbrochen werden mußten — einige sprechen sogar von einem Krankenhausaufenthalt Marlene Dietrichs — sollte man dagegen ins Reich der Fabel verweisen.

Während die Dreharbeiten so unter nicht unerheblichen Spannungen ihren Fortgang nehmen, muß Erich Pommer unterdessen mit

Geschick die ständig anwachsenden Produktionskosten verteidigen. Nach einem Drehmonat nämlich muß das Budjet bereits um 200 000 RM aufgestockt werden — nicht eher allerdings, als bis die Ufa-Direktoren das bisher gedrehte Material sich angesehen haben.[31] Mit Recht sind die Herren um die Finanzen besorgt, denn mit 1 972 769 RM Herstellungskosten wird *Der Blaue Engel* für lange Zeit der teuerste Film der Erich-Pommer-Produktion — übertroffen erst drei Jahre später durch *F. P. 1 antwortet nicht**.[32] Angesichts solcher Zahlen wird es schwer, Sternberg Glauben zu schenken, der Erich Pommer nie im Atelier gesehen haben will. Nachweisbar dagegen schützt Pommer das Werk seines Regisseurs, jedenfalls dessen deutsche Version.
Ende Januar sind die Dreharbeiten beendet; nach der Montage des Films verläßt Josef von Sternberg Berlin Anfang Februar. Nun bemängelt der Ufa-Vorstand, daß »verschiedene Geräusche, die man natürlicherweise hören müßte, auch hörbar sein müssen, und daß der Tod des Professor Rath deutlich erkennbar sein muß«.[33] Bis zur Uraufführung läßt Pommer nicht zu, daß an dem Film etwas geändert wird, und erst später werden auf energisches Drängen des Vorstands die Schlußszenen mit Musik unterlegt. Die englische Version allerdings kann Pommer mit gutem Gewissen nicht vor Veränderungen bewahren — sprechen doch mehrere Schauspieler, vornehmlich Kurt Gerron, auch hier munter deutsch. So werden im Mai 1930 Schnitte und Nachaufnahmen angeordnet und von einer unbekannten Herstellungsgruppe ausgeführt.[34]
Kurz nach Sternbergs Abreise unterzeichnet Marlene Dietrich im Büro des deutschen Repräsentanten der Paramount Ike Blumenthal den Vertrag, der sie nach Hollywood verpflichtet. Lange Zeit hatte sie geschwankt, ob sie sich von Berlin und ihrem Kind trennen solle; und nur unter der Bedingung einer halbjährlichen Arbeitspause läßt sie sich auf das Hollywood-Engagement ein. Die Schiffspassage für die frühen Morgenstunden des 2. April in der Tasche, wird der Premierenabend für sie zur Abschiedsvorstellung in Deutschland. Einen Eindruck von der Atmosphäre jenes Abends vermittelt folgender Bericht: »Großer Tag fürs ›Kino-Polizeirevier‹ in der Marburger Straße (so genannt, weil dort die meisten Luxusfilmtheater liegen), an zwanzig Theatervorfahrt-Spezialisten im

* *F. P. 1 antwortet nicht*. Deutschland 1932. Regie: Karl Hartl

Tschako und in Mütze haben alle Arme voll zu tun, um inmitten des üblichen Kurfürstendamm-Betriebes das Anrollen der dreihundert Privatkarossen störungslos zu ermöglichen. Schlag zwanzig sind die Foyers überfüllt, viele sind dem Wunsch nach Abendkleidung nachgekommen, die meisten sträuben sich, im pausenlosen Kino den repräsentativen Smoking anzuziehen. Die Damen fast durchweg lange Nachmittagskleider. Trotzdem kommt in den wenigen Minuten vor Beginn, da's noch Licht im Hause ist, so etwas wie Premierenstimmung erster Ordnung auf.

In der Parkettloge die Direktoren Birnholz und Dr. Mayer von der AEG, und Dr. Grabe, der große Siemens-Kopf, stark interessiert, derweil sie als Aufsichtsräte der Klangfilm mit von der Partie sind. In einer Loge schauen Mia und Joe May dem Pommer-Werk zu. Vor ihnen im Parkett geradezu ein Gedränge beunruhigter Konkurrenten wie Mack, Eichberg, Lupu Pick und auch Theaterdirektoren wie Dr. Klein und Aufricht, die mal sehen und vor allem hören kommen, was die Neulinge da fertig brachten.

Oben im Rang schaut's schon reicher mit Smokings besetzt aus: [. . .] in einer separaten Loge Jannings getreue Freunde, die Pallenbergs, die Fritzi und (vor seinem Auftritt im Berliner Theater) noch eins, zwei, drei auch der Maxe. Sonst die Garde der Ufa-Generäle von Hugenberg bis Pommer, und in den bühnen-nahen oberen Logen die reisefertige Marlene und Emil Jannings, der während der Vorführung immerzu mürrisch am Buffet Kaffee trinkt, und erst beim Schluß-Applaus auf die Bühne saust.«[35]

Wahrlich eine illustre Gesellschaft und ein gelungener Rahmen für Marlene Dietrichs Abschied. Die Ufa-Direktoren aber begreifen erst jetzt, daß das Ereignis des Abends nicht diese Versammlung berühmter und teurer Namen war, sondern eine bis dahin unbedeutende und noch unbekannte Schauspielerin: Marlene Dietrich. Sie aber fuhr schon zwei Stunden später nach Hollywood, einer beispiellosen Karriere entgegen.

Anmerkungen

1 Niederschrift über die Vorstandssitzung der Ufa (im folgenden Ufa-Protokoll; Bundesarchiv Bestand R 109, I/1026a ff.) Nr. 341/8, 25. 6. 1928.
2 Ufa-Protokolle Nr. 345/1, 2. 7.; Nr. 350/17, 10. 7.; Nr. 351/2, 12. 7. 1928.
3 Ufa-Protokoll Nr. 447/6, 4. 1. 1929.
4 Heinrich Fraenkel: Unsterblicher Film. Vom ersten Ton bis zur farbigen Breitwand. München 1957, S. 12 f. und 27 f.
5 Die größten Tonfilm-Ateliers Europas bei der Ufa in Neubabelsberg. In: Ufa-Feuilleton, Berlin, 2. Jg., Nr. 40, 2. 10. 1929.
6 Die Tonfilmarbeit der Ufa. Interview mit E. H. Correll, Produktionschef der Ufa. In: Film-Kurier, Berlin, 12. Jg., Nr. 33, 6. 2. 1930.
7 Ufa-Protokoll Nr. 502/9, 16. 4. 1929.
8 Brief von Jannings an Vollmoeller, 8. 9. 1927.
9 Nachlaß Karl Vollmoeller, Privatbesitz.
10 Ufa-Protokoll Nr. 711/3, 13. 2. 1931.
11 Ufa-Protokoll Nr. 541/1, 19. 7. 1929.
12 Josef von Sternberg in Berlin. »Der Sprechfilm hat mich wieder zum deutschen Film gebracht.« In: Film-Kurier, Berlin, 11. Jg., Nr. 194, 16. 8. 1929.
13 Ich, Josef von Sternberg. Aus dem Amerikanischen von Walther Schmieding. (Originaltitel: Fun in a Chinese Laundry. New York 1965.) Velber 1967, S. 154.
14 Josef von Sternberg sagt: Deutschland ist ein Filmparadies. In: Film-Kurier, Berlin, 11. Jg., Nr. 195, 17. 8. 1929.
15 Gero Gandert: Interview mit Maly Delschaft. Unveröffentlicht.
16 Ufa-Bilanzen per 31. 5. 1930 und 31. 5. 1931.
17 Ufa-Protokoll Nr. 551/13, 23. 8. 1929; Ufa-Bilanz per 31. 5. 1930.
18 Sternberg a. a. O., S. 156.
19 Ufa-Protokoll Nr. 457/5, 22. 1. 1929.
20 Ufa-Protokolle Nr. 511/3, 2. 5. 1929; Nr. 551/15, 23. 8. 1929; Ufa-Bilanz per 31. 5. 1930.
21 Klageschrift Josef von Sternberg gegen 20th Century Fox u. a., 15. 12. 1959, § 4 Abs. III.
22 Ufa-Protokoll Nr. 553/11, 28. 8. 1929.
23 Emil Jannings. Interview mit dem Künstler. In: Lichtbildbühne, Berlin, 23. Jg., Nr. 71, 24. 3. 1930.
24 Vorarbeit für den ersten Jannings-Film. Das Kollektiv der Dichter. Jannings' erstes Tonfilmwort. In: Film-Kurier, Berlin, 11. Jg., Nr. 255, 26. 10. 1929.
25 Ufa-Protokoll Nr. 553/2, 28. 8. 1929.
26 Gespräch des Autors mit Reinhold Bernt und Gerhard Bienert.

27 Das neue Jahr — der Film — und wir. Eine Rundfrage bei unseren Film-Stars. In: Ufa-Feuilleton, Berlin, 2. Jg., Nr. 53, 28. 12. 1929.

28 Ufa-Protokolle Nr. 566/6, 9. 10. 1929; Nr. 668/11, 5. 9. 1930.

29 Reinhardt in Neubabelsberg. In: Film-Kurier, Berlin, 11. Jg., Nr. 271, 14. 11. 1929; George Grosz: Ein kleines Ja und ein großes Nein. Reinbek 1955, S. 189 ff.; S. M. Eisenstein: Stationen. Autobiographische Aufzeichnungen. Aus dem Russ. von Rita Braun. Berlin 1967, S. 260; Meldung in: Film-Kurier, Berlin, 11. Jg., Nr. 280, 25. 11. 1929; Grete Mosheim erzählt: Mein erster Tonfilm — auf der Bühne. In: Film-Kurier, Berlin, 12. Jg., Nr. 73, 25. 3. 1930; Interview mit Arnold Fanck. In: Filmhefte, New York, Nr. 2, Sommer 1976; Joe Pasternak: Easy the Hard Way. London 1956, S. 95ff.

30 Sabine Michael: Marlene in München. In: Abendzeitung, München, Nr. 127, 27. 5. 1960.

31 Ufa-Protokolle Nr. 586/2, 4. 12. 1929; 587/1, 6. 12. 1929.

32 Herstellungskosten und Erlöse für die Filme der Producers Service Corporation lt. Vertrag vom 16./18. 8. 1930. Unveröffentlicht.

33 Ufa-Protokoll Nr. 607/2c, 19. 2. 1930.

34 Ufa-Protokolle 624/1a, 9. 4. 1930; Nr. 637/10a, 14. 5. 1930.

35 Der Heinrich-Mann-Tonfilm im Gloria-Palast. Die Uraufführung des verfilmten »Professor Unrat«. In: B. Z., 54. Jg. der Berliner Zeitung, Nr. 91, 2. 4. 1930.

Vom Buch zum Film

Trude Hesterberg
Kleine Film-Einblendung

[...]
[Heinrich Mann und ich] waren gerade zusammen in Gastein. Im Laufe eines Gesprächs kamen wir auch auf das Thema Film. Heinrich Mann zeigte, wie damals viele ernsthafte Dichter und Denker, kein sehr lebhaftes Interesse für diese »technische Abart der Kunst«. Er war — wenn er sich auch wie immer sehr diplomatisch äußerte — offensichtlich dagegen.
Nun hatte ich von jeher, schon bevor ich Heinrich Mann persönlich kennen und schätzen gelernt hatte, einen geheimen Wunsch, der beinahe zu einer fixen Idee geworden war. Ich wollte irgendwann einmal, und damals dachte ich zunächst an das Theater, die »Künstlerin Fröhlich« darstellen, diese faszinierende Erscheinung in dem großartigen Roman »Professor Unrat«. Immer, auch in der Stummfilmzeit, bemühte ich mich darum, diesen grandiosen Stoff und diese einzigartige Rolle lebendig zu machen. Und nun lernte ich den Schöpfer selbst kennen.
Er saß neben mir und strich gedankenvoll über seinen grauen Spitzbart; seine sarkastischen blauen Augen funkelten mich an, als ich mich vorsichtig an das Thema heranpirschte.
»Warum«, so fragte ich ihn mit vor Aufregung glühenden Wangen, »wollen Sie es nicht einmal mit dem Film versuchen? Dieses Buch ist wie keines geeignet, sich mit den Gesetzen des Films zu vertragen!«
»Nein«, meinte er kategorisch, »da machen sie dann doch nur entweder einen Kriminalreißer oder irgend so einen rosaroten Kitsch daraus, der mit dem Roman nicht das geringste zu tun hat. Und dann, meine Liebe, was haben Sie überhaupt für einen Grund, sich so lebhaft dafür zu interessieren?«
Und nun kam's heraus!
»Ja, das ist natürlich etwas anderes! Wenn Sie das spielen werden, ich könnte mir keine bessere Interpretin denken!«
Weiß Gott, wenn ich in meinem Leben nie stolz war, jetzt war ich es, und nun überstürzten sich die Ereignisse.

Schon am nächsten Tag nach dieser denkwürdigen Unterredung trafen wir auf der Promenade in Gastein Emil Jannings und seine kluge und charmante Frau Gussy Holl. Die kamen mir gerade recht.

Ich schilderte Gussy in allen Farben die Rolle ... des Professor Unrat! Von der »Künstlerin Fröhlich« sprach ich so nebenher und daß es selbstverständlich wunderbar wäre, wenn Emil und ich ...
»Ja, natürlich«, meinte Gussy, »wenn du das Wunder fertigbringst, daß Heinrich Mann das Buch für den Film freigibt, dann spielt er das mit dir!« Ich war beglückt.
Die Enttäuschung ließ dann auch nicht auf sich warten, und sie hieß ... Marlene Dietrich. Dieselbe Marlene Dietrich, die damals kurz vorher noch klagte: »Aus mir wird nie was! Kein Mensch will etwas von mir wissen, nicht in Wien und jetzt auch nicht in Berlin. Ich gebe es auf und ergreife einen anderen Beruf!«
Wir trennten uns damals in Gastein, nachdem Jannings erklärte, daß erst noch der Film »Rasputin« gedreht werden müßte, man jedoch alle Vorbesprechungen für dieses neue Projekt einleiten würde.
Kaum kamen dann Heinrich Mann und ich in Berlin an, läutete bereits das Telefon. Emil selbst war am Apparat und bat mich, mit Heinrich Mann so schnell als möglich ins Hotel »Esplanade« zu kommen. Alles hätte sich geändert, man hätte umdisponiert. »Rasputin« käme vorderhand nicht in Frage, dagegen wäre das Thema »Professor Unrat« brennend aktuell geworden.
Weder Heinrich Mann noch ich hatten eine Ahnung, wie die geschäftliche Seite anzupacken wäre, das heißt, ich für meine Person war mir klar darüber, aber ich hatte ja auch die Interessen Heinrich Manns zu wahren, das war ich ihm schuldig.
Ein Anruf bei unseren Freunden Carl Zuckmayer und Leonhard Frank gab uns die geschäftlichen Richtlinien, und wir fuhren guten Mutes ins »Esplanade«.
Dort saß eine illustre Gesellschaft unter dem Vorsitz von Pommer beisammen. Über den geschäftlichen Teil waren wir uns bald einig. Die Ufa war nicht kleinlich, wenn sie etwas erreichen wollte.
Nun aber kam der Knalleffekt!
Jannings schob alle Anwesenden zur Tür hinaus, mit der Äußerung, er wolle mit Heinrich Mann und mir noch ein paar Worte allein sprechen. Aha, dachte ich, jetzt kommt mein Vertrag.

Aber es kam etwas, was mich von den im Geiste schon erklommenen Höhen höchsten Ruhmes in alle Höllen tiefster Enttäuschung stürzte.
Ich bekam nun zu hören, daß der berühmte Regisseur aus Hollywood, Josef Sternberg, der zuerst für die Inszenierung des Films »Rasputin« gewonnen worden war, nunmehr den Film »Professor Unrat«, der später den so erfolgreichen Titel *Der Blaue Engel* bekam, übernehmen würde. Allerdings mit der strikten Bedingung, daß die Rolle der »Künstlerin Fröhlich« an Frau Marlene Dietrich abgegeben werden müßte.
Darauf nahm der still zuhörende Heinrich Mann schweigend seinen Hut und verließ das Zimmer.

Trude Hesterberg: Was ich noch sagen wollte. Berlin 1971, S. 83–86

Carl Zuckmayer
Grundsätzliches zum Tonfilm

Daß die meisten bis jetzt gezeigten Tonfilme schlecht sind, ist kein Beweis gegen »den Tonfilm«. Man vergißt, daß die meisten stummen Filme auch schlecht waren, daß es nur die Spitzen waren, die in unserem Gedächtnis geblieben sind, daß diese Spitzen aus einer ungeheuren Flut miserabler Durchschnittsware aufragten.
Der stumme Film hatte eine Konvention des schlechten Manuskriptes geschaffen, die nur in den seltenen Fällen besonderer Bemühungen durchbrochen wurde.
Beim Tonfilm ist das schlechte Manuskript, das konventionelle Manuskript, auf die Dauer unmöglich: es würde innerhalb eines Jahres das Geschäft ruinieren.
Und wir, die wir vom Film hohes Niveau, erregende Neuheit verlangen, dürfen nie vergessen, daß der Film vom Geschäft lebt, daß er gefressen werden muß, daß er für den unmittelbaren Gebrauch ist, und nur wertvoll werden kann, wo er »einschlägt«, sich fortpflanzt, ins Volksbewußtsein eingräbt. Auch in Rußland, wo zum Teil der Staat produzierte, stand die hohe Entwicklung des Films unter diesem Gesetz des »Geschäfts«, das heißt der direkten Nachfrage, des wirklichen realen Bedürfnisses, das sich hier mit dem

ideellen, dem geistigen Bedürfnis wunderbar deckte. Fazit: beim Film muß sich, mehr noch als beim Theater, das künstlerische und geistige Bedürfnis mit dem geschäftlichen decken, um wirklich erfüllt zu werden. Das ist beim Tonfilm notwendig der Fall.

Der erste Spaß am Geräusch, am Technischen, auch an der technischen Verbesserung, ist vorbei. *Daß* man hören kann, weiß man. Schon kommt's darauf an, *was* man hören kann. Hierbei stellt sich heraus, daß man bedeutend mehr Schwachsinn durchs Auge verträgt als durchs Ohr. Man kann sich allerhand seichte und läppische Dinge anschauen, wenn sie einigermaßen liebenswürdig gemacht sind, ohne mehr als die Achseln zu zucken. Aber das Ohr rebelliert. Keiner läßt sich gern anquatschen. Und die Sprache ist ein strenger Gott.

Vom Formalen ganz abgesehen: wie auch ein Filmdialog technisch und im sprachlichen Ausdruck ausschaue (noch kürzer! ! immer noch kürzer! ! Dies nebenbei!), er muß einen Inhalt haben. Eine innere Begründung.

Also: das Tonfilmgeschäft kann nicht auskommen ohne wesentliche Inhalte — (was das Geschäft des stummen Films ganz gut ertrug, das heißt: bis es eben nicht mehr ging). Beim Tonfilm gehts überhaupt nicht. Er braucht geistige, vitale, menschliche Inhalte. Er braucht das dichterische Manuskript. Und wir brauchen den Tonfilm: denn wie könnten, dürften wir ein Mittel aus der Hand lassen, das unsere Gedanken, Vorstellungen, Visionen von dieser Welt und ihren Zusammenhängen, ja sogar unser Wort in einer solchen Weise auszubreiten imstande ist. Jedes Instrument, das unsere Stimme verstärkt, weiter trägt, das uns mehr Hörer schafft, größere Räume, längere Dauer, gehört in unsere Hand.

Deshalb gibt es kein Abseitsstehen. Wir kämpfen um den Tonfilm, der Tonfilm wirbt um uns!

(Überflüssig zu sagen: daß das Theater, und der Kampf ums Theater, davon nicht berührt, höchstens gesteigert wird. Aber man muß es doch sagen, um Mißverständnisse und Rückfragen zu vermeiden.)

Vorläufig sieht es so aus: es gibt beim Film noch keine Souveränität des Manuskriptes. Der Autor, noch von der Zeit des stummen Films her, gilt als Handlanger des Regisseurs. Der Regisseur ist noch der eigentliche Dichter des Films, weil er der einzige ist, der das Handwerk versteht. Nehmen wir an: ein Dichter schreibt ein gutes Ma-

nuskript, es wird erworben und gedreht. So kommt es nun ganz darauf an, was mit dem Regisseur los ist. Es ist Glückssache, und das darfs in der Kunst nicht geben. Aber es ist tatsächlich noch so: der Autor muß sich auf den Regisseur blind verlassen: ob er spürt, was gemeint ist und es aus seinem eigenen Können heraus verwirklicht. Und das liegt nicht daran allein, daß die Regisseure und die Produktionsleiter sich für klüger halten, es liegt viel tiefer, es liegt daran, daß wir, die Autoren, das Handwerk nicht genug verstehen. Ein Autor ist vorläufig neben dem Regisseur, der die Praxis vertritt, der lästige Theoretiker. Manchmal haben die Theoretiker recht. Allen höchst vitalen Umwälzungen, Neugestaltungen, sind sie vorausgegangen. Das ist eine Tatsache, aber sie wiegt nichts vor der anderen Tatsache: daß Kunst gekonnt werden muß.
Es ist unbedingt zu verlangen, daß im Tonfilm das Manuskript souverän wird. Und daß im Manuskript der Gehalt, die Haltung, der geistige und menschliche Kern souverän wird. Nur dann können starke, nur dann auch wirksame und erfolgreiche Tonfilme entstehen.
Aber es ist nicht zu verkennen, daß der Film eine neue Proportion, ein neuartiges Wechsel- und Schwebeverhältnis zwischen Dichtwerk, Regie und Darstellung verlangt, wesentlich anders als die Grundlagen des Theaters. Ich bin nicht für künstlerische »Kollektivarbeit« im üblichen Sinn. Sie dient dem intellektuellen Konstruktivismus, aus dem noch niemals Kunstwerte geworden sind. Kunst muß wachsen, und Wachstum ist ein zu behutsamer Vorgang (auch physiologisch), um vom Laboratorium her gemacht werden zu können.
Aber ich bin für Gemeinschaftsarbeit im Film. Ich denke mir eine Dreiheit: Dichter, Musiker, Regisseur, aus der das Manuskript wächst, und diese Dreiheit wird dann bei der Verwirklichung durch bildende Künstler, Techniker, Schauspieler ergänzt.

Beim *Blauen Engel,* der Filmgestaltung von Heinrich Manns »Professor Unrat«, handelte es sich darum: zunächst die geistigen Grundlagen klarzustellen. Es mußte zu einer Entscheidung kommen: sind diese geistigen Grundlagen der eigentliche Kerngehalt, für den Film in Generationenkampf, Schulkampf gegeben, wie — z. T. — in Manns Roman — oder im Einzelfall des Professors (der Entwurzelung einer zäh verharschten bürgerlichen Existenz, dem

radikalen Absturz, der nicht ohne Größe ist, sondern ins Menschlich-Tragische, ja Schicksalhafte wächst). Die Entscheidung fiel meines Erachtens zu Recht und mit voller Verantwortung fürs zweite. Das eigentlich Dichterische des Werkes liegt — auch bei Heinrich Mann — in der Gestalt. Das Kämpferische kann (z. B. durch Erreichung seiner Ziele) verschwinden. Die Menschenzüge der Gestalt sind unvergänglich. *Ihre Komik und ihre Einsamkeit.* Von daher wurde der Film anvisiert.
Als ich den »Professor Unrat« im Hinblick auf den Film las, haftete mir ein Satz von Heinrich Mann: »Da er nie mit Menschen Gemeinschaft hatte, war er nie verraten worden«.
Das ist eine tierische Einsamkeit: ein Mensch, der sogar den Verrat nicht kennt. Der nicht versteht, verraten zu werden: der kennt wirklich keine Gemeinschaft! Später heißt es: »Er litt ungeschickt, ungebärdig *und mit Staunen.«*
Diese beiden Sätze erklären vielleicht, nach welcher Richtung der Schluß des Film gebaut wurde, welche Konsequenz für die Gestalt des Professors gesucht wurde. Natürlich ist dieser Film, wie es im gegenwärtigen Entwicklungsstadium des Tonfilms nicht anders sein kann und darf, Experiment, keine Erfüllung, und wenn er streckenweise ein Stück Weg bedeutet, so ist es schon viel wert. Sein Ziel war Konsequenz.

Berliner Börsen-Courier, 62. Jg., Nr. 153, 1. 4. 1930, 1. Beilage, Express-Morgen-Ausgabe

Heinrich Mann
Brief an Karl Lemke*

Nice, 15. März 1930

Lieber Herr Lemke,
mit der Frage, die Sie mir vorlegen, werde ich mich ohnehin beschäftigen müssen. Der Film wird mir nächstens vorgeführt werden, und zwar in Paris. In Berlin sah ich wohl die einzelnen Teile, aber noch nicht das Ganze im Zusammenhang. Meine Abreise kam da-

* Lemke hatte Heinrich Mann gefragt, wie er sich zu den Abweichungen des Films vom Roman stelle.

zwischen. Ich kann mir dann noch klarer als bisher werden über den Übergang des Romans in den Film. Schon nach meiner bisherigen Anschauung darf ich glauben, daß er beim *Blauen Engel* gelungen ist. Notwendig ist ein Übergang in allen Fällen; so viel habe ich schon während meiner Mitarbeit an dem Film gelernt. Die Bearbeiter des Romans müssen unbedingt eine Brücke zum Film finden. Grade ein wirklicher Roman ist nicht ohne weiteres verfilmbar. Er hat viele Seiten, und nur eine ist dem Film zugewendet. Er muß richtig gedreht werden. Das ist hier meines Erachtens auch geschehen. Es geschah übrigens mit Hilfe von, im ganzen, sieben Personen. Sie dürfen nicht annehmen, daß der Regisseur der allein Entscheidende war. Ich habe meine Stimme gehabt, neben mir zwei andere Schriftsteller, ein Drehbuchverfasser, ein Vertreter der Ufa, endlich Jannings und Sternberg. Die entscheidende Abzweigung des Films vom Roman ist wohl eigentlich ein Einfall Jannings', der seine Rolle natürlich von Anfang an filmisch empfand. Sternberg hat Nachdruck gelegt auf die Weiterentwicklung des Hafenkabaretts, das dem Regisseur der *Unterwelt** besonders lag. Die Handlung ist verschoben, die Probleme sind anders gelagert, — alles aber ändert nichts an den Gestalten. Es sind im Grunde dieselben geblieben. Sie leben sich jetzt im Film aus, anstatt im Roman; das ändert ihre Schritte, nicht ihr Wesen. Von einer anderen seiner inneren Möglichkeiten her kann Unrat auch als Clown (wie im Film) enden, anstatt als Spielhalter (wie im Roman). Die Handlung blieb so immer auf derselben Linie und wurde einfacher — in Anbetracht der 50 Millionen Zuschauer, die Sternberg für seinen Film voraussetzt.
Je tiefer ich hineinsah, um so weniger blieb ich auf dem Standpunkt des literarischen Autors, und um so ferner lag mir der Ausruf »Wie hast du dich verändert!« Die Handlung des *Blauen Engels* weicht nur in der zweiten Hälfte von der meines Romans ab. Aber wäre sie selbst ganz anders, ich betrachte es als großen und dankenswerten Gewinn, daß wirklich erlebte Gestalten, so wie sie sind, in einen Film übernommen werden. Sogar einige echte Worte hört man.
Ich werde dies alles wohl selbst öffentlich zu schreiben haben.** Ich mache mir das Vergnügen, es Ihnen als eine Art Vorübung schon heute mitzuteilen zur Charakterisierung meiner Stellung zum

* *Underworld*. USA 1927. Regie: Josef von Sternberg
** Vgl. Heinrich Mann: Der Blaue Engel wird mir vorgeführt

Film. Wir sprechen hoffentlich bald weiter. Inzwischen begrüße ich Sie herzlich.

Ihr H. M.

Karl Lemke: Heinrich Mann. Zu seinem 75. Geburtstag. Berlin 1946, S. 61 ff.

Heinrich Mann
Der Blaue Engel wird mir vorgeführt

Das erstemal erfuhr ich von Dingen, die dort vorgehen, als ich gerade in Florenz im Theater saß. Während der Pause wurde im Zuschauerraum eine Zeitung verkauft, darin fand ich eine Nachricht aus Berlin, von einem Professor, den seine Beziehungen zu einer Dame vom Kabarett auf strafbare Abwege gebracht hatten. Kaum hatte ich die wenigen Zeilen gelesen, da standen auch schon vor mir die Gestalt des Professors Unrat, die Gestalt seiner Verführerin und sogar der Schauplatz ihrer Wirksamkeit, der Blaue Engel.
Damals war ich jung genug, daß die Erscheinungen aus meinen Knabenjahren mir noch nahe und immer sogleich gegenwärtig waren. Man kennt noch keine Unmenge Menschen, sie verdrängen einander nicht, und jeder kommt, sobald sein Ton angeschlagen wird. »Professor« hieß für mich »Gymnasiallehrer«. Die außerordentliche Verbindung »Professor und Dame vom Kabarett« zeigte mir ohne weiteres einen strengen, aber unerfahrenen Mann — sonst tyrannisiert er Schüler, jetzt wird er selbst noch weniger als ein Schüler, wird er Spielzeug eines Mädchens. Das Mädchen sah sofort und für alle Zeiten so aus, wie sie aussehen mußte, um einen alternden Mann von Grundsätzen sie alle vergessen zu lassen. Was den Schauplatz betrifft, hieß er der Blaue Engel und niemals anders; lag an einem Hafen in einer Querstraße; war behaftet mit Gerüchen von Teer, Bier und Puder. Die Herzen von Knaben, die sich dorthin schlichen, hatten höher geschlagen, daher trat mein Professor mir in jener Florentiner Theaterpause auch mit manchen knabenhaften Zügen entgegen.
Ich kannte ihn vom ersten Augenblick an ganz. Er und sein Schicksal waren nur noch auszuarbeiten und hinzuschreiben. Sie waren

mir erschienen, ohne daß ich sie erdacht hatte. Eine zufällige Nachricht hatte sie herbeigerufen, und eine Vision hatte sie mir vorgestellt.
Wenige Tage später ergänzte übrigens die italienische Zeitung ihre Meldung. Der Freund der Diva war in Wirklichkeit ein Börsenredakteur mit dem Titel Professor, daher wahrscheinlich in allem das Gegenteil meiner erfundenen Gestalt. Aber sie war nun da.
Die Gestalt des »Professors Unrat« und der Roman, der so heißt, sind mittlerweile schon recht lange her. Der Roman hat zahlreiche Generationen von Lesern gehabt. Die Gestalt gehört für viele zu dem Bestand genau bekannter Menschen, die man im Kopf umherträgt. Unter den uns von Anfang bis zu Ende genau bekannten Menschen sind, wenn wir dies einmal überlegen wollen, mehr erfundene als wirkliche Menschen.
Ein Roman ist eine Welt, die sich genügt; denn sie rechnet nicht vergebens mit der größten und verhängnisvollsten Gabe des Menschen, mit seiner Phantasie. Wir bauen eine Stadt, ein Haus, ein Zimmer, wir stellen einen Menschen hinein. Wir stellen in andere Zimmer andere Menschen, wir führen die einen zu den anderen, und während sie sich bewegen, nimmt auch ihr Geschick seinen Lauf. Die ganze Mitwelt kommt in Aufruhr, weil ein besonderes Erlebnis und ein aufsehenerregender Mensch hervordrängen. Wir setzen dies in Szene, obwohl wir [es] nur mit Worten tun. Es wird doch sichtbar. Unsere Arbeit ist die eines besonders selbständigen und einfallsreichen Regisseurs. Romanschreiben von dieser Seite gesehen, heißt Regieführen.
Kommt es daher, daß ich für den Film *Der Blaue Engel* von Anfang an Verständnis gehabt habe? Ein Film ist kein Roman, seine Handlung kann nicht genau so verlaufen wie dort, sowohl die Straßen wie die Menschenleben verlangen andere Perspektiven. Neben den übrigen Mitarbeitern am Film habe auch ich mich bemüht, den Roman hinüberzuführen in den Film. Der Regisseur Sternberg und der Darsteller Jannings mußten den Weg frei finden, wenn sie anfingen.
Jetzt kam der merkwürdige Augenblick, als ich mit Jannings, der die Maske des Professors Rath trug, in dem unaufgeräumten Schlafzimmer des Professors saß. Jannings saß auf dem Bett, darüber verstaubte Bücher. Überall verstaubte Bücher, und ein Ofenrohr lief quer durch das Zimmer. An den Tonfilmmaschinen wurde gearbei-

tet, wir mußten warten. Da dachte ich zurück an die erste Erscheinung dieses »Unrat«: Florenz, Theaterpause, lange her. Hier saß er und war noch der Alte.

Er hatte viel mitgemacht seither, war hindurchgelangt durch neue Zeiten und die Köpfe veränderter Menschen; aber er liebte noch immer dieselbe Art Frau, war auch gewichtig und unschuldig wie je, und ging daher unverwandt in dasselbe Schicksal. Ein großer Darsteller, Emil Jannings, hatte seine Gestalt angenommen und führte sie mir vor. Er hatte aus dem Innersten der Gestalt an weitergedichtet. In dem Roman stirbt Unrat nicht. Jannings wußte und hat erfunden, wie er stirbt.

Der Regisseur Sternberg kannte jeden Schritt, den diese und die anderen Gestalten durch die kleine Stadt tun. Er unterschied, welche Gebärden und Laute, Geräusche, Lieder und Schreckensschreie ihr bevorstanden; die Winkel der plastisch aufgebauten Stadt und Straße belebten sich ihm, noch bevor dann die Schauspieler sie belebten. Ich indessen erinnerte mich aller dieser Winkel, als ich sie hier wiedersah, wie jemand, der sie einst selbst betreten hätte. In den Ateliers von Neubabelsberg lag nicht nur das unordentliche Schlafzimmer des armen Unrat, der ganze Blaue Engel von unten bis oben stand darin. Ich ging durch den Saal und über die Wendeltreppe, wie vielleicht früher schon einmal. Alles erschien mir wiedergekommen aus Nirgendwo und etwas gespenstisch. Der Eingang des Blauen Engel hat in Neubabelsberg zwei Stufen; sofort war ich überzeugt, auch zu dem Urbild dieses Hauses hätten diese Stufen hinaufgeführt. Die verdächtige Gasse, die entlanglief, konnte nur in die mir einst vertraute Stadt münden. Auf jeden Fall mündete sie in das Verhängnis der mir noch immer nahen Gestalt.

Nachher sah ich mehrmals zu, wie Aufnahmen gemacht wurden, und hatte für die Arbeit der Schauspieler das Gefühl der Verwandtschaft, das ich immer für sie habe. Den fertigen Film konnte ich in Berlin nicht mehr sehen. Der Produktionsleiter Herr Erich Pommer, der nach Paris fahren mußte, hatte die Güte, mit dem Film bis nach Nizza zu kommen, wo ich mich aufhielt. Hier führte er ihn mir vor.

Es war in einem großen leeren Kinotheater am Strande, des Vormittags während der Arbeit der Reinemachefrauen. Der Operateur wußte nicht gleich Bescheid mit dem Werk, das in der Technik des Tonfilms so bemerkenswerte Fortschritte aufweist. Auch die französischen Rufe der im Hause beschäftigten Frauen machten mir fühl-

bar, welchen weiten Weg der Blaue Engel und sein Held nachgerade zurückgelegt hatten — von der nordischen Hafenstadt, wo sie schon gespielt hatten, als ich allein sie kannte, bis zu dem Strand im Süden, wo man sie mir heute vorführte.
Wir waren drei Zuschauer in dem großen fremden Kinotheater, und wir sahen den bewunderungswerten Jannings lächeln — das zarte kindliche Lächeln eines späten, gefährlichen Glücks, das sich hervorringt und glänzt aus einem glücklichen Gesicht. In mehreren Weltteilen sollen künftig viele es sehen. Der Schauer eines ganz zu Ende gelebten Schicksals soll sie berühren, während sie nur hinblikken auf bunte Bilder, bunte Welt.

Berliner Börsen-Courier, 62. Jg., Nr. 151, 30. 3. 1930, 2. Beilage, Expreß-Morgen-Ausgabe; nachgedruckt in: Heinrich Mann: Das öffentliche Leben. Berlin, Wien, Leipzig 1932

Karl Vollmoeller
Weglassen!

Kunst heißt: »Weglassen«!
Ich behaupte, diese Definition stammt von mir. Aber es gibt Maler, die etwas Ähnliches von Liebermann gehört haben wollen. Einerlei. Ich streite nie.
Bleibt die Frage, ob der Film von heute überhaupt Kunst ist. Mir scheint, es genügt, daß er die Absicht hat, eine zu werden. Jede gestaltete Form menschlichen Ausdrucks, die geeignet ist, Menschen freudig oder schmerzlich zu erregen, ist Kunst oder will Kunst werden.
Schlechte Kunst kommt immer vom »Zuviel«, nie vom »Zuwenig«.
Jede neue Technik bringt mit sich die Verlockung zum Zuviel. So war es mit der Kamera, so jetzt mit dem Mikrophon. — Sobald nicht mehr alle Türen knarren, alle Schritte poltern, jeder Darsteller endlose Theatersätze labert, nähert sich der Tonfilm dem Bezirk der Kunst.
Beim *Blauen Engel* haben wir alle versucht, diese Annäherung etwas zu beschleunigen — durch Weglassen.
Zum Weglassen freilich gehört Substanz. Die war beim *Blauen Engel* reichlich vorhanden.
Es gab da von vornherein: den Roman von Heinrich Mann mit sei-

nen zwei unvergeßlichen Figuren, dem Professor Unrat und der Künstlerin Fröhlich — es gab da: das größte und seltsamste Darsteller-Phänomen unserer Zeit, Emil Jannings — eine einzigartige Frau, Marlene Dietrich, und einen einzigartigen (nämlich produktiven) Producer, Erich Pommer. Es gab da Zuckmayer, unseren erfolgfröhlichen Freund und Bühnendichter, und einen ganz seltenen Künstler des Filmbuchs, Robert Liebmann. Embarras de richesse!
Man versteht, daß mir gar nichts anderes übrig blieb, als mich aufs Weglassen zu verlegen. (In Hollywood heißt man dann »General editor«.)
Es gab da — last not least — Josef von Sternberg. Ihm hatte ich in ähnlicher Eigenschaft bei seinem ersten englischen Tonfilm assistiert. Pommer, Jannings und mir gelang es, ihn herüberzuholen.
Josef von Sternberg, mit Filmband und Kamera in härtester Arbeit drüben aufgewachsen, voll von europäischen Sehnsüchten und aller Kunst tief verbunden, in Hollywood selbst lange verkannt, schlug plötzlich vor vier Jahren als Regisseur durch, im Augenblick, wo er das Geheimnis der äußersten Beschränkung erkannte: *Underworld.* Das gleiche Prinzip auf seinen ersten Sprechfilm übertragen, schuf einen neuen Standard für den amerikanischen Filmdialog: *Thunderbolt.**
So paradox es klingt: Der Hauptgewinn des Sprechfilms ist die Möglichkeit, Schweigen auszudrücken. Dem »stummen« Film fehlte die *Stille* als Kunstmittel, weil alles still war.
Im *Blauen Engel* ist, glaube ich, einiges von diesen neuen Möglichkeiten zu spüren.
Ob meine Mitautoren den vielen schönen Dialogsätzen nachtrauern? Ich weiß es nicht. Ich bin ihnen bei den Aufnahmen nie mehr begegnet. — Aber Emil Jannings' bestürzten Ausdruck werde ich nie vergessen, wie ihm Satz um Satz demoliert, Wort auf Wort verschlagen und weggerissen wurde ... bis sein Genie begriff, worum es ging und um wieviel stärker das seltene, wesentliche Wort in der bildhaft vorwärts getriebenen Handlung stand.
Labern dürfen allenfalls die kleinen Leute. Emil aber ward im *Blauen Engel* zum größten aller Weglasser.

Tempo, Berlin, 3. Jg., Nr. 76, 31. 3. 1930, 1. Beilage

* *Thunderbolt.* USA 1929. Regie: Josef von Sternberg

Carl Zuckmayer
Aufmarsch der Filmautoren
(Das Arbeitskollegium des Films Der Blaue Engel)

Vor dem Beginn eines Films stehen die Namen der Autoren störend und zudringlich wie die Billetteure vorm Eingang. Ungeduldig oder gelangweilt liest da das Publikum: John Goldschmidt und Leslie Meyer zeigen den Bob-Rosenthal-Film *Der Mann, auf den man fliegt,* nach einer Idee von Daisy Rosenthal, unter Zugrundelegung der »Leiden des jungen Werther«, Roman von Wolfgang von Goethe, Manuskript: Oskar Schmidt, Hans Friedrich Armbruster, Nepomuk Clavacz; Drehbuch: Willy Freundlicher, Jack B. C. Davis, Olaf Hoerluffsen. Naive Leute fragen nun mit Recht, was haben alle diese Männer mit dem Film zu tun? Kenner belehren sie fachmännisch, es handle sich um ein Kollektiv, aber diese Erklärung ist unzureichend. Man kann sich deshalb doch kein Bild machen, wie eine solche Zusammenarbeit der Autoren wohl vor sich gehen mag. Allerdings bringen die illustrierten Blätter dann und wann ein Bild: Oskar Schmidt. Hans Friedrich Armbruster, Nepomuk Clavacz und Olaf Hoerluffsen bei der Arbeit am Manuskript ihres gemeinsam nach den Ideen von Daisy Rosenthal verfaßten Films *Der Mann, auf den man fliegt.* Aber der denkende Betrachter wird sich darüber klar sein, daß dieses Bild bestenfalls während einer Arbeitspause aufgenommen sein wird, und mit der obligaten Kognakflasche, den Zigarren und den schäbigen Büroklubsesseln erweckt es viel eher den Eindruck, daß auf einer Vorstadtbühne eine Sitzung des Völkerbundes dargestellt werden soll. Ich selbst, von der Zweckmäßigkeit der Kollektivarbeit in der Kunst keineswegs überzeugt, stellte mir unter Zusammenarbeit der Autoren immer eine Art permanenten Krach vor, einen Zustand wochenlanger Gereiztheit, der schließlich dazu führt, daß einer nach dem andern das Rennen aufgibt, bis der, der die stärksten Nerven hat, am Platz bleibt und mit seiner Meinung durchdringt. Diese Auffassung kennzeichnet auch tatsächlich in einigen wesentlichen Punkten die wirklichen Vorgänge. Ohne Krach kein Kollektiv. Nur kommt es darauf an, daß der Krach produktiv wird oder in einem solchen Moment einsetzt, in dem er nichts verderben kann. Wenn der Emil-Jannings-Ufa-Tonfilm der Erich-Pommer-Produktion *Der Blaue Engel,* nach dem Roman von Heinrich Mann »Professor Unrat«, Regie Josef von

Sternberg, Manuskript unter Mitarbeit Heinrich Manns von Karl Vollmoeller und Carl Zuckmayer, Drehbuch von Robert Liebmann uraufgeführt wird, dann muß dem unbefangenen Zuschauer ja von all den vielen Namen schwindlig werden. Mir kommt es in der Erinnerung aber gar nicht mehr vor, als ob es so viele Leute gewesen wären, offenbar war die Einteilung der ganzen Sache, d. h. die Arbeitsverteilung, in unserm Fall nicht ungeschickt gemacht, denn als die Krachs kamen, konnten sie tatsächlich nichts mehr verderben. Im Anfang waren wir geradezu von einer gleißnerischen und höchst verdächtigen Höflichkeit untereinander, und zu einer Tätlichkeit ist es in der ganzen Zeit überhaupt nicht gekommen. Ich selbst kam zu dieser Mitarbeit wie die Jungfrau zum Kind. Ich sollte ursprünglich einen ganz anderen Film schreiben, nach eigenen Ideen, und ohne Kollektiv, doch stellte sich heraus, daß ich dazu längere Zeit brauchte und brauchen werde, als sich die momentane Produktionslage gestatten könnte. Statt dessen wurde ich zunächst zur Mitarbeit an diesem Film aufgefordert, und da mich der Stoff, der Hauptdarsteller und der Regisseur reizten, sagte ich zu, ohne noch ein Bild zu haben, worin diese Mitarbeit bestehen könne. Wir trafen uns dann alle in Berlin und nahmen zunächst gegenseitig Witterung. Uns allen, vorzüglich dem Dichter Heinrich Mann, dessen Stellungnahme doch zunächst einmal das Wichtigste war, war es klar, daß ein Stoff im Film grundsätzlich anders behandelt werden müsse als im Roman, und im Tonfilm natürlich wieder anders als im stummen Film. Nachdem wir uns über die Grundzüge der neuen Fassung rasch einig geworden waren, ohne noch etwas Bestimmtes festzustellen, zog ich mich zunächst auf allgemeines Übereinkommen hin wieder vom »Kollektiv« zurück und schrieb in gedrängter Form eine Art Novelle, schon auf die Situation der optischen und akustischen Gestaltung eingestellt, die als Grundlage für die weitere Ausarbeitung dienen sollte. Dann trafen wir wieder zusammen, diesmal in St. Moritz. Für mich war das eine Leidenszeit, ich wollte immer auf die Berge hinauf und mußte statt dessen mit den Kollaborateurs, die ich zu hassen begann, im Hotel sitzen. Die Epoche des Aneinandervorbeiredens war ausgebrochen. Es stellte sich heraus, wie bei jedem derartigen Unternehmen, daß man es auf mindestens fünfzehn verschiedene Arten anscheinend gleich gut bewerkstelligen könne. Jede dieser Arten hatte etwas für sich. Eine Entscheidung kam nicht zustande. Es folgten Spaziergänge, Gespräche, Abende, Nächte, erfüllt von dem sogenannten »Knobeln«, bei dem nichts herauskommt und doch unter der Oberfläche etwas wächst. Schließlich aber, und das war für mich der produktivste Abschnitt in dieser Entstehungsgeschichte, bekamen wir in Berlin in der Kochstraße ein richtiges, leeres, kahles, nüchternes Büro. Ein Büro ist in solchen Fällen segensreich. Es schützt vor Abschweifungen, weil jeder so rasch wie möglich wieder heraus möchte. In diesem Büro wurde dann auch wirklich gearbeitet. Es entstand ein ausführliches Exposé, was die Fachleute »Treatment« nennen, dann ein erstes Drehbuch, dann ein zweites Drehbuch, und dann machte der Regisseur, was er wollte. Und da es sich hier um einen wirklich produktiven Regisseur handelte, der alles, was an Anregungen von außen kam, in sich aufnahm, verarbeitete, und nicht vergewaltigte, sondern sich künstlerisch umformte, war es so auch ganz in Ordnung. Natürlich wird es bei fortschreitender Entwicklung des Tonfilms ganz anders kommen. Die Souveränität des Manuskriptes wird auf die Dauer eine unerläßliche Bedingung für den Weg des Films zum Kunstwerk sein. Es werden dann auch vielleicht die vielen Namen etwas zusammenschmelzen. Auch wird die Zeit kommen, wo, wie im Drama oder beim epischen Werk, ein Mann ganz allein für den geistigen Gehalt und für die handwerkliche Formung eines Tonfilmmanuskriptes zeichnen wird. Vorläufig ist das ideale Ergebnis einer kollektiven Zusammenarbeit dieses, daß tatsächlich keiner mehr weiß, von wem eigentlich der einzelne Einfall, die einzelne Wendung, dieser Satz oder jener Übergang stammt, daß das Ganze zu einem in sich geschlossenen und zwangsläufig folgerichtigen Organismus geworden ist, der der Regie und der Darstellung stärkste, reichste Entfaltungsmöglichkeit in einem klar gegliederten Aufbau schafft.

Der Blaue Engel (Film-Magazin-Sondernummer), Berlin, o. J. Unter dem Titel »Wir waren ein Kollektiv« in: B. Z. am Mittag, 54. Jg. der Berliner Zeitung, Nr. 89, 31. 3. 1930, 1. Beiblatt

Raoul Ploquin
Ein Gespräch mit Heinrich Mann

Sternberg hat seinen Film *Der Blaue Engel* nach dem Roman »Professor Unrat« von Heinrich Mann gedreht.

Ist Heinrich Mann der einzige Schriftsteller, an dem der Film keinen Verrat begangen hat? Ganz sicher ist er der einzige, der das mit Überzeugung und auch Anerkennung bestätigt. *Der Blaue Engel,* von Josef von Sternberg nach Manns Buch gedreht, scheint ihm in jeder Weise rühmenswert: »Als Erich Pommer mir in Nizza eine Kopie des *Blauen Engels* zeigte, hatte ich mich schon vorher in eine Haltung wohlwollender Neutralität versetzt. Die Vorführung begann, und ich war sofort ergriffen von der genauen Versinnlichung so vieler weit zurückliegender Erinnerungen. Als das letzte Bild des toten, an sein Pult geklammerten Unrat verloschen war, habe ich eine von den Jahren scheinbar verschüttete Vergangenheit vollkommen unbeschädigt wiedergefunden.«

Welch größeres und schöneres Lob kann man einem Film zollen?

»Wie die Idee, diesen Film zu machen, in meinem Kopf Gestalt angenommen hat? Ich muß dabei bis auf das Jahr 1923 zurückgreifen, eine Zeit, in der Emil Jannings, der von dem Thema meines Buches fasziniert war, mir den Vorschlag machte, »Professor Unrat« für den Film zu bearbeiten. Nach genaueren Überlegungen erschien uns das Projekt jedoch nicht realisierbar. Durch das Aufkommen des Tonfilms allerdings, sechs Jahre später, sah Erich Pommer neue Möglichkeiten.

Die Unterschiede zwischen Film und Roman? Sie sind minimal. Einzig der Charakter Unrats ist von dem Regisseur — in vollkommener Übereinstimmung mit mir — verändert worden. Das überaus große Publikum, an das sich der Film wendet, hätte sich mit einem so wenig sympathischen Helden wie Rath nur schlecht abfinden können. Die Darstellung durch Emil Jannings, der ein großer Künstler ist, ist gefühlsbetonter, vielleicht auch menschlicher als die literarische Figur. Während im Roman der zum Clown gewordene Professor im Laster versinkt und im Gefängnis endet, gibt Jannings in dem Klassenzimmer, in dem er früher gewirkt hat, Gott seine zur Ruhe gekommene Seele zurück.

Aber der Geist des filmischen und des literarischen Werkes ist identisch, und Sternberg hat die Atmosphäre von »Professor Unrat« auf bewundernswerte Weise neu geschaffen.

Marlene Dietrich ist die leibhaftige Verkörperung der Lola Lola. Mit Ihnen beklage ich die Abreise dieser außergewöhnlichen Darstellerin ins Ausland, die *Der Blaue Engel* für die ganze Welt entdeckt hat. Wenn sie in dem Film zum letzten Mal den berühmten Refrain ›Ich bin von Kopf bis Fuß auf Liebe eingestellt. . .‹ singt, verdeutlicht sie mit einer erschreckenden Intensität die Philosophie des Werkes. Sie verkörpert durch und durch die fleischliche Liebe mit ihrer Wollust, ihren Bloßstellungen, sie singt ihr eigenes Schicksal und das des gebrochenen Mannes, der sich durch verschneite Straßen an seinen letzten Zufluchtsort schleppt. Ich glaube nicht, daß ein Künstler sich stärker mit der Person identifizieren kann, die er darstellt.«

[...]

Revue du Cinéma, Paris, 2. Jg., Nr. 17, 1. 12. 1930

Geschichten einer Entdeckung

Emil Jannings
Deutschland 1929

[. . .]
Eine interessante Aufgabe lag vor mir. Die Gestalt des Klassendespoten sah ich greifbar vor mir. Ich rief alte Erlebnisse wach und nahm mir vor, eine aus Jugendtagen stammende Rechnung zu begleichen, was der Profilierung des von mir darzustellenden Charakters nur förderlich sein konnte. Eine gewisse Schwierigkeit sah ich nur in der Besetzung der weiblichen Hauptrolle. Wo war in Deutschland eine Frau, der man glauben konnte, ein erotisches Erdbeben zu verursachen, das einen vertrockneten Stubenhocker völlig durcheinanderschüttelte?
Wir ließen uns etwa zwanzig Schauspielerinnen mit meistens schon bekannten Namen kommen. Bei keiner gewann ich den Eindruck, daß sie mich erheblich aus der Ruhe bringen könnte, wieviel weniger also diesen Kerl, diesen Unrat, den ich leibhaftig vor mir sah. Da erinnerte ich mich an eine junge, fast unbekannte Schauspielerin, die in der Revue »Zwei Krawatten« auftrat und mich mit seltsam verschleiertem Blick angesehen hatte, als ich sie ansprach. Sie war großartig gewachsen und hatte jenes unbeschreibliche Timbre in der Stimme, das dem Mann auf die Nerven geht. Ich führte Josef von Sternberg, der für den Film eigens nach Deutschland kam, sowie Erich Pommer in die Revue und beide Herren gaben mir Recht. Nur Marlene Dietrich und keine andere Frau konnte die Rolle übernehmen! Es wurde ihr erster Welterfolg!
Und für mich war der *Blaue Engel*, der von den Autoren Karl Vollmoeller und Zuckmayer geschrieben wurde, der erste Tonfilm! Ich hatte mir die Sache allerdings viel einfacher gedacht, als sie war, denn ich sagte mir, daß es gleichgültig sein müßte, ob ein Mikrophon vor mir hing oder nicht. Aber das war graue Theorie! Als ich nämlich zum ersten Mal vor dem Mikrophon stand, fing ich an, mich höchst unsicher zu fühlen. Ich sollte eine Rolle sprechen und

sah kein Publikum. Die vertraute Atmosphäre der Bühne fehlte,und ich bekam ein Gefühl, als stünde ich im leeren Raum ...

Emil Jannings: Theater–Film. Das Leben und ich. Berchtesgaden 1951, S. 198

Jobst von Reith-Zanthier
Zwei Krawatten und der Blaue Engel

[...]
Einem großen Teil des Publikums gefielen die »Zwei Krawatten« mit der Doppelattraktion Marlene Dietrich und Hans Albers.
Zu diesem Publikum gehörte auch ein Hollywooder Filmschauspieler. Wallace Beery* war auf einem Trip durch Europa in Berlin gelandet, wo er eines Abends in die Revue gegangen und Wohlgefallen an Marlene gefunden hatte. Er war einer jener Boxerschauspieler Amerikas, die sich als Helden der Fäuste durch alle Filme siegreich hindurchboxten, so mit eingetrimmter Nase, treuen Bernhardineraugen und bulliger Kolossalfigur. Berühmt und bekannt bei allen Kinogängern, genoß er schon große Popularität. Er kam, sah – und sie siegte. Er blieb in Berlin, ging allabendlich in die Revue, erst in den Zuschauerraum, später nur noch in die Garderobe Marlenes, wo er mit treuen Hundeaugen dann wartend saß, um die Angebetete zu einem gemeinsamen Abendessen oder bis zu ihrer Haustür begleiten zu dürfen. Mehr geschah nicht. Marlene hatte eine so lässig reizende Ablehnung in ihrer Haltung, etwas müde-angestrengt dabei im Aussehen, daß unser Boxer einsam und leicht gerührt sein Hotelbett aufsuchte.
Nun geschah es zu derselben Zeit, daß Erich Pommer bei der Ufa mit Jannings in der Hauptrolle Heinrich Manns Roman »Professor Unrat« verfilmen wollte. Als Regisseur hatte er den ihm bekannten Josef von Sternberg aus Hollywood vorgesehen. Als dieser in Berlin eintraf, stand zu seinem Empfang auf dem Bahnhof auch sein Freund Wallace Beery bereit, der mit ihm schon einige Filme gedreht hatte. Ohne sich weiter um das Empfangskomitee der Ufa zu

* Gemeint ist nicht Wallace Beery, sondern George Bancroft, der in drei Filmen Josef von Sternbergs die männliche Hauptrolle spielte; er besuchte Berlin Mitte Oktober 1929.

kümmern, beschlagnahmte er Sternberg sofort und schleppte ihn, ob er wollte oder nicht, nach kurzer Erfrischung im Hotel sofort ins Berliner Theater, um ihm seine Entdeckung zu zeigen. Sternberg sah die Revue, sah Marlene, Albers, die Valetti und Tiedtke* — und sah damit die künftige Besetzung seines Films. Er stellte sie im Geiste neben Jannings, erkannte die wirkungsvolle Färbung dieser bunten Schauspielerpalette und trat anderntags schon mit sehr festen Plänen vor die Herren der Ufa. Diese und vor allem auch Jannings zeigten sich zunächst nicht erfreut über seine Vorschläge, das heißt über den Vorschlag »Dietrich«. Die anderen kamen ja nur für Nebenrollen in Frage.
Pommer war der erste, der begriff, daß hier eine ganz neue Filmart entstehen könnte. Marlene wurde zu einer Probeaufnahme in Babelsberg gebeten. Sie hatte schon mehrfach Filmversuche bei irgendwelchen kleineren Firmen gemacht, aber diese Versuche waren kläglich gewesen, und ich hatte ihr geraten, die Finger vorläufig davon zu lassen. Nun, dieses Projekt bei der Ufa war doch zu reizvoll. Beery wurde ihr dabei treuer Berater und erfahrene Stütze. Es kam also zur Probeaufnahme, einer sehr amüsant gemachten Aufnahme, die später bei der Ufa mein größter Schatz wurde.
Marlene sitzt auf einem Klavier und ihr zu Füßen an den Tasten der Komponist. Sie tippt ihn mit der Schuhspitze an den Arm: »Nu, Mensch, spiel doch mal wat!« So recht gelangweilt klingen ihre Worte. Er intoniert, und sie singt langweilig leiernd: »Wer wird denn weinen, wenn man auseinandergeht, wenn an der nächsten Ecke schon ein andrer steht. Man sagt auf Wiedersehn und denkt sich heimlich bloß, nun bin ich endlich wieder ein Verhältnis los.« Er hört auf. Sie darauf: »Wat andres is dir woll nich injefallen, oller Dussel!« Dazu wieder diese lässige Haltung mit müden Augen und die tiefe Stimme. Es war eine meisterliche Aufnahme, die das ganze Wesen der »Lola« aus »Professor Unrat« in sich barg, so wie sie Sternberg für den Film sah.

Jobst von Reith-Zanthier: Sie machten uns glücklich. Erinnerungen an große Schauspieler in goldenen und nicht nur goldenen Jahren. München 1967, S. 72f.

* Jacob Tiedtke wurde nicht für den *Blauen Engel* engagiert.

Ruth Landshoff-Yorck
Engel, Stern und Apfelmus

Manche sagen, ein Liebeslied von Friedrich Hollaender sei der Start für Marlenes Hochflug gewesen, andere sagen, die Svengali-Eigenschaft des Josef von Sternberg, und ich sage: ich. Dabei wollte ich ihr gar keinen Gefallen tun. Und was ich sagte, klang auch gar nicht schmeichelhaft für sie.

Wie dem auch sei, die Person Marlene, ebenso wie die Illusion Marlene, geschaffen aus der Begeisterung eines weltumfassenden Publikums, haben, was die Dauer und Beständigkeit ihres Ruhms betrifft, die aller anderen Filmstars übertroffen.

»Aus der kannst du alles machen!« sagte ich damals zu Joe von Sternberg. Ich kannte Marlene Dietrich schon lange. Wir hatten zusammen in Reinhardts Theater in der Josefstadt in einem Sternheim-Stück gespielt, wo wir in Badeanzügen, von der Tochter des Autors entworfen, auftraten. Ich hatte sie später noch viel getroffen, einmal im Großen Schauspielhaus, wo sie in den endlosen Korridoren herumirrte auf der Jagd nach der von ihr adorierten Claire Waldoff, und auf Gesellschaften.

Ich erzählte Joe von ihr: »Sie ist noch gar nichts. Sie ist nett. Und nicht arrogant. Auch nicht besonders ehrgeizig. Sie weiß noch gar nicht, wie sie aussieht. Hübsche Stimme. Sie hört sich stundenlang amerikanische Platten an, um den Singstil zu imitieren. Wunderbare Schultern und die Sorte Beine, an der die Hand gerne entlanggleitet. Ob sie begabt ist? Keine Ahnung. Wozu auch? Du bist ja Regisseur. Sie ist Material. Du kannst aus ihr machen, was du willst. Darum ist sie so gut für dich.«

So oder ähnlich redete ich auf ihn ein, während der Wochen, als er bei uns in Venedig wohnte. Und dann ungeduldig: »Schau sie dir doch wenigstens an.«

Der Dichter Vollmoeller hatte mir Joe zugeführt, den er bei dem gemeinsamen Freund Chaplin kennengelernt hatte. Und Joe gefiel mir ungemein. Einmal, in Paris, zeigte Vollmoeller uns die Stätten seiner längst vergangenen Studienfreuden. Zu Ehren also seiner verstorbenen Jugend und auch zu Ehren von Baudelaire und Verlaine gingen wir zu dem völlig aus der Mode geratenen Bullier tanzen. Und danach, zu Ehren von Rimbaud, tanzten wir auf der Straße weiter. Die Welt war hundsjung, genau wie wir, und weil es Paris war, lachten die Leute über uns und uns an, und einige pfiffen uns eins auf.

Ich berichte über diese Nacht nur, um zu beweisen, daß Joe zu mir damals Vertrauen hatte. Und somit, gewissermaßen, hab ich im winterlichen Paris Marlenes Zukunft ertanzt.

Die war allerdings mit einem Vertrag für die Rolle der Lola Lola im *Blauen Engel* noch nicht gesichert. Das kam erst nach dem Apfelmus.

Frauen machen Phasen durch wie Insekten oder Schmetterlinge. Marlene war noch in der Chrysalis. Es mußten noch mehrere Panzer gesprengt werden, eh sich die Flügel vom Körper loslösten und ausbreiteten. Seitdem sind sie wieder und wieder aufs neue schillernd oder mit Gold bestäubt entfaltet worden und sind noch heute schön, bunt und voll geheimnisvoller Zeichen von einem schwirrenden Nachtgetier aus den Regenwäldern der Tropen.

In Venedig waren sich endlich nach langen reiflichen Überlegungen der Drehbuchautor Vollmoeller und der Regisseur von Sternberg einig geworden, nicht über die Besetzung, aber wenigstens über das Alter oder vielmehr die Jugend der Darstellerin der Lola Lola. In Heinrich Manns Buch »Professor Unrat« ist sie eine reifere leichte Dame, und der Autor hatte sich gewünscht, daß seine liebe Freundin Hesterberg, eine Kabarettkünstlerin von Ruf, die Rolle übernähme, Die Hesterberg war eine Freundin meiner Mutter, und ich wollte ihr nicht gern ihre Chance verderben. Aber sollten nicht nachher die Herren im Publikum sich ebenso wie der unselige Professor sofort und ohne Umschweife den Besitz der Lola Lola erträumen? Der Begriff »sex appeal«, frisch von Amerika importiert, leuchtete allen Leuten ein. Ein junges Ding wäre das Richtige für die Rolle. Also weg mit der Hesterberg und herbei mit einer Jungen, vielleicht dieser Marlene mit dem Vornamen aus einem alten Märchen.

Aber es war ja gar nicht so wichtig, wer die Partnerin des berühmten Emil Jannings spielte. Sein Name sollte den Film außerhalb von Deutschland verkaufen, seinetwegen hatte die Ufa riesige Summen für den Film vorgesehen. Es war ein Jannings-Film, so dachte man. Und irrte sich. Aber nicht sogleich.

In Berlin angekommen, schaute Joe sich Marlene in der Schiffer-Hollaender-Revue an, in der sie mit Margo Lion das berühmte Lied von der besten Freundin sang*. Er war nicht besonders beeindruckt von der blonden jungen Person mit den ungeschickten Händen. Aber er wollte keine berühmte Schauspielerin, und andere Unbekannte schienen noch weniger tauglich, also wurde Marlene engagiert.

Bei den Aufnahmen war sie artig, tat, was man von ihr verlangte, und war nett und höflich zu dem Star. Sie war nett zu den Elektrikern und ging jede freie Minute zu Friedrich Hollaender ins kleine Musikstudio, um mit ihm oder seinen Assistenten Lieder einzuüben. Sie kam pünktlich im Studio an und beklagte sich nie wie alle anderen, nicht genügend geschlafen zu haben. Dabei mußte sie noch viel früher als die anderen aufstehen. Sie wusch nämlich erst ihr Kind, zog es an, kochte für es, füllte Thermosflaschen und Schraubgläser mit Essen, und brachte das kleine Mädchen zur Großmama, wo es den Tag verbrachte.

Vorläufig war niemand in den Ateliers besonders beeindruckt von Marlene. Man fand sie allerdings nett, und die Gymnasiasten machten ihr den Hof mit demselben lüsternen Entzücken, das sie in den Aufnahmen zeigten.

Manchmal, vor allem in dem Kostüm, das unter dem ständig aufgeworfenen Röckchen die Spitzenhöschen sehen ließ, schien ihr ernsthaft beflissenes Gesicht einen leichten Zweifel aufzuweisen, ob dies die richtige Rolle für sie sei. Dann gab ihr wohl ein Blick auf ihre hochherrschaftlichen Seidenschuhe, auf ihrem eigenen Leisten bei Reiss angefertigt, etwas bürgerlichen Halt.

Dem Star, Emil Jannings, war es von vornherein nicht ganz geheuer zu Mut. Sein bauernschlauer, sonst so freundlicher Ausdruck hellte sich nicht merklich auf, wenn die junge Marlene bei den Proben seinen Kaffee zuckerte.

[. . .] Joe war düster. Es konnte nicht der Film sein, alle im Atelier arbeiteten freudig für ihn. Es stellte sich heraus, daß er Bauchschmerzen hatte. Das Essen in der Kantine bekam ihm nicht. Da fiel mir ein, daß Marlene immer etwas von dem Essen, das sie für ihr Töchterlein Heidede gekocht hatte, für sich mitbrachte. Was einem kleinen Kind wohlbekam, mußte auch für Joes nervösen Magen gesund sein.

* Die Autorin verwechselt die Revue »Es liegt in der Luft« mit »Zwei Krawatten« von Georg Kaiser; in letzterer sah Josef von Sternberg Marlene Dietrich.

Ich ging also höchst diplomatisch zu Marlene und bat sie, Joe zum Mittagessen einzuladen. Sie wollte nicht recht. Die Garderobe war nicht groß genug. Dies war ihre Ausruhezeit. Und überhaupt. Schließlich überredete ich sie doch.
Nun redete ich diplomatisch mit Joe, der im Prinzip ablehnte, aber schließlich doch hinging. Die Bauchschmerzen waren bald verschwunden, aber Joe ging weiterhin zu Marlene zum Mittagessen. Kartoffelpüree und Apfelmus. Sie war eine gute Köchin gesunder Kost.
Sie sprachen wohl auch über ihre Rolle, denn kaum merklich änderte sich täglich allerlei bei den Aufnahmen, und Jannings war weniger und weniger zufrieden. Die Diplomatie im Studio nahm überhand.
Marlene wurde fast nichts mehr gesagt. Sie mußte wohl von ihrem Regisseur im voraus instruiert worden sein. Es wurden Szenen mit ihr im Vordergrund aufgenommen, sie wurde sorgfältiger als vorher beleuchtet. Jannings bemerkte, daß diese Szenen gar nicht im Drehbuch vorgesehen seien, aber es wurde ihm ungenau geantwortet, es handle sich um Probestreifen für die englische Version. Im Schneideraum war der Star des Filmes ja nicht dabei und hatte auch nichts zu sagen.
Je vulgärer sie als Lola Lola zu sein hatte, je frecher die Geste, mit der sie die Strumpfbänder schnappen ließ, desto zurückhaltender wurde Marlene. Sie entwickelte damals allmählich jene geheimnisvoll lächelnde Überlegenheit, die nicht alle hübschen Frauen aufweisen, wohl aber solche, die sich ihres Reizes für einen Mann oder für viele Männer bewußt werden.
Sie machte den Eindruck, als freue sie sich nicht auf den möglichen Riesenerfolg des *Blauen Engels,* sondern auf eine andere Rolle, im Film oder im Leben, für die sie sich mehr geeignet fühlte.
Sie war weiterhin gehorsam, aufmerksam, bescheiden im Atelier, aber sie war von einer geheimen Spannung gestrafft. Sie sagte nichts darüber, was sie eigentlich erwartete. Aber mehr und mehr Zeit wurde in dem kleinen Musikraum verbracht, wo sie mit Hollaender ein neues Lied einstudierte. Sowohl auf deutsch als auch auf englisch.
Für dieses Lied war im Voranschlag kein Kostüm vorgesehen. Und es geschah etwas noch nie Dagewesenes, Unerhörtes. Für diesen Film, für den die mächtige Ufa ein Vermögen wagte, für den der

hoffnungsvolle junge Sternberg eigens aus Hollywood gerufen und Jannings mit Riesengage engagiert wurde, für diesen von Karl Freund* gedrehten Film stellte sich die junge Marlene ihr Kostüm für die Endszene selbst zusammen. Im geheimen natürlich. Im geheimen Einverständnis mit ihrem Regisseur.
Das Hausmädchen daheim nähte ein kurzes Samtgewand, mit Glasperlen bestickt. Die sichtbaren Strumpfhalter waren sowieso Wahrzeichen der Lola Lola. Seidenschuhe von Reiss waren schon eingefärbt. Aber sie wollte noch einen Hut. Keinen mit den Pleureusen der Epoche. Nein. Einen Hut, der gleichzeitig Symbol war für Freiheit und einer Tradition des Wanderns. Und Marlene, mit dem entzückenden Lächeln der geheimnisvollen Überlegenheit, erbettelte sich einen solchen Hut von einem fahrenden Hamburger Zimmermann. Und also angetan, sang sie das Liebeslied von Hollaender, über dessen Melodie sie in die Herzen von Millionen bewundernder Männer gelangte.
[. . .] Allmählich änderte sich das Benehmen der Männer im Atelier. Marlene wurde nach ihren Wünschen gefragt, manchmal sogar nach ihrer Meinung. Emil Jannings wurde es unter dem gestärkten Professorenkragen heiß. Es wurde eine Szene gefilmt, die er in den Skriptbesprechungen abgelehnt hatte. Ein rohes Ei wurde ihm ins Gesicht geworfen und zerbrach da, wieder und wieder. Es wurde ihm bedeutet, daß die Szene herausgeschnitten werden könnte, falls sie nicht gut aussähe. Schließlich war er ja der Star, offiziell. Und sein Gesicht, wenn er schüchtern begeistert die »Künstlerin« Lola Lola singen hört, wurde in der längsten Großaufnahme der Geschichte des Films gedreht.
Ihm war aber nicht ganz geheuer. Marlene und Hollaender hockten zusammen. Sternberg verschwand in ihrer Garderobe. Eine Verschwörung? Gegen ihn? Unsinn. Das wagte doch wohl niemand.
Als er in Hollywood war, hatte er sorgfältig vermieden, einen Film mit der besten Freundin des Hauses Jannings zu machen. Es ist schwer, der Liebling der Welt zu werden, wenn man mit dem Liebling der Welt, Greta Garbo, spielt. Er wollte von niemandem an die Wand gespielt werden. Aber sonderbarerweise benutzte er seinen berühmten entwaffnenden Charme nicht, um die junge Marlene auf seine Seite zu bringen. Sie hätte wohl auch nicht gewußt, was sie da

* Die Kameramänner waren Günther Rittau und Hans Schneeberger.

sollte. Es wurde jedenfalls am Ende eine Jannings-Premiere. Aber es wurde auch ein Welterfolg als ein Marlene-Dietrich-Film. Sie war die Entdeckung. Ihre Lieder auf Platten werden heute noch, viele Jahre nach dem Erscheinen, gekauft. Jedes Filmmuseum in der ganzen Welt besitzt eine Kopie des *Blauen Engels*. Und manchmal läuft der Film noch jetzt, ohne jeden Hinweis auf seine historische Bedeutung, einfach, weil er immer noch zieht.
Nach der Uraufführung wurde enorm geklatscht, aber das wurde ja bei jeder Ufa-Premiere. Weder Marlene noch sonst jemand konnte den Dauererfolg des *Blauen Engels* voraussagen.
Gleich nach der Premiere, noch in derselben Nacht, mit einem Veilchenstrauß da, wo sonst keine Frau Ansteckblumen trägt (da, wo die Beine zwiespältig werden), im strahlendweißen Abendkleid, wurde sie von uns an den Bootszug gebracht.
Im letzten Moment stieg sie noch einmal aus und fiel mir schluchzend um den Hals: »Es ist doch zu spät«, sagte sie, »viel zu spät. Warum konnte das nicht eher passieren? Ich kann doch nicht eine völlig neue Karriere anfangen, ich bin doch nicht jung genug ...«
Sie sah wunderhübsch aus beim Weinen. Ich konnte das verstehen. Sie verließ ihr früheres Leben, ihren Mann, ihr Kind, ihre Mutter und alle ihre wohlwollenden Freunde, um mit diesem höchst fremdartigen, begabten, eigenwilligen Joe in den neuen Kontinent zu reisen.
[...]

Ruth Landshoff-Yorck: Klatsch, Ruhm und kleine Feuer. Biographische Impressionen. Köln, Berlin 1963, S. 41–48

Josef von Sternberg
Marlene wird geschaffen

[...]
Alle anderen Mitglieder des Ensembles waren schon ausgewählt. Ein fähiger Mitarbeiterstab stand zu meiner Verfügung. Nur Lola fehlte noch; ich hatte sie, inspiriert von Wedekinds Lulu, so genannt. Ich hatte mich für ein Aufgebot stattlicher Schauspieler entschieden, um dadurch die Massigkeit meines Hauptdarstellers optisch auszugleichen. Der wurde inzwischen von Tag zu Tag dicker,

weil er glaubte, seinen Leib für die vor ihm liegende schwierige Aufgabe stärken zu müssen. Berlin quoll über von üppigen Schauspielerinnen, aber bei keiner saßen die Polster an der richtigen Stelle.
Mir schwebte für die Figur der Lola ein bestimmtes Modell vor, und ich lehnte eine Schauspielerin nach der anderen nur deswegen ab, weil sie dieser Vorstellung nicht entsprach. Dieses Modell war von Félicien Rops gezeichnet worden, und obwohl es in einem anderen Jahrhundert und in einem anderen Land gelebt hatte, mußte es möglich sein, in Berlin ein Duplikat zu finden. Als der erste Drehtag immer näher rückte, wurde die Situation kritisch. Ein Gerücht flakkerte auf, ich suche nach einer Frau, die auf dieser Erde nicht existiere. Beim Durchblättern eines Kataloges mit den Photographien aller deutschen Schauspielerinnen war mein Blick auch auf das flache und uninteressante Bild eines Fräulein Dietrich gefallen. Wie gewöhnlich fragte ich meinen Assistenten, was er von ihr hielt. Er zuckte mit den Schultern und meinte: »Der Popo ist nicht schlecht, aber brauchen wir nicht auch ein Gesicht?« Sie wurde zu den anderen gelegt und prompt vergessen, bis ich zufällig eine Vorstellung von Georg Kaisers »Zwei Krawatten« sah, worin einige schon ausgewählte Mitglieder meines Ensembles spielten.
In dieser Vorstellung sah ich Fräulein Dietrich zum ersten Mal leibhaftig, wenn man das so nennen kann, denn sie hatte sich aufgemacht, als müsse sie ihren Körper gänzlich verstecken. Sie hatte nur wenig auf der Bühne zu tun; ich erinnere mich nur an eine einzige Zeile ihres Dialogs. Aber hier war das Gesicht, das ich gesucht hatte, und hier war auch, sofern ich das beurteilen konnte, die entsprechende Figur. Mehr noch: hier war etwas, das ich nicht gesucht hatte, und dieses Etwas sagte mir, daß meine Suche beendet sei. Sie lehnte sich mit kühler Verachtung für die ganze Possenreißerei an die Kulissen, ganz im Gegensatz zu den anderen, denen man gesagt hatte, man müsse mir heute abend die Größe des deutschen Theaters vor Augen führen – und die sich entsprechend bemühten. Sie hatte auch gehört, daß ich unter den Zuschauern sei, aber das war ihr offenkundig gleichgültig, weil sie glaubte, es ginge sie nichts an.
[...]
Am nächsten Morgen wollte ich von meinen Mitarbeitern wissen, warum diese Schauspielerin, die gestern abend alle anderen übertroffen hatte, mir nicht für diese Rolle vorgeschlagen worden war. Ein Proteststurm erhob sich: diese Schauspielerin sei keine Schau-

spielerin. Ich wollte die Definition des Schauspielers nicht diskutieren und meinte nur, man fange zu irgendeiner Zeit eben an, Schauspieler zu werden. Im Chor gab man mir zurück, in ihrem Fall sei der Anfang nicht einmal, sondern ein dutzendmal versucht worden. Als ich darauf bestand, man müsse das eben noch einmal und mit mehr Sorgfalt versuchen, wollte mich Jannings davon überzeugen, die hier verschwendete Zeit sei weit besser dadurch auszufüllen, daß ich ihn zu einem zweiten Frühstück einlüde. [...] Es war viertel nach neun, und ich sagte ihm, er möge gehen und auf meine Kosten sämtliche Würste in Berlin ausprobieren. Er verschwand gutgelaunt, und ich gab meinem Büro den Auftrag, die betreffende Dame so bald wie möglich herbeizuschaffen.

Als Fräulein Dietrich spät am Nachmittag in meinem Büro saß, unternahm sie nicht den schüchternsten Versuch, mein Interesse zu erregen. Sie saß in einer Sofaecke vor meinem Schreibtisch, hielt ihre Augen niedergeschlagen und bot ein Musterbeispiel der Apathie. [...] Um sie aus ihrer Lethargie zu reißen, fragte ich sie, warum ihr Ruf als Schauspielerin so schlecht sei. Einen Augenblick lang schaute sie auf ihre behandschuhten Hände, aber sofort versteckte sie sie wieder hinter ihrem Rücken, als habe sie zuviel von sich enthüllt. [...]

Während ich noch versuchte, ihre tatsächliche Erscheinung mit meinen Vorstellungen in Einklang zu bringen, kam Erich Pommer zusammen mit dem sich jovial gebärdenden Jannings herein und forderte sie mit bewunderungswürdiger Direktheit auf, ihren Kapotthut abzunehmen und ein paar Schritte zu gehen. Auf diese Weise will man gewöhnlich feststellen, ob eine Schauspielerin kahl ist oder hinkt. Sie trottete durch den Raum, als ob sie nichts sehe und nichts höre, so daß ich fürchtete, sie werde jeden Augenblick gegen die Möbel rennen. Ihre Augen waren vollständig verschleiert. Die beiden Fachleute tauschten vielsagende Blicke aus. Der eine räusperte sich, der andere kratzte sich hingebungsvoll am Ohr, dann verließen sie den Raum mit flüchtigem Händeschütteln, womit sie mir ihre Meinung klargelegt zu haben glaubten. Später sagte mir Jannings, eine Kuh habe nur verschleierte Augen, wenn sie ein Kalb gebäre. Das war nicht die einzige verächtliche Bemerkung, die ich zu hören bekam.

[...] Ich machte zuerst einen Test mit der Kandidatin, die der Chef der Filmgesellschaft für die Rolle vorgesehen hatte. Sein Vorschlag

war die charmante, witzige, junge Lucie Mannheim, die mit einem begabten jungen Musiker erschien, der sie am Flügel begleiten sollte. Obwohl mich beide beeindruckten, engagierte ich nur den Musiker — er hieß Friedrich Hollaender — als Komponisten für den Film.
Nun folgte der Test mit Frau Dietrich. Da sie das Ganze für pure Zeitverschwendung hielt, hatte sie sich überhaupt nicht vorbereitet. Sie konnte freilich nicht wissen, daß sie damit Recht hatte, weil ich schon fest entschlossen war, sie zu nehmen. [. . .]
Am nächsten Vormittag wurden beide Tests in einem überfüllten Vorführraum gezeigt. Einstimmig gab man Lucie Mannheim den Vorzug. Ich traute meinen Ohren nicht; denn die Leinwand bewies, daß nur meine Wahl die richtige war. Jeder, der nur irgendetwas mit dem Film zu tun hatte, war anwesend, und nach einer alten Sitte quetschten sich auch die in den Raum, die keine Ahnung davon hatten, was vor sich ging. Zum Schluß erhob sich unheilverkündend ein prominenter Regisseur-Kollege, Hanns Schwarz, und erklärte, es sei lächerlich, zwischen den beiden zu wählen. Jeder, der Augen im Kopf habe, könne die Überlegenheit von Lucie Mannheim erkennen. Ich dankte ihm für die Bestätigung meines Urteils. In der Stille, die meiner sarkastischen Bemerkung folgte, erklärte Erich Pommer ruhig, für die Auswahl des Ensembles sei ich verantwortlich, und er sei dafür verantwortlich, daß ich unterstützt werde. Das war natürlich das Schlußwort. Nur Emil Jannings murmelte noch mit einer hohlen Stimme, die Kassandra alle Ehre gemacht hätte, ich würde diesen Tag einst bereuen.

Ich, Josef von Sternberg. Aus dem Amerikanischen von Walther Schmieding. (Originaltitel: Fun in a Chinese Laundry, New York 1965.) Velber 1967, S. 255 ff.

Details

Aus dem Drehbuch:
Song der Guste

Eine Frau, die zu glatt,
Hat das Dünnsein dick bekommen!
Für den Busen sie hat
Einen Busencreme genommen!
Sie rieb ein sich voll Lust,
Nur zu heftig allerdings,
Denn jetzt hat sie ne Brust,
Vorne, hinten, oben, unten,
Rechts und links!

Schentelmenn, fescher Mann,
Der poussiert mit süßer Puppe,
Zieht den Hut, spricht sie an:
»Fräulein sind mir jarnicht schnuppe.
Ach mein Herz klopft so bang!«
Doch da spricht das dumme Dings:
»Rutschen Sie mir 'n Buckel lang
Vorne, hinten, oben, unten,
Rechts und links!«

Deutsches Volk, schlafe nicht!
Darfst nicht weichen und nicht wanken!
Deutsche, Ihr habt die Pflicht,
Euch nicht immerfort zu zanken!
Es beginnt bess're Zeit,
Und die Zukunft leuchtet rings,
Wenn Ihr alle einig seid:
Vorne, hinten, oben, unten,
Rechts und links!

Friedrich Hollaender
Die Musik im Tonfilm

Berlin, den 10. Mai

[...]

Der Tonfilm bietet die Möglichkeit der einmaligen künstlerisch vollendeten Musikaufnahme. Damit ist eine beliebige Anzahl von Wiederholungen in gleich vollendeter, künstlerischer Ausführung stets gewährleistet. Kehlkopfverstimmungen und Starlaunen sind völlig ausgeschaltet. Tadellose Ausführung des Werkes bei sämtlichen Wiederholungen ist ein für allemal gesichert.

Der zweite Faktor, den der Tonsetzer bei der Betrachtung des Tonfilms in Erwägung zieht, ist ebenfalls von hohem Wert. Es sind die unübersehbaren Möglichkeiten, die der Tonfilm dem schöpferischen Musiker bietet. Nichts regt die Phantasie des Komponisten stärker an, als die Vorgänge, die sich nach den noch ungeschriebenen Gesetzen des Films auf der Leinwand abspielen. Sowohl die konkreten als auch die abstrakten Vorgänge der filmischen Darstellung drängen an und für sich immer nach Musikalität. Sie können sogar durch musikalischen Aufbau in ihrer Entwicklung stark gefördert und veredelt werden. Ich selbst habe bei der Erfindung der Musik für den Ufa-Tonfilm *Der Blaue Engel* diese Erkenntnis praktisch ausgewertet. Der Regisseur, von Sternberg, ein äußerst feinfühliger Künstler, hatte, in klarer Erkenntnis seiner Aufgabe, den Wunsch geäußert, meine Komposition vor Beginn seiner Atelierarbeit kennenzulernen. Starke Befruchtung des eigenen Schaffens erwartete er von der Musik.

Schon mit dem Schlager »Ich bin von Kopf bis Fuß auf Liebe eingestellt« — war die Charakterrolle von Marlene Dietrich, der verführerischen Varietésängerin Lola Lola, so scharf umrissen, daß durch dieses Chanson eine klare Grundlinie für die Handlung gewonnen war. Dieses Chanson schuf sofort die Atmosphäre, nach der der Stoff gebieterisch verlangte.

Das Thema dieser Melodie war prädestiniert dazu, Leitmotiv für das innerste Geschehen zu werden, Schicksalsmotiv des verführten Professor Rath (Emil Jannings). Das gleiche Motiv in symphonischer Gestaltung begleitet die Handlung bis zur Katastrophe.

Ein anderer Schlager, »Kinder, heut' abend such' ich mir was aus«, schaltet sich beim ersten Auftreten des Professors organisch in das

Gefüge der Geschehnisse ein, als er in der Umgebung erscheint, die ihm zum Verderben werden soll. Dieser Schlager ergänzt und steigert zusammen mit dem Choral »Üb' immer Treu und Redlichkeit« — das Glockenspiel der Turmuhr spielt ihn — die Fülle der dramatischen Gegensätze, die sich im Verlauf der Handlung entwikkeln.

Reichsfilmblatt, Berlin, 8. Jg., Nr. 19, 10. 5. 1930, 1. Beilage

Vor seiner ersten Tonfilm-Premiere
Gespräch mit Jannings

[...]

»Wir wollten uns beschränken. Wir wollten nicht akustisch verblüffen und keine tonlichen und klanglichen Spielereien bringen, sondern die *schauspielerische* und *filmische* Leistung! Daher haben wir uns vor allem Zuviel gehütet, wir haben uns auch beim Sprechtext auf das unbedingt Notwendige beschränkt. Und ist es notwendig, daß der Zuschauer jeden einzelnen Schritt, jedes Klirren einer Tasse, jedes Klappen einer Türe hören muß? Wir haben diese Frage glattweg verneint. Natürlich können Geräusche ihr Schicksalhaftes haben. Ein Mann wartet auf jemanden, der eine Entscheidung bringt. Man hört die Schritte, weil der Wartende sie hören muß, der sie erwartet: *dann* sind Geräusche berechtigt. Das Ticken einer Uhr in einem stillen Zimmer kann seine schwere Bedeutung haben: dann soll man es hören lassen. Aber alles *aufdringlich* Akustische haben wir fortgelassen.«

[...]

»Nach alledem bringt also dieser Film eine ganze Reihe entscheidender Neuerungen?«

»Ganz gewiß. Aber darüber steht doch immer die Handlung! Man darf bei dem Film nicht vergessen, daß der Mannsche Roman durch die Entwicklung in vielem überholt ist. Das Bösartige und Tyrannische des Professors ist für mich, wie ich mich mit dieser Rolle beschäftigte, allmählich gefallen. Ich bin vom Unrat langsam zum Traumulus gekommen, das haben Sie wohl auch schon an meiner Maske gesehen. Ich wollte eine ganz einfache, eine ganz schlichte und sehr menschliche Gestalt schaffen. Auch eine von denen, die den Weg allen Fleisches geht ... Möge man sie so sehen und empfinden!«

—u— in: Reichsfilmblatt, Berlin, 8. Jg., Nr. 13, 29. 3. 1930

Waldemar Jabs
Professor und Clown

In seinem neuesten Film hat Emil Jannings einen selbstbewußten Professor zu spielen [...], dem man es ansehen muß, daß er vor Ansehen und Wohlhabenheit, vor Gesundheit und Pedanterie förmlich strahlte. Er mußte eine Maske haben, die nicht nach »Maske« aussah, also nicht nach Puder und Schminke. Also spielte Jannings zunächst einmal *ohne Schminke,* was bei dem modernen panchromatischen Licht ausgezeichnet möglich ist, zumal Jannings einen bewundernswert frischen Teint hat. Das Haar hatte sich der Künstler wachsen lassen, so daß nur noch ein wohlgepflegter Vollbart anzukleben war, der aber beileibe nicht »geklebt« aussehen durfte. Im Gegenteil, dieser Bart, der Stolz des Professors, sollte peinlich gepflegt wirken. Dem Schnurrbart mußte man es anmerken, daß er gewohnheitsmäßig von seinem Besitzer mehrmals am Tage beim Dozieren nach oben gestrichen wurde. Mit anderen Worten, es sollte nicht die äußerliche »Maske« eines korrekten Gelehrten geschaffen werden, sondern das persönliche Fluidum eines minutiösen Menschen. Man mußte dem Professor anmerken, wenn er frühmorgens aus seinem Hause trat, daß er frisch gewaschen und wohl gepflegt seinen täglichen Gang ins Berufsleben antrat. Das war an sich nicht so schwierig, höchstens die Wiederholung dieser peinlich akkuraten »Maske« für die verschiedenen Aufnahmetage. Da hieß es dann, nach Photos jeden Tag die gleiche, exakte Arbeit liefern und ein Haar wie das andere legen (ohne daß es »gelegt« aussehen sollte). Diese Wohlgepflegtheit war das erste Charakteristikum des Professors, der nun im Laufe der Filmhandlung durch eine Varietékünstlerin mehr und mehr herunterkommt. Da galt es nun, diese Phasen des Sinkens in der Maske unaufdringlich und doch glaubhaft auszudrücken. Die Wangen waren nun nicht mehr glatt rasiert, sondern von Bartstoppeln bedeckt, so daß auch das Fluidum des »Frischgewaschenseins« fehlte. Der Vollbart war nicht mehr sorgfältig gekämmt, und der sonst so kühn nach oben gestrichene Schnurrbart ließ traurig die Spitzen hängen. [. . .] Nun kommt die interessanteste, aber auch schwierigste Phase in der Maskenwandlung von Jannings, die Clownmaske, die für das Publikum stets den »Professor« durchblicken läßt. Zu diesem Zwecke behielt Jannings auch als Clown seinen Professorenbart, der nun geschickt überschminkt und in die groteske Fratze des armseligen Spaßmachers einbezogen werden mußte. Wohl erhielt der Professor die kaschierte Perücke und die künstliche Nase seines Vorgängers aufgesetzt, aber doch bewirkte der traurig-struppige Bart des ehemaligen Gelehrten, daß man mit diesem Bajazzo Mitleid haben muß. Jannings verkörpert hier den *tragischen Clown* in erschütternder Weise. Auch diese kombinierte Maske von Clown und Professor wurde erst richtig schwierig durch die oftmalige Wiederholung an den verschiedenen Aufnahmetagen. Sehr viel Arbeit machte eine Szene, in der der Varietédirektor auf der Stirn des unglücklichen Clowns ein rohes Ei zerschlägt. Diese Szene mußte mindestens zehnmal wiederholt werden, bis sie gut auf den Filmstreifen kam, so daß natürlich ebenso oft die Maske des »tragischen Clowns« erneuert werden mußte, da sie durch das zerfließende Ei jedesmal zerstört wurde. [. . .]

Reichsfilmblatt, Berlin, 8. Jg., Nr. 7, 15. 2. 1930, 2. Beilage

Polemik vor der Premiere

Friedrich Hussong
Neuland

Jahraus, jahrein hat man den Schattenspielen auf der Leinwand des Films mit Abneigung zugesehen; hat den Kopf geschüttelt, hat Nein gesagt. *Zu* viel Kitsch, *zu* viel verlogene Rührseligkeit, *zu* viel Hirnloses und Herzloses, blöde Sensation, Leere, abgeschmackte Clownerie, — na wir wissen ja. Man sah weg; man sah wieder hin, ob's nicht doch besser werden wollte.
Es *will* besser werden.
Da ging man den ganzen Winter ins Theater; saß vor zehn Bühnen, vor vierzig Schauspielen. Leer, unbeschenkt, angeekelt kam man zurück. Ging verdrießlich auch wieder in das Filmspiel hier und dort. Und siehe, da war etwas Neues zu spüren. Neue Möglichkeiten und — aller Trägheit zum Trotz — auch ein neuer Wille hier und dort.
Als Ernte eines ganzen langen Theaterwinters blieb — die Erinnerung an ein paar keimende Freuden und die Erkenntnis der künstlerischen Möglichkeiten des tönend bewegten Bilderspiels. Das einzige Feld, auf dem man Entwicklung und Fortschritt sah, war das Feld des Tonfilms. Man erinnere sich an die *Melodie des Herzens** oder an *Die letzte Kompagnie***. Keine Vollendung noch. Aber wichtigeres: Ein Vorwärts, ein Aufwärts; Heiterkeiten, die mehr sind als hohler Jux; Erschütterung, die mehr ist als schrille Sensation. Steigerung und Wachstum. Man sagt nicht mehr Nein; man sagt Ja.
Jetzt zum Ende des Winters eine letzte Steigerung mit dem jüngsten Tonfilm der Ufa.
Der Blaue Engel. Eine ganz reife Frucht. Schon fast ganz schlackenloses Gebilde. Ganz künstlerische Gestaltung. Je zweifelnder, ablehnender man so lange den öden Spielereien der Filmleute gegenüberstand, desto bereiter wird man dafür zeugen, daß hier aus dem unverbrauchten Neuland des Tonfilms schon volle Ernte aufging. Die

* *Melodie des Herzens.* Deutschland 1929. Regie: Hanns Schwarz
** *Die letzte Kompagnie.* Deutschland 1930. Regie: Kurt Bernhardt

Erstaufführung dieses Films wird künstlerisch — allen zum Trotz, die immer noch nichts merken — mehr bedeuten als irgend etwas von all dem, was während dieser ganzen Spielzeit aus der ausgelaugten Theatererde Großberlins bläßlich aufwuchs. Hört, ihr Nachtwächter und laßt euch sagen: *Das* hat die Glocke geschlagen.
Überflüssigerweise, ja irreführenderweise steht unter den Namen der Geburtshelfer dieses Films neben dem des Spielleiters Sternberg, des entscheidenden Gestalters Jannings, der Bearbeiter des Manuskripts (Zuckmayer, Vollmoeller, Liebmann) auch der Name Heinrich Mann mit seinem miserablen Roman vom Professor Unrat. In Wahrheit ist der *Blaue Engel* kein Film *mit* Heinrich Mann, sondern ein Film *gegen* ihn. Das Buch von Mann der unsaubere Racheakt eines entlaufenen Schulbuben, sein »Held« ein widerlicher Sack voll Bosheit; der Film das Schicksal eines vom ersten Augenblick an unserer Teilnahme sicheren, eines im Gemüt Vereinsamten, der mit tragischer Folgerichtigkeit an sich und in sich zugrunde geht von der Stunde an, da er unerfahren und ahnungslos dem Irrlicht nachgeht, das er für Frauenliebe hält, und das doch nichts ist als Dirnentum.
Roman und Film haben schon in Stoff und Handlung außer einigen Äußerlichkeiten der Exposition gar nichts miteinander zu schaffen. Im Seelischen sind sie einander das vollkommenste Widerspiel. Dort ein scheeläugig gesehenes angebliches Schulproblem, hier ein wahrhaftes Menschenverhängnis. Wenn er auch jene letzte äußerliche Bindung an Fremdes, Gewesenes, Abgestandenes, Aufgewärmtes noch fallen läßt, wird der Tonfilm mit seinen fast unbegrenzten technischen und künstlerischen Möglichkeiten das Höchste wagen und um den vollsten Kranz ringen können. Wo er bisher »Manuskriptbearbeiter« hatte, wird er Dichter haben; die größeren Möglichkeiten, die sich sichtbar steigern und vollenden, werden an Spielleiter und an Darsteller größere Anforderungen unerbittlich stellen und stärkere Erfüllungen erzwingen. Ein Wasserstoffsuperoxydpuppenköpfchen und ein gemaltes Mäulchen werden keinen Beruf zur Diva mehr bedeuten; die Hintertreppenlieferanten von Drehbüchern werden nicht mehr den Bedarf decken können; die Spielleiter werden nicht mehr mit hemmungsloser Willkür aus Schwarz Rosa und aus Bitter Süß machen können, sondern wieder lernen müssen, daß sie nicht Herren, sondern Diener am Werk und Wort sein sollen; ein Schönling wird noch lange kein Star sein, und

man wird wieder lernen, Menschendarstellung von Kulissenreißerei unterscheiden.
Der Bankerott des Theaters ist offenbar. Die einzige Hoffnung, die dieser Spielwinter uns gebracht hat, verdanken wir dem Tonfilm. Manche schöne Gabe schon. Jetzt mit dem *Blauen Engel* schon Erfüllung hohen Grades. Aber wichtiger und das Wichtigste: Noch gar kein Ende abzusehen; noch unbegrenztes Neuland; voll von eigensten Möglichkeiten; neue Formen gefordert und dargeboten; Steigerung und Wachstum. Man schlägt nicht mehr die Hände überm Kopf zusammen vor Verzweiflung über den Ozean von Geschmacklosigkeiten, mit denen der Film uns überschwemmte; man muß nicht mehr dreimal vor jedem Hahnenschrei den Kintopp verleugnen; man darf herzhaft zustimmen und Ja sagen.
Wann denn *noch* in diesen Tagen? Wo denn *noch* in diesem Europa? Wozu denn *noch* in diesem Chaos?
Aber hier ist ein Vorwärts und ein Aufwärts. Darum wird *Der Blaue Engel auch* überboten werden. Glücklicherweise. Doch heute ist er Sieg und Höhe. Und immer wird er wichtiges Merkmal bleiben an einem Weg in grenzenloses Neuland trächtigen Erdreichs.

Der Montag, Berlin, Nr. 13, 31. 3. 1930, 2. Ausgabe

Heinrich Mann
Zwei Telegramme

An das 12 Uhr Blatt:
Erklärung genügt, daß Film allerdings unter meiner Mitwirkung entstanden und daß »Professor Unrat«, den Jannings längst spielen wollte, meine Gestalt bleibt. Ergebenst

Heinrich Mann

An die B. Z. am Mittag:
Hussong nennt »Professor Unrat« miserabel und den Racheakt eines entlaufenen Schulbuben. Gleichzeitig erinnert mich ein Unterrichtsbeamter an »Professor Unrat«, damit ich ihm bei seinen Reformplänen helfe.
Der Gestalter Emil Jannings hat sich von allen Gestalten gerade diese gewünscht.

Solche Tatsachen und der Roman selbst konnten etwas Dankbarkeit hervorrufen für mich und mein Werk.
Man kann auch daraus lernen.
Hussong zieht Beschimpfungen vor.
Der entlaufene Schuljunge ist nur er selbst. Er verleumdet die Literatur meiner Generation, der er sein geistiges Dasein verdankt.

Heinrich Mann

Neue Berliner Zeitung/12 Uhr Blatt, 12. Jg., Nr. 77, 1. 4. 1930 und B. Z. am Mittag, 54. Jg. der Berliner Zeitung, Nr. 90, 1. 4. 1930

Erich Pommer
Erklärung*

Ich habe niemals geduldet, daß ein Film, für dessen Produktionsleitung ich verantwortlich zeichnete, entgegen den mit dem Autor beim Abschluß festgelegten Grundlinien gedreht wurde.
Auch beim *Blauen Engel* ist die vorher mit Heinrich Mann festgelegte Grundlinie vollkommen unangetastet geblieben, wie ja schon Carl Zuckmayer, der Mitautor des *Blauen Engel* in einem Berliner Mittagsblatt im einzelnen auseinandergesetzt hat.
Um es zu wiederholen: Es ist nicht nur die Fertigstellung des Manuskripts, sondern auch die Herstellung des Films selbst in dauernder Fühlungnahme mit Heinrich Mann erfolgt. Heinrich Mann hat auch bei einer Vorführung des Films, die ich eigens für ihn vor einigen Tagen in Nizza veranstaltete, sich mit der endgültigen Fassung des *Blauen Engel* vollinhaltlich einverstanden erklärt.
Aus diesen Feststellungen geht wohl mit aller Deutlichkeit hervor, daß der *Blaue Engel* nicht gegen, sondern mit dem von mir hochgeschätzten Heinrich Mann gedreht wurde.

Erich Pommer

Berliner Tageblatt, 59. Jg., Nr. 154, 1. 4. 1930, Morgen-Ausgabe

* Titel vom Hrsg.

Carl Zuckmayer
Der Angriff auf Heinrich Mann*

Die Darstellung des »Montag« ist empörend. Ich möchte vor allem ausdrücklich betonen, daß ich niemals meine Hand dazu hergegeben hätte, an einem *Film gegen Heinrich Mann* mitzuwirken. Im übrigen ergibt sich die Absurdität der Darstellung schon aus der Tatsache, daß der ganze Film unter ständiger Fühlungnahme und in zahlreichen Besprechungen mit Mann entstanden ist.
Die verantwortlichen Herren der Ufa waren sich im übrigen von vornherein darüber im klaren und haben nie einen Hehl daraus gemacht, daß bei allen Umänderungen, die die Materie des Films bei Benutzung eines epischen Werkes verlangt, die *Grundlagen* des Romans *unangetastet* bleiben müßten.
Die Herstellungsgeschichte des Films und seines Drehbuchs wirft ein weiteres Licht auf die ständige intime Zusammenarbeit mit dem Autor. Zuerst traten Jannings, Sternberg, Vollmoeller, Direktor Pommer von der Ufa, Heinrich Mann und ich zusammen, um den Film in seinen Grundzügen zu besprechen. Dabei wurde beschlossen, von den *beiden* Grundthemen des Romans, erstens dem Schul- und Generationskampf, zweitens der Gestaltung des Einzelschicksals des Professor Rath, das zweite Thema, die Entwurzelung eines Menschen, das menschlich und psychologisch fesselnder schien, zur Filmgestaltung zu wählen.
Daraufhin fertigte ich zunächst eine Art Filmnovelle an, ein ausführliches Exposé der Handlung, in der alle optischen und akustischen Gesichtspunkte bereits berücksichtigt sind. Diese Arbeit wurde Heinrich Mann vorgelegt und von ihm in allen Einzelheiten nicht nur gutgeheißen, sondern auch als Anpassung an die Notwendigkeiten des Films *besonders gewürdigt*.
Nachdem dies geschehen war, wurde das Manuskript in gemeinsamer Arbeit von Dr. Vollmoeller, Robert Liebmann und mir angefertigt. Die wesentlichen Abweichungen, die das Drehbuch im Vergleich zu dem Roman enthält und die insbesondere das Auftreten des Schulprofessors als Clown enthalten, sind ebenfalls dem Autor Heinrich Mann bekannt gewesen und *von ihm gebilligt* worden.

* Titel vom Hrsg.

Auch die endgültige filmfertige Fassung ist mit Mann in allen Einzelheiten durchgesprochen worden.
Es kann daher gar keine Rede davon sein, daß ein Film *gegen* Heinrich Mann gedreht wurde, im Gegenteil, das Filmwerk ist in engster Zusammenarbeit *mit* ihm entstanden.

B. Z. am Mittag, 54. Jg. der Berliner Zeitung, Nr. 89, 31. 3. 1930

Reaktionen der Kritik

Wolf Zucker

Wie lange ist es her, daß wir einen deutschen Film so uneingeschränkt loben konnten, loben mußten? Sternbergs Verfilmung von Heinrich Manns »Professor Unrat« verdient solches Lob ohne Einschränkung, ja, nach diesem trostlosen Winter schlechter deutscher und gleichgültiger amerikanischer Filme fühlen wir uns fast versucht, den *Blauen Engel* den besten deutschen Film zu nennen. Es handelt sich um einen Tonfilm, und zum ersten Male haben wir ohne jede Kritik die Möglichkeit dieser neuen Kunstgattung erkannt. Sternberg, der »drüben« genug Gelegenheit gehabt hat, an den Fehlern der amerikanischen Versuche zu lernen, hat sie alle vermieden, technische und künstlerische. Über die technische Leistung der vollkommen verzerrungsfreien Wiedergabe von Wort und Ton wollen wir nicht sprechen, schließlich ist sie die Voraussetzung auch für das künstlerische Gelingen. Wunderbar und erstaunlich aber ist die Sicherheit, mit der in diesem Film sinnvolle Dialoge, tonfilmgemäße Musik gestaltet werden. Zum ersten Male gehen Wort und Bild sinnvoll zusammen, keines läßt das andere sinnlos oder störend werden. Worte tragen die Handlung vorwärts. Musik rundet die Szene, und wenn dann ab und zu Momente des Schweigens eintreten, so wirkt die Stille nicht wie ein Riß in der Kontinuität des Ablaufs, sondern im Gegenteil als ein Moment der höchsten dramatischen Spannung. Sternberg hat bewußt darauf verzichtet, bei jeder unmöglichen Gelegenheit die Tonapparatur mitlaufen zu lassen, nur weil sie gerade da ist, er verwendet sie, wenn dadurch dem Bildablauf ein Mehr gegeben wird, eine Steigerung über das Optische hinaus. Wir kannten Sternbergs geniale Fähigkeit des Szenenschnitts, der Bildgestaltung und der optischen Überschneidung von Nah- und Distanzaufnahmen, aber in diesem Film scheint er uns wirklich den Höhepunkt seiner Kunst erreicht zu haben.
Es muß auch Sternbergs überragende Regiebegabung sein, die hier alle Schauspieler zu fast ungewohnten Höchstleistungen zwang. Jannings, der in den letzten drei Jahren mehr als einmal dem amerikanischen Geschmack in bedenklicher Weise Zugeständnisse ge-

macht hatte, ist in diesem Film ein Schauspieler von größter Intensität und von einer Überzeugungskraft des Spiels, die von wenigen Bühnenschauspielern und fast nie im Film erreicht worden ist. Alles Karikative, zu dem die Rolle leicht hätte verführen können, ist unterblieben. Und Jannings hat aus der Gestalt des Prof. Rath einen Menschen von vollkommener Rundung und Geschlossenheit gestaltet, dem man die korrekte Schulmeisterlichkeit des Anfangs ebenso glaubt wie die verzweiflungsvolle Verwirrung des Endes. Erstaunlich, was aus Marlene Dietrich gemacht worden ist, einer Schauspielerin, der wir bisher nicht immer mit Vergnügen zusahen. Diesmal ist ihr alles geglückt, Spiel, Sprache und sogar der Gesang. Dies ist nicht zum wenigsten das Verdienst des prachtvollen Komponisten Friedrich Hollaender und seiner Weintraubs, deren Instrumentierung sich vollkommen den Bedingungen des Tonfilms angepaßt hat, und die nichts versucht haben, was nicht — noch nicht — im Tonfilm möglich ist.

Das Vorbild des Romans von Heinrich Mann ist selbstverständlich verändert worden, und es ist lächerlich, irgendwelche Vergleiche, die Werturteile enthalten, zu ziehen. Heinrich Mann hat von seinem Buch nichts zurückzunehmen gehabt, aber da er an der Herstellung des Films durchaus beteiligt war, kann er auch mit vollem Recht den Ruhm für das Gelingen in Anspruch nehmen. Seine Gestalt des Prof. Rath gab in ihrer Konzeption ebensoviel für einen Roman wie für einen Film mit dessen ganz anderen künstlerischen Bedingungen her.

Dies muß ausdrücklich betont werden, denn noch bevor der Film an die Öffentlichkeit gelangte, hat es um die Beziehung zwischen dem *Blauen Engel* und »Professor Unrat« einen Skandal von einer Widerwärtigkeit gegeben, wie er nur im Hause Hugenberg erdacht werden konnte. Die Ufa, die seit Jahren zum Hugenbergkonzern gehört, und sich in ihrer Produktion erfreulicherweise sehr wenig in die parteipolitischen Ziele des Konzerns einspannen ließ, hat diesen Film nach dem Roman Heinrich Manns gearbeitet, sie hat die besten Mitarbeiter, und unter diesen, wie gesagt, Heinrich Mann selbst, gewonnen, und einen Film zustandegebracht, der auch geschäftlich ein großer Erfolg zu werden verspricht. Im Hause Hugenberg aber hat man nachträglich Angst bekommen, sich mit einer so charaktervollen und eindeutig links orientierten Persönlichkeit wie Heinrich Mann eingelassen zu haben, und so schrieb Hussong, von

dem man früher einmal hoffen durfte, daß er auf der Rechten die Rolle eines wirklich guten Schriftstellers spielen könnte, einen Artikel, in dem er den geistigen Urheber dieses Films in der widerwärtigsten Weise beschimpfte, und als höchstes Lob des Filmes hervorhob, wie wenig er mit dem Original gemeinsam habe. Über dieses geschäftlich wie journalistisch gleicherweise ekelhafte Doppelspiel des Hugenberghauses gibt es nur eine Meinung, und die Verfasser des Filmes haben ihre Empörung darüber mit erfreulicher Deutlichkeit zum Ausdruck gebracht.
Jedenfalls freuen wir uns, daß die Ufa, trotz ihrer Abhängigkeit von Hugenberg, einen so hervorragenden Film zustande gebracht hat.

Die Literarische Welt, Berlin, 6. Jg., Nr. 15, 11. 4. 1930

Kurt Pinthus

Dieser bisher kostspieligste Tonfilm der Ufa-Produktion (Erich Pommers) ist zweifellos von allen bisher in Deutschland gefertigten der künstlerisch wertvollste und zukunftsträchtigste. Manuskriptlich gefertigt von den Dichtern, in diesem Fall Um- und Nachdichtern: Zuckmayer und Vollmoeller und dem Praktiker Liebmann; realisiert von dem sonst in Hollywood arbeitenden Regisseur Sternberg, bekannt in aller Welt durch die kraftstrotzende Bewegtheit seines stummen Films *Unterwelt.*
Heinrich Manns »Professor Unrat« ist von den Umdichtern ummontiert worden, Aus dem harten, hämischen, noch in der Verkommenheit nichts als Vernichtung der anderen wollenden Tyrannen ist ein durch Lieblosigkeit des Lebens Vereinsamter geworden, der, nun durch Liebe zu einer Unwürdigen aufgebrochen, in noch armseligere Einsamkeit versinkt. Kampf zwischen Lehrer und Schülern wird jetzt zum Kampf des Sonderlings gegen die Lächerlichkeit, die ihn tötet, wie er, nach jahrelangem Absinken, als Clown im Tingeltangel vor seine einstigen Mitbürger und Schüler tritt. Aber—das Manuskript des Tonfilms muß kritischer betrachtet werden als das des stummen —: zu wenig werden die Stufen gezeigt, über die er allmählich ins Dunkel hinabsteigt ... und bevor er stirbt, tappt er nächtens, noch dazu aufdringlich in stummer Technik, erst noch in seine alte Schule, um auf dem Katheder festgekrallt zu krepieren.

Diese Lücke, dieser Schluß ist alter Kintopp, altes Theater. Während sonst, und darauf kommt es an, sich endlich *Der Blaue Engel* vom stummen Film gleicherweise wie vom Theater entfernt. Noch nie bisher sah man so deutlich, wie der Tonfilm sich zu eigener Gattung entwickeln kann, in manchem durch Kombinierung oder Kontrastierung der Mittel von Theater und Film über Theater und Film hinaus. Etwa: die allmähliche Verführung des pedantischen Professors in der Tingeltangelgarderobe, die im Theater mit einer, vielleicht mit zwei Szenen dargestellt werden muß, läßt sich hier in viele, durch viele Zwischenbilder aus anderem Milieu unterbrochene Szenen, fast episch und deshalb viel glaubhafter als auf der Bühne zerlegen. — Die Hochzeitsfeier im Artistenkreis wäre als Theaterspiel ein Genrebild, in dem jede Type durch Dialog langsam gesondert charakterisiert werden müßte, während wir hier durch Nahaufnahme der bewegten Gruppe jeden einzelnen und alle zusammen sofort ganz deutlich, weil unmittelbar herangerückt, erkennen ... ein paar belebende Sätze dazu, — und die Dreiminutenszene wirkt mindestens so einprägsam wie die ausführliche Szene auf der Bühne. — Der Professor demütigt sich vor der Chanteuse, sie sagt nur fast stimmlos: »Na ja!«; aber dieser, nach stummem Spiel, einzige, allessagende Sprechton hätte im Bühnendialog durch viele Sätze, im stummen Film durch viele Gesten ersetzt werden müssen, um den Komplex weiblicher Gefühle: Triumph, Mitleid, Gleichgültigkeit, Stumpfheit, zu verdeutlichen, Auch ein Tonfilmdialog bildet sich heraus, in dem bereits nicht mehr etwas gesagt wird, um zu zeigen, daß etwas gesagt werden kann, sondern in dem wirklich, in jedem knappen Satz, etwas Charakterisierendes oder Handlungweitertreibendes gesagt werden muß.
Hier wäre auch über den rapiden Fortschritt der deutschen Aufnahmetechnik preisend zu reden: wie vielfältig sich bereits der Ton schattieren läßt; wie virtuos er überblendet oder, stimmungangebend, Sekunden früher aufblendet als das Bild; wie wirkungsvoll stumme Augenblicke oder Augen-Blicke und Sprechsätze oder Geräusche sich gegenseitig steigern. Aber das Technische im Film soll sich, wie das Moralische im Leben, von selbst verstehen (deshalb wird das Technische im Film gerade wie das Moralische im Leben so selten in Vollendung gefunden). Die Technik des Tonfilms kann nur aus der bastelnden Praxis heraus geboren werden, ebenso wie sich die Dramaturgie des Tonfilms aus dieser bastelnden Praxis,

nicht aus prinzipieller Theorie, gebiert. Und es ist zu fürchten, daß hier die Technik früher ans Ziel gelangt als die Dramaturgie, wenn man die Dichter nicht dauernd im Aufnahmeraum studieren läßt. Denn für den Tonfilm noch viel wichtiger als für den stummen Film ist der Manuskript-Dichter (welcher vor fast zwanzig Jahren von mir im »Kinobuch« mit einem Dutzend Filmversuchen junger Dichter zuerst gefordert wurde*).

Mit dem Tonfilm *Der Blaue Engel* rückt also die deutsche Produktion, nach den in ihrer Starrheit so filmfremd albernen Liederbildern und nach den soldatischen Tonfilmen aus Ungar- und anderem Operettenland, in die Weltproduktion ein durch technische wie — oder klingt's noch lächerlich? — durch geistige Qualität, nämlich der Motive, Menschenschilderung, Milieuzeichnung. Nicht zum wenigsten, in diesem glückhaften Versuch, auch durch unsern Emil Jannings, der hier als Gesamtfigur und mit tausend Einzelzügen von unglaubhaft glaubhafter Charakterisierungskunst sich erweist, besonders im Erwachen, in Übergängen tragigrotesker Gefühle, — nur manchmal noch spielt er so dick und so lang wie während seines amerikanischen Gastspiels. Und durch die bislang fast unbekannte Marlene Dietrich, die, auf hohen Schenkeln, blöd schön und schön blöd, auf der Brettlbühne und in diesem Tonfilm steht, stimmlich zwar noch nicht klar genug, aber hinreißend ordinär in der Passivität ihres sex appeals und im Umkippen der hohen Gesangstöne in kehlhaft tiefe Abgründe.

Das Tagebuch, Berlin, 11. Jg., Heft 14, 5. 4. 1930

Herbert Ihering

[. . .] Zum erstenmal kann man über Dichter und Tonfilm sprechen. Der Einbruch des Geistes in den Film. Dieses Verdienst darf Erich Pommer nicht geschmälert werden. Mit dem Thema von Heinrich Mann wuchs die Verantwortung vor der Dichtung. Man konnte nicht mehr ins Uferlose, ins Seichte ausbrechen. Man brachte höchstens episches Thema und Filmdrama nicht immer in Einklang.

* Kurt Pinthus (Hrsg.): Das Kinobuch. Leipzig 1914

Ein lehrreiches Beispiel. Wo der Film organisch das Thema entwikkelt — der verknöcherte Schulpedant gerät bei der Verfolgung seiner Schüler in das Hafenbumslokal »Der blaue Engel« und wird durch die Tingeltangeldame Lola Lola außer sich gebracht —, ist auch das Filmproblem vollkommen gelöst. Josef von Sternberg arbeitet systematisch und prinzipiell mit dem Wechsel von Ton und Stille, von Laut und Leise. Er weiß, daß nicht in jedem Moment gesprochen werden muß. Er weiß, daß der Ton nur wirkt, wenn auf ihn Schweigen folgt. Für ihn ist der Ton nicht Wirklichkeitsnachahmung, sondern dramaturgisches, formales, stilistisches Prinzip.

Professor Immanuel Rath kommt zum erstenmal in den »Blauen Engel«. Die Tür geht auf, ein Wirbel von Tönen prallt ihm entgegen. Eine andere Tür geht auf, noch mehr Stimmengewirr. Eine Tür fällt zu, es wird leiser. Die zweite Tür fällt zu, es wird still. Oder: Schritte. Einmal hört man sie. Ein anderes Mal nicht. Immer wird nach Gesetzen der Komposition, nicht nach dem Zufall der Wirklichkeit gearbeitet.

Aber das Filmbuch glaubt den Untergang des »Professor Unrat« noch nach filmischem Brauch darstellen zu müssen, unter Umgehung des Themas. Professor Unrat wird Clown, und gerade, wie er sich produzieren will, betrügt ihn seine Frau. Wieder »Lache, Bajazzo«. Das rächt sich. Denn jetzt greift zwangsläufig die Konvention ein. Jetzt wird aus dem epischen Ensemblefilm der dramatische Starfilm. Solonummer für Emil Jannings. Grandiose Solonummer. Jannings soll Kikeriki rufen. Und dieser Ruf wird zum kreischenden, tobenden, gellenden Wahnsinnsschrei. Immer wieder. Immer wieder. Dieser Schrei wirft um, weil er aus der Stille losbricht. Aber: der Tonfilm ist Starkritik. Jannings ist außerordentlich da, wo der verkümmerte Pedant sich aus der Verhärtung löst, wo die Starre zum erstenmal in Lächeln übergeht. Später wird der Film zu sehr auf Jannings eingestellt. Jannings spielt zu breit aus. Den notwendigen Wechsel von Ton und Schweigen macht er sich für seine eigenen umständlich vorbereiteten Wirkungen zunutze. Das drückt aufs Tempo und stört die Gesamtkomposition.

So ist dieser Film in der Durchkomponierung der einzelnen Situationen stärker als in der Gesamtkomposition. Hier kann man anscheinend Verzögerungen durch nachträgliche Schnitte nicht gutmachen. Hier scheint manches von Jannings aus zu sehr als Bühnenrolle empfunden zu sein. Er spricht. Das hat unwillkürlich Erinne-

rungen an seine Theaterrollen wachgerufen. Man sieht: Gerade was man vom Tonfilm gefürchtet hat: die Konkurrenz fürs Theater, wird ihm selbst zur Gefahr. [...]
Das Ereignis: Marlene Dietrich. Sie singt und spielt fast unbeteiligt, phlegmatisch. Aber dieses sinnliche Phlegma reizt auf. Sie ist ordinär, ohne zu spielen. Alles ist Film, nichts Theater. Zum erstenmal kommt eine Frauenstimme im Tonfilm mit Timbre, Klangfarbe, Ausdruck heraus. Außerordentlich. Sonst ist eine Enttäuschung: Kurt Gerron, undeutlich, überhastet. Auch Rosa Valetti hat noch nicht den Mut zu sich selbst. Eine gute Tonfilmstimme hat überraschenderweise Eduard von Winterstein.
Also: Tonfilm darf noch weniger Starfilm sein als der stumme Film. Und dieser behält neben dem Tonfilm seine besonderen Aufgaben. [...]

Berliner Börsen-Courier, 62. Jg., Nr. 156, 2. 4. 1930, Abend-Ausgabe; nachgedruckt in: Von Reinhardt bis Brecht, Bd. III, Berlin 1961

Hans Sahl

Weil über diesem Film, hergestellt von der Erich-Pommer-Produktion der Ufa, der Name eines Dichters steht, den wir lieben, und weil durch diesen Namen der Anschein erweckt wird, es sei Heinrich Mann, dessen Roman hier verfilmt wurde — deshalb, und weil auch sonst manches, was die Herren des dramaturgischen »Kollektivs« hinzugedichtet haben, uns bedenklich erscheinen will, deshalb ist dieser *Blaue Engel*, so vorzüglich er im einzelnen auch gemacht ist, als repräsentative Leistung — eine Enttäuschung.
Ein Film *gegen* Heinrich Mann. Im Roman ist Unrat ein entfesselter Schultyrann, der, seines Postens enthoben, eine ganze Stadt mit seiner Rache heimsucht. Im Film: ein wehleidig gewordener Clown, der sich gackernd in der Zwangsjacke windet, nachdem sein »Krähe, Bajazzo« die Rührstimmung dieser Bilder um eine peinliche Sensation vermehrt hat. Aber nicht dies allein, die ganze Figur ist verzeichnet. Es hätte gezeigt werden müssen, wie das Gerücht, wie der Klatsch um Unrat allmählich die Stadt ergreift (welch ein Tonfilm-Vorwurf!); und wie nun Unrat selbst sich an dieser Stadt zu

rächen versucht, indem er sie moralisch vergiftet. Ein grandioser Filmstoff: der Untergang eines ins Verbrecherische abgedrängten Kleinbürgers, ist von den Autoren Zuckmayer und Vollmoeller, auf deren Mitarbeit sich die Ufa triumphierend berufen wird, dem sentimentalen Handlungsklischee überantwortet worden.
Dies alles aber, dieses Verbogene und Verlogene eines Schicksals, wird verdeckt durch die gedrängte, in jedem Detail ausgewogene Regie Josef von Sternbergs. Freilich, als Tonfilm betrachtet, war die *Letzte Kompagnie* technisch verblüffender, akustisch kühner und interessanter. Bernhardt stellte zum erstenmal das Problem »Ton und Landschaft« zur Diskussion; er arbeitete mit Geräuschvisionen, auf die Sternberg, nicht nur deshalb, weil das Thema ein anderes ist, bewußt verzichtet. Dafür ist der *Blaue Engel* künstlerisch reifer, darstellerisch präziser und ausgeglichener.
Das Ereignis dieses Films aber ist nicht Sternberg, auch nicht Emil Jannings, der als Unrat noch einmal die Galerie seiner gedemütigten, deklassierten, vom Leben zersägten Mitleidsattrappen um ein neurasthenisches Prachtexemplar vermehrt — so überwältigend, so großartig diese Leistung auch angelegt ist, sie wiederholt, nur in anderm Kostüm, ein Wirkungsschema, von dem sich Jannings endlich befreien müßte. Nein, das Ereignis dieses Films ist Marlene Dietrich. Und hier wird die Regie Josef von Sternbergs am stärksten spürbar: das ist keine falsche Garbo mehr, alles an ihr ist neu und aufreizend; dieser lockende, einladende Gang, diese kühle Verdorbenheit, diese sinnliche Aggressivität in Ton und Bewegung — Marlene Dietrich ist nach Hollywood gegangen. Der deutsche Film ist um eine Künstlerin ärmer.

Der Montag Morgen, Berlin, 8. Jg., Nr. 14, 7. 4. 1930

Siegfried Kracauer

Immer wieder geschieht es, daß in der deutschen Öffentlichkeit eine ausgezeichnet gemachte Sache auftaucht, die nur den einen Fehler hat, daß sie keine Sache ist. Sie könnte nicht kunstvoller hergerichtet sein; aber ihre Ausstaffierung ist eine Staffage. Solche leeren Schaugepränge sind typisch für unsere heutige Öffentlichkeit. Es hat seinen verborgenen Grund, daß sich nichts hinter ihnen verbirgt.

Ein Musterbeispiel der gemeinten Substanzlosigkeit, das sich zu analysieren verlohnt, ist der in der Presse bejubelte Film: *Der Blaue Engel*. Er enthält Details, die nicht besser sein könnten, er ist mit unleugbarer Fertigkeit aufgebaut und geschnitten. Zugegeben, daß in dieser Spitzenleistung der Wechsel zwischen Sprechszenen und stummen Szenen diesen eine besondere, bisher noch kaum so eindringlich verwirklichte Gewalt zuerteilt; daß manche Auftritte – etwa der des Direktors im Klassenzimmer oder das Hochzeitsgelage – von außerordentlicher Sinnfälligkeit sind; daß Jannings mit komödiantischer Sicherheit den letzten Effekt herausholt, der sicher einen Effekt verspricht, und eine erfreuliche Übereinstimmung zwischen dem Sprechorgan Marlene Dietrichs und ihren schönen Beinen besteht. Dies alles zugegeben – aber wofür die Beine, die Effekte, die Technik, das Riesentheater?
Für eine Privattragödie, die in dieser Fassung und erst recht heute niemanden ernstlich etwas angeht. Nicht daß der Roman Heinrich Manns hier mißbraucht wird, ist entscheidend; sondern daß dieses Vorkriegsbuch überhaupt zur Unterlage gewählt worden ist. Welches Interesse hat die Filmproduzenten, denen ja auch Manns »Untertan«* zur Verfügung gestanden hätte, gerade auf die dunkle Psyche Professor Unrats und seine Beziehungen zur Sängerin Lola hingelenkt? Eben dieses, daß der Vorwurf des aktuellen Interesses enträt, daß er mithin gar kein echter Vorwurf ist. Mag die Auslese der in der Öffentlichkeit dargebotenen Stoffe und Gestaltungen bewußt oder unbewußt vor sich gehen, jedenfalls zielt sie, wie der *Blaue Engel* exemplarisch bezeugt, darauf ab, die Wirklichkeit vergessen zu machen, sie zu verhüllen. Das persönliche Schicksal Unrats ist nicht Selbstzweck, vielmehr: es ist nur ein Mittel zum Zweck der Wirklichkeitsflucht und gleicht darin der Malerei auf einem Theatervorhang, die das eigentliche Theaterstück vortäuschen soll. Leider merkt das Publikum nicht, daß der Vorhang nie hochgezogen wird.
Aber gibt es nicht nach dem Krieg so gut wie früher Einzelschicksale und Psychologie? Gewiß, und nichts verböte ihre rechtmäßige Darstellung. Nur ist es unserem Film keineswegs um die angemessene Entfaltung seines Themas zu tun. Griffe er es ungebrochen an,

* Heinrich Mann: Der Untertan. Leipzig, München 1916 u. ö.

so müßten die Personen im gesellschaftlichen Raum stehen, ja, die sozialen Verhältnisse, die den Gymnasialprofessor und die Diseuse zusammenführen, müßten von selber in den Vordergrund rücken. Denn haben wir etwas ein für allemal aus der jüngsten Vergangenheit gelernt, so dies: daß die individuellen Abläufe wo nicht bedingt, so doch mitbedingt sind von der jeweiligen ökonomischen und sozialen Situation. Der Film dagegen vermeidet mit einer Beflissenheit, die man schnaufen hört, jeden Hinweis, der uns zur Einbeziehung der gegenwärtigen gesellschaftlichen Umwelt bewegen könnte. Er verdrängt die Umwelt, die sich dem naiven Betrachter der Katastrophe Unrats aufzudrängen hätte, er reißt die Spieler aus allen sozialen Abhängigkeiten heraus, in denen sie Aktualität gewönnen, und stellt sie ins Vakuum. Weder Unrat noch Lola haben Luft genug, um zu atmen. Womit die Feststellung erhärtet wäre, daß weniger die Wirklichkeit ihrer Existenzen dargetan, als die Existenz der Wirklichkeit verschleiert werden soll.
Es steht also gar nicht in Frage, was scheinbar erfragt ist. Aber mehr noch: diese nichtige Spiegelfechterei wird zu einem kolossalen Etwas aufgebauscht. Auch darin weicht der *Blaue Engel* nicht von der Regel ab, die für die meisten öffentlichen Veranstaltungen bei uns gilt. Man sucht durch Monumentalarchitekturen die Illusion zu erwecken, daß der Gehalt, den sie fassen, ein Gehalt sei; man setzt vor Sachen, die nur Vorwände sind, dekorative Wände und behauptet, sie seien die Sache. Mit demselben Getöse, mit dem die Wilden böse Geister vertreiben, möchte man hierzulande böse Erkenntnisse ersticken, das heißt Erkenntnisse, die jene Wirklichkeit bewußt machen, vor der man flieht.
Während in Wahrheit Professor Unrat lautlos zerbröckeln muß, geht er im Film lärmend unter. Die seelischen Vorgänge, die heute mehr denn je ins durchschaute Gehäuse gehören, werden nach außen gezerrt und mit Hilfe optischer und akustischer Großaufnahmen zu den Hauptereignissen der Oberfläche gestempelt. So hat es seine Richtigkeit; sollen die äußeren Bedingungen unseres Daseins aus dem Bewußtsein zurücktreten, dann muß freilich die Innerlichkeit die äußere Welt rauschend erfüllen und zur Prunkfassade anwachsen, hinter der das eigentliche Außen unbemerkt verschwinden kann. Ein umgestülpter Handschuh: die Innenseite wird zur Außenseite gemacht, damit diese unsichtbar wird, und Jannings darf so gewaltig krähen, wie er nur mag. Der Schein der verlorenen Innerlich-

keit, die zu sonst nichts mehr gut wäre, taugt gerade noch zum Ersatz der äußeren Wirklichkeit.
Die Umkehr der Ordnung rächt sich zum Glück. Im Vergleich mit den breiten Schulszenen etwa stürzt Unrat viel zu plötzlich und sprunghaft in die Tiefe. Das kommt davon, wenn man seelisches Geschehen dekorativ verwenden möchte, seine Kontinuität läßt sich nicht überall hin mitnehmen. Auch das gierige Verlangen der gestellten Hafenstraße, lang nach dem Expressionismus noch Expression zu sein, ist verräterisch. Sie unterwirft sich freiwillig der psychischen Invasion, erniedrigt sich selbst zum Dekor. Und schließlich das Kreischen und Klirren, der Sadismus und das ganze Kriegsgetümmel am Ende: welch eine hoffnungslose Gleichung zwischen Radau und Bedeutung wird hier angesetzt! Aber der Aufwand an Radau ist allerdings erforderlich, um den Mangel an Bedeutung zu verdecken.
Die im *Blauen Engel* durchgeführte Absicht, großartig über unsere Situation hinwegzubrausen und ihr derart zu entrinnen, ist ein Kennzeichen dieser Situation selber. Jenen Schichten, die heute das Gesicht der deutschen Öffentlichkeit bestimmen, bleibt kaum etwas anderes übrig, als die Wirklichkeit zu umnebeln. Sie haben den Angriffen aus dem gegnerischen Lager keine lebenskräftige Erkenntnis entgegenzustellen, sie befinden sich, wie ich in meinem Buch: »Die Angestellten«* nachgewiesen habe, ideologisch in der Verteidigungsposition. Darum dürften sie es in ihrem eigenen Interesse auf eine offene Auseinandersetzung über die Grundlagen des Bestehenden nicht ankommen lassen. Wie die Gefahren einer solchen Auseinandersetzung beschworen werden, zeigt der Schulfall des *Blauen Engels.* Er zeigt auch, daß auf die Dauer alle Fluchtversuche vergeblich sind, da sie in eine gähnende Leere führen.

Die Neue Rundschau, Berlin; Bd. I, 41. Jg. der Freien Bühne 1930, I

* Siegfried Kracauer: Die Angestellten. Frankfurt a. M. 1930

Celsus

Wenn Herr Geheimrat Hugenberg zur Zeit auch als Politiker einige Unannehmlichkeiten einstecken muß, so hat er doch als Ufa-Beherrscher einen vollen Sieg errungen. Der *Blaue Engel* ist nicht nur ein Geschäft, sondern auch ein christlich-germanischer Triumph über den Dichter Heinrich Mann. Das hat Herr Hussong, kurz vor der Premiere, mit unhöflicher Deutlichkeit ausgesprochen. Herr Hussong hat recht: Es ist ein Film gegen Heinrich Mann. Der *Blaue Engel* hat mit Heinrich Manns »Professor Unrat« so wenig zu tun wie der amerikanische Sintflut-Film mit der richtigen Sintflut.
Nicht ohne Bedauern nimmt man dies triste Ergebnis zur Kenntnis. Man kannte wohl die natürlichen geistigen Grenzen des hugenbergischen Filmreichs, aber trotzdem wagte man, an diesen ersten Ufa-Ton ohne Tauberschmelz ein paar Hoffnungen zu knüpfen. Die ersten deutschen Tonfilme hatten nur den Reiz technischer Sensation. Doch hier war mehr gewollt worden. Hier war ein großer Stoff, ein bedeutender Regisseur, einer unsrer vorzüglichsten Darsteller. Hier war ein künstlerischer Ehrgeiz am Werk, etwas zu schaffen, das für lange Zeit die Generallinie des jungen deutschen Tonfilms bezeichnen sollte. Das Resultat ist ein larmoyantes, unintelligentes Spießerstück.
Als Bearbeiter zeichnen die Herren Vollmoeller und Zuckmayer. Wahrscheinlich werden sie uns erzählen, daß ohne sie alles noch viel schlimmer gekommen wäre. Es wäre besser gewesen, sie hätten die vandalische Verballhornung des geistvollsten deutschen Romans den dramaturgischen Hausgeistern der Ufa überlassen. Es hätte nicht ärger werden können. Man muß eben nicht überall dabei sein wollen, meine Herren, man muß auch einmal einen Auftrag zerfetzt retournieren können.
Den Verfilmern hätte es zunächst darauf ankommen müssen, die geistige Essenz des Romans zu retten. Spuren solcher Bemühungen sind nicht mehr erkennbar. Der »Unrat« ist kein realistischer Roman, obwohl er seine Motive aus bürgerlichem Milieu holte und ein alter lübeckischer Schuldespot einige Züge hergeben mußte. Ebensowenig ist dieser Professor Unrat selbst ein Mensch von Fleisch und Blut, sondern eine bewußte intellektuelle Konstruktion, ein Demonstrationsobjekt, an dem alle Krankheiten des Schulbetriebs aufgezeigt werden. Dieser »Professor Unrat« ist voltairisch, nicht nur

in seinem spitzen, boshaften Geist, nicht nur in der verwegenen sprachlichen Stilisierung, sondern auch in der Entschlossenheit, das Geschehen auf eine Ebene zu treiben, die jenseits aller Realität liegt. Deshalb ist ihm niemals ein breiter Massenerfolg beschieden gewesen. Früher war er als ketzerisch, als zersetzend verschrien, heute wünscht das Publikum die platte Handgreiflichkeit. Der geistige Spaß hat in Deutschland niemals eine Heimat gehabt.

Bei der Ufa ist aus der funkelnden Satire die sentimentale Katastrophe einer gutbürgerlichen Existenz geworden, aus dem gespenstischen Scholarchen eine verwässerte Volksausgabe von »Traumulus«. Nichts ist geblieben von der stickigen Luft des alten humanistischen Gymnasiums, nichts von dem Haß, nichts von der Bangigkeit, nichts von der muffigen Pubertätslüsternheit der Schülerschaft. Nirgendwo ein dem Tonfilm gemäßes Motiv, nirgendwo ein szenischer Einfall, nirgendwo auch nur ein Bodensatz photographischen Esprits. Dafür wird uns aber Unrat »menschlich näher gebracht«, der sich nunmehr, traun fürwahr, als ein wunderlicher älterer Herr in Glanz und Elend vorstellt. Er ist also nicht mehr der pädagogische Torquemada, wie aus dem Schulstaub von Jahrhunderten geformt, sondern ein durchaus mitleidwürdiger, lebensfremder Biedermann, der einer späten Passion verfällt und vom Kleinstadtklatsch und von dem halb unbewußten Dummejungensadismus seiner Primaner zu Tode gehetzt wird. Traumulus. Wenn das Glockenspiel »Üb' immer Treu und Redlichkeit« klappert, dann regt sich in dem strauchelnden Helden der gute Genius. So kompliziert sind die Mittel der Charakterisierung. Aber vielleicht ist das auch der eigne satirische Beitrag von Vollmoeller und Zuckmayer. Die Herren hätten sich diese nützliche Melodie während der Arbeit vorspielen lassen sollen. Das hätte sie an ihre Verpflichtung gegen das Werk Heinrich Manns erinnert.

In dieser kümmerlichen Welt wandelt Emil Jannings wie ein Centaur, den man in eine Zweizimmerwohnung gesperrt hat und der mit jedem Schritt das Mobilar bedroht. Welch ein absurder Einfall, das breiteste Temperament, den ausladendsten, den niederländischsten aller unsrer Filmkünstler ein hektisches Knochengerüst spielen zu lassen. Für die geringe Spannweite des ganzen Plans hätten Chargenspieler wie Falkenstein oder Picha, Spezialisten für Eckigkeit und Verkniffenheit, auch genügt. Das Ereignis bleibt nur Marlene Dietrich. Weiß Gott, ob dieser Frau ein zweites Mal so etwas

gelingen wird, aber dies hier macht ihr in den Filmateliers einiger Kontinente niemand nach. Dieses herrlich laszive Gesicht, diese hagere stelzende Gestalt mit den schäbigen Seidenhöschen und den unwahrscheinlichen schwarzen Gummistrumpfbändern gehört zu den wenigen wirklich großen Filmeindrücken seit Jahren.
Hier und nur hier ist jener Witz der Linie, der die Verfilmung eines so unmateriellen Romans rechtfertigt. Die Dietrich allein verteidigt den Geist Heinrich Manns in diesem Film gegen Heinrich Mann.

Der Film gegen Heinrich Mann, in: Die Weltbühne, Berlin, 26. Jg., Nr. 18, 29. April 1930

Ka[men]*

Die Uraufführung des Ufa-Films *Der Blaue Engel* dokumentiert die ideologisch-künstlerische Einheitsfront zwischen Hugenberg und den »radikalen« Kleinbürgern: Heinrich Mann, Zuckmayer, Vollmoeller, Josef von Sternberg und Jannings. Es gab vordem einen Sturm im Wasserglas. Friedrich Hussong, ein Politikant des Hugenberg-Konzerns, erklärte: der Film wäre groß, gewaltig, »Neuland«, da er *gegen* den Roman Heinrich Manns: »Professor Unrat« gedreht wurde.
Die unmittelbar Beteiligten am Film: Heinrich Mann, Zuckmayer, Vollmoeller und der Produktionsleiter Erich Pommer protestierten *formal* gegen den zweiten Teil dieser Behauptung Hussongs. Ihr formaler Protest enthüllte aber als Tatbestand, daß Zuckmayer den gesellschaftskritisch aggressiven Vorkriegsroman von Heinrich Mann: »Professor Unrat« verzuckmayert, d. h. aus dem Bereich des Kämpferischen auf die schiefe Ebene des »Dichterisch-Schicksalhaften« geschoben hat und daß Heinrich Mann zu dieser Verschiebung seine Einwilligung gab.
Der Film ist der Hugenberg-Ufa angepaßt: Professor Unrat ist kein vermuffter Oberspießer und Oberlehrer mehr, der später gegen das eigene kleinbürgerliche Milieu rebelliert; Professor Unrat ist zu einem armen Kauz geworden, den das Schicksal in der Form einer schönen Tingeltangelsängerin verfolgt und zugrunderichtet, der zu-

* d. i. Alfred Kemmeny

letzt als Clown mit Bajazzoklängen irrsinnig wird, um durch die beschleunigte Tätigkeit der Tränendrüsen im Zuschauerraum den Kassenerfolg zu garantieren. Ein »Erfolg« der größtmöglichen Gesinnungslosigkeit.

Als Film ist *Der Blaue Engel* sehr gelungen. Der erste — in Deutschland aufgeführte — künstlerisch gestaltete *Ton*film. Josef von Sternberg ist ein genialer Regisseur. Jannings haben wir noch nie so stark, so überwältigend, so wahr gesehen wie hier. Eine glänzende Regie, eine glänzende Photographie. Aber der Inhalt ist: Kitsch, ist: 00.

Ausmerzung des Kämpferischen zugunsten des »Dichterischen«, in: Die Rote Fahne, Berlin, 13. Jg., Nr. 79, 3. 4. 1930, Beilage.

Der angesehene Schulprofessor Immanuel Rath verfällt der Tingeltangel-Sängerin Lola Lola. Er heiratet sie und schließt sich ihrer wandernden Schauspieltruppe an. Bald völlig mittellos, muß er als Clown auftreten. Während einer Vorstellung in seiner Heimatstadt wird er irrsinnig und stirbt am Pult seines ehemaligen Klassenzimmers.

Deutschland 1930. Produktion: Erich Pommer für die Ufa; Regie: Josef von Sternberg; Buch: Robert Liebmann, frei nach dem Roman »Professor Unrat« von Heinrich Mann; unter Mitwirkung des Autors für den Tonfilm geschrieben von Carl Zuckmayer und Karl Vollmoeller; Kamera: Günther Rittau, Hans Schneeberger; Bauten: Otto Hunte, Emil Hasler; Musik: Friedrich Hollaender; Songs: »Ich bin die fesche Lola«, »Kinder, heut' abend such' ich mir was aus«, »Ich bin von Kopf bis Fuß auf Liebe eingestellt«, »Nimm dich in Acht vor blonden Frauen«, Musik: Friedrich Hollaender; Text: Robert Liebmann, Friedrich Hollaender; englische Übersetzung: C. Winston; Ton: Fritz Thiery; Schnitt: Sam Winston; Kostümentwürfe: Tihamer Varady; Maskenbildner: Waldemar Jabs

Mit Emil Jannings (Professor Immanuel Rath), Marlene Dietrich (Lola Lola), Kurt Gerron (Kiepert, Zauberkünstler), Rosa Valetti (Guste, seine Frau), Hans Albers (Mazeppa), Reinhold Bernt (Clown), Eduard von Winterstein (Schuldirektor), Hans Roth (Pedell), Rolf Müller (Angst), Rolant Varno (Lohmann), Carl Balhaus (Erztum), Robert Klein-Lörk (Goldstaub), Karl Huszar-Puffy (Wirt), Wilhelm Diegelmann (Kapitän), Gerhard Bienert (Polizist), Ilse Fürstenberg (Raths Wirtschafterin) und den Weintraub Syncopators unter Friedrich Hollaender

Drehzeit: 4. 11. 1929 bis Ende Januar 1930 in den Ufa-Ateliers, Neubabelsberg in deutscher und englischer Version. Länge : 2965 Meter, s/w; eine nach der Uraufführung neu zensierte Fassung hat die Länge von 3403 Metern; inhaltliche oder formale Differenzen zur ersten Fassung sind nicht geklärt; in Amerika registrierte Länge: 2797 Meter.Uraufführung : 1. 4. 1930, Gloria-Palast, Berlin

Filme

Die Filme werden durch Zeugnisse der Mitarbeiter und Uraufführungskritiken dokumentiert. Dadurch wird es möglich, Karriere und künstlerische Entwicklung Marlene Dietrichs an Hand der aktuellen Tagespresse zu verfolgen. Daß die Urteile über die Filme Josef von Sternbergs und die anderer Regisseure heute nur noch beschränkte oder auch gar keine Gültigkeit mehr besitzen, belegt nicht nur das Versagen der Kritik vor Regisseuren, die ihrer Zeit weit voraus waren; es macht auch deutlich, mit welch kindischen, aus Ignoranz geborenen Kriterien sich diese oftmals auseinandersetzen mußten. So ist dies nicht zuletzt auch ein Blick auf das Niveau der Filmkritik von Einst.
Aus inhaltlichen wie aus Gründen des Umfangs wird der Großteil der Kritiken nur in Auszügen wiedergegeben.
Neue Rezensionen wurden nur dann aufgenommen, wenn keine Reaktionen der Tagespresse zur Verfügung standen.
Die Auswahl der Filme orientierte sich am voraussichtlichen Programm der Retrospektive Marlene Dietrich im Juni/Juli 1977.

Tragödie der Liebe

Man kann das Genre ablehnen. Lehnt man es aber nicht ab, dann ist zu sagen, daß hier der beste deutsche naturalistische Detektivfilm geschaffen worden ist. Drei Männer haben den Erfolg gemacht: Emil Jannings, Joe May und Paul Leni.
Das Manuskript ist gut. Es ist geschickt erdacht, sicher gebaut und nicht schwachsinniger als unbedingt notwendig. (Manchmal ist es auch rührend – und dann ist es rührend.) Die Küste dieses Manuskripteilandes ist kein öder Strich – da gibt es kleine Halbinseln, einladende Seechen, stille Buchten und manches stolze Kap, kurz: eine Menge Dinge, die gar nicht zur Sache gehören. Spaß macht ja immer nur das Überflüssige. Dazu haben die ersten beiden Akte ein Tempo, wie man es bei uns nur ganz selten zu sehen bekommt. Aber Tempo, Wirkung und Wärme wären nicht da ohne die drei da oben.

Paul Leni: Er hat nicht nur mit Kenntnis des Films gebaut — die haben viele. Er hat auch nicht nur mit Geschmack gebaut — den haben manche. Er hat mit Liebe gebaut. Es hat ihm Spaß gemacht, einen verschneiten Hauseingang hinzusetzen, verwinkelte Dachstuben, einen wundervoll runden Gerichtssaal, ein unvergeßlich melancholisches Wartezimmerchen einer kleinen Station — es ist ›die‹ kleine Station, und jede Novelle von Maupassant könnte hier ihren Anfang nehmen. Das alles ist mit den feinsten Fingerspitzen und mit dem größten Wissen um Einzelheiten gearbeitet — und es ist gearbeitet und nicht hingeschludert. Eine Meisterleistung.

Joe May: Nach den Kolossal-Monstre-Gala-Filmen dieses Regisseurs ist nicht ganz klar, ob er eigentlich weiß, wie gut dieser Film hier ist. Diesem Besessenen, der keine Augen, sondern offenbar zwei Objektive im Kopf hat, und der Zelluloid ausschwitzt, diesem Fanatiker des Films ist da eine derartige Fülle an lustigen, witzigen, bunten und belangreichen Einzelheiten eingefallen, daß man denken könnte, er habe sie alle nur so aus dem Kasten geschleudert.

Die Gräfin fährt weg, läßt ihren Mann allein, die Dienerschaft poussiert in der Kneipe, der Diener empfängt oben ein Flittchen, der Freund dieses Flittchens steigt nach, Athlet, der er ist, die Gräfin bekommt unterwegs Angst, kehrt zurück, unterdessen ist eine wilde Jagd durchs Haus getobt, der Athlet hat den Diener in die Seine geworfen, der Graf hat ein Messer in den Leib bekommen ... kurz: Familienleben bei Grafens. Aber wie ist das gemacht!

[...]

Das wäre aber alles nicht möglich ohne Emil Jannings. Seine Figur hat nur einen Fehler: daß sie nicht seinen Namen trägt. Was heißt hier Ombrade! Der Mann heißt Emil.

Ich weiß nicht, wie Sie darüber denken: ich persönlich kann nun schon keinen dämonischen Zuhälter mehr im Film sehen. Dieser hier ist fett, freundlich und durchaus gemütlich. Zwischen all den Schandtaten hat er immer noch ein gutmütiges Lachen, ein Zwinkern, eine kleine Bewegung nach den Hosen, daß die auch nicht rutschen ... es ist alles nicht so schlimm, und man sieht das Pathos und die Kehrseite des Pathos: den Humor.

Tausend Züge: »Siehst du«, sagt das Flittchen (von Erika Glässner himmlisch frech gespielt) zu Emil — »Siehst du, so sorgen andre für ihre Freundinnen!« und steht vor einem Schaufenster und muckscht, weil sie keinen Pelz bekommt. Emil tritt an das Schaufenster heran, drückt die Nase am Glas platt und probiert dann ganz leise, ganz vorsichtig, ob die Einfassungsstangen sehr fest sind... Fachlich, sachlich. Am nächsten Abend hat sie den Pelz. Und spielt mit ihm und mit Emil die größte Szene, die ich je in einem deutschen Film gesehen habe.

Sie hat ihn betrogen, er hat sie erwischt, und sie ist ihm davon gelaufen. Nun wird er in der Zwischenzeit seinen Nebenbuhler tot schlagen. Das weiß sie nicht — sie ist nach Hause geflitzt. Und findet da — o treue Liebe! — den geklauten Pelz. Und tanzt herum und will ihn gleich, auf der Stelle, anprobieren und hopst auf den Tisch, auf dem die Petroleumlampe steht, vor den kleinen Spiegel und hebt die Röcke hoch (eine Masche am Strumpf ist gefallen) und spiegelt sich. Da schiebt er sich zur Tür herein. Herunter vom Tisch kann sie nicht mehr. Sie erstarrt. Wird er sie schlagen? Oder töten? Vielleicht. Er schnauft heran — wie ein Bär — dumpf und wütend. Und will schon zupacken — da fliegt irgendetwas von ihr zu ihm herüber, er setzt sich an den kleinen Tisch, sieht herauf zu ihr, mit einem Blick unter ihre Röcke, sie hat eine irrsinnige Angst, außerdem kippelt der Tisch, in ihm wogen merkwürdige Sachen durcheinander, und dann kann er nicht mehr und bricht an dem Tisch zusammen und umklammert ihre Beine und schmilzt weg und verzeiht gar nicht — denn es ist nichts mehr zu verzeihen — und gehört ihr. Und oben steht sie, die Siegerin, die Frau, das Stück Fleisch und lächelt und lacht und feixt — ave victrix femina! Je suis la femme — on me connaît!

[...]

Ich verstehe von der Filmbranche nichts, und sie interessiert mich auch nicht. Aber diesem Film wünsche ich — schon der Leistung Emils wegen — das, was er meiner Meinung nach verdient: den Welterfolg.

Peter Panter in: Die Weltbühne, Berlin, 19 Jg., Nr. 43, 25. 10. 1923; nachgedruckt in: Kurt Tucholsky: Gesammelte Werke. Bd. 1: 1907 — 1924. Reinbek 1960

[...] Es wäre verwunderlich, wenn dieser dem Schicksal aller zweiten Teile entginge: mit dem ersten relativ wenig zu tun zu haben und daher, als Teil genommen, im ganzen minder stark an Lebenskraft zu sein. Die menschlichen Schicksale stehen fest, die Grundmotive sind im ersten Teil gelegt, die Handlung, nicht minder gut geknüpft als dort, muß sich infolgedessen in wesentlichen Strecken im rein Kolportagemäßigen des Nichtwissens nebst daraus resultierender Rührung und des zufälligen Zusammentreffens auswirken und hat trotz starker Spannungen im einzelnen nicht mehr das Mitreißende des ersten Teils. Desto mehr Muße hat man, die unverminderte Qualität der wiederum von prachtvoller Photographie unterstützten Kleinarbeit des Regisseurs Joe May und den Reichtum szenischer Erfindung [...] nachzuprüfen. [...]

Roland Schacht in: B. Z. am Mittag, 47. Jg. der Berliner Zeitung, No. 304, 8. 11. 1923

1. und 2. Teil: Graf Moreau wird von seiner Frau Manon ermordet aufgefunden. Die Gräfin vermutet in André Rabatin den Mörder. Um ihn zu überführen, sucht sie seine Bekanntschaft und faßt eine innige Zuneigung zu ihm. Tatsächlich hat Rabatin den Grafen in Notwehr getötet; ein Indiz des Zuhälters Ombrade, der in wilder Eifersucht den Diener Moreaus umgebracht hat, belastet ihn schwer. In der ersten Verhandlung wird er freigesprochen, Ombrade zu zehn Jahren Zwangsarbeit verurteilt.
3. und 4. Teil: Das Revisionsgericht verurteilt Rabatin zu 15 Jahren Zwangsarbeit. Mit Hilfe Ombrades gelingt ihm jedoch die Flucht. Zurück in Paris, macht er die Bekanntschaft von Ombrades Freundin Musette, die sich unsterblich in ihn verliebt. Er aber beginnt ein Verhältnis mit Kitty, in der er wenig später die Tochter der totgesagten Manon erkennt. Diese hat sich unter falschem Namen mit ihrer Tochter angefreundet. Beim gemeinsamen Besuch der Familiengruft begegnen Manon und Kitty Rabatin; sie entzweien sich ob des gemeinsamen Liebhabers; als Rabatin von dem eifersüchtigen Ombrade erschossen wird, versöhnen sich Mutter und Tochter an seinem Sterbelager.

Deutschland 1922/23. Produktion: May-Film; Regie: Joe May; Buch: Leo Birinski, Adolf Lantz; Kamera: Sophus Wangoe, Karl Puth; Bauten: Paul Leni; Kostüme: Ali Hubert; Produktionsleitung: Joe May; Aufnahmeleitung: Rudolf Sieber; Regieassistenz: Robert Wüllner; Standfotos: Hans Lechner
Mit Mia May (Manon Moreau), Rudolf Forster (Graf François Moreau), Hedwig Pauly-Winterstein (Adrienne Moreau, seine Mutter), Emil Jannings (Ombrade), Erika Gläßner (Musette), Guido Herzfeld (Marcel), Wladimir Gaidarow (André Rabatin), Ida Wüst (Madame de la Roquère), Irmgard Bern (Yvonne), Hermann Vallentin (Polizeikommissar), Arnold Korff (Henry Beaufort, Detektiv), Kurt Vespermann, (Staatsanwalt-Substitut), Kurt Götz (Staatsanwalt), Marlene Dietrich (Seine Freundin Lucie), Eugen

Rex (Jean, Diener beim Grafen Moreau) sowie Lena Amsel, Charlotte Ander, Paul Biensfeldt, Paul Graetz, Karl Gerhardt, Ernst Gronau, Albert Patry, Hans Kuhnert, Fritz Richard, Rudolf Lettinger, Ferry Sikla, Hans Waßmann und Loni Nest

Gedreht im May Film Atelier, Berlin-Weißensee
Länge: 1. Teil 1939 Meter, 2. Teil 1790 Meter, 3. Teil 1719 Meter, 4. Teil 1984 Meter; von Joe May neu montierte und am 1. 8. 1929 zensierte Fassung 3468 Meter; stumm, s/w. Uraufführung: 1. und 2. Teil am 8. 10. 1923, Ufa-Palast am Zoo, Berlin; 3. und 4. Teil am 7. 11. 1923 im selben Theater

Manon Lescaut

Manon Lescaut, diese lebendigste Frauenfigur des französischen achtzehnten Jahrhunderts, lebt auch heute noch frisch wie am ersten Tag, da der Abbé Prévost den Chevalier des Grieux von ihr erzählen ließ. Diese Gestalt für den Film zu nutzen, gab es daher zwei Möglichkeiten: sie neu zu schaffen oder sie nachzuschaffen. [...] Arthur Robison wählte [...] die zweite Möglichkeit: sie auf Grund des alten Buches nachzuschaffen. Aber so wie es da ist, eignet sich das Buch ungewöhnlich schlecht. Es gibt zwar einen minutiösen Ausschnitt aus der Kultur seiner Zeit, aber was geht uns das achtzehnte Jahrhundert an? Die Erzählung ist obendrein zwar flüssig, aber dünn und fast ohne Entwicklung, denn Manon ist (wie Don Juan oder Casanova) ein stationärer Charakter, dessen Wesentliches auf zwei Buchseiten erschöpft werden kann. Also mußte der Stoff zu sich steigernden Gruppen zusammengestellt und zu der traurigen und mit Hilfe des Kostüms malerisch ausgetuschten Geschichte eines unglücklichen Liebespaares gemacht werden.
Das alles wird mit Hilfe einer unbeschreiblich herrlichen und raffiniert reichen Photographie (Theodor Sparkuhl) mit großem Aufgebot malerischer Szenen, Spielsaal, Modesalon, nächtlicher Kampf, in einem bewußt festgehaltenen Gobelinstil vorgetragen. Also mehr lyrisch als dramatisch, mehr malerisch als schauspielerisch, mit zarten humoristischen Tupfen und, wie sich vom Regisseur der *Schatten** von selbst versteht, mit sorgfältigster Ausgestaltung der Bildwirkung. [...]

* *Schatten*. Deutschland 1923. Regie: Arthur Robison

Alles Schauspielerische von Robison mit fester Hand dieser Bildwirkung eingefügt. Neben dem schönen, auf die Dauer aber allzu starren und nur schönen des Grieux Gaidarows und der süßen Puppengestalt Manons (Lya de Putti, die, hier sehr fest zusammengehalten, von Film zu Film besser wird) die Galgenvogelphysiognomie von Manons Halbbruder (Siegfried Arno) und die edle Gestalt Tiberges (Theodor Loos) [. . .]. Als Gegenspieler die fette Kröte von Steuereinnehmer (Fritz Greiner) nebst Sohn (Hubert von Meyerinck) und reichlichem Anhang (Trude Hesterberg und die ungewöhnlich hübsche Marlene Dietrich, die man gern bald wieder sehen möchte). [. . .]

Roland Schacht in: B. Z. am Mittag, 50. Jg der Berliner Zeitung, Nr. 46, 16. 2. 1926

[. . .] Der Regisseur des Filmwerkes, Robison, sucht Konzentration und straffen Aufbau. Was er nicht gibt: Kürze. Es bleibt, im zweiten Drittel dieses Films, ein Vielzuviel an Handlung, ein Hinundher, das gegen Ende erst die klare Steigerung findet. Ansätze im Komödienton, als Zwischenbilder — wie sie Lubitsch mühelos gelingen — bleiben ungenützt, sind matt und ohne Wirkung.
Jedoch: wenn dann Manon mit anderen Mädchen auf dem Leiterwagen deportiert wird, wenn »tout Paris« in Schnallenschuhen und Seide durch das Lorgnon dem Schauspiel folgt, der Pöbel, aufgereizt, empört, Manon vom Wagen holt, die Schergen prügelt, und (im Bild) die Marseillaise aufklingt, zwei Menschenalter allerdings, bevor man sie zu singen lernte: kehrt auch der große Zug der tragischen Historie wieder, genauso, wie er einsetzt im Beginn, stark, führend, ohne Episodenkram. [. . .]

Hanns G. Lustig in: Vossische Zeitung, Berlin, Nr. 80, 17. 2. 1926

In Paris wohnt das Liebespaar Manon Lescaut und des Grieux. Der alternde Marquis de Bli will die junge Manon zu seiner Geliebten machen, doch sie weist ihn ab. Aus Rache für seine verschmähte Liebe läßt de Bli Manon in die Kolonien deportieren; im letzten Augenblick befreit des Grieux seine tödlich geschwächte Geliebte. Im Hause seines Vaters stirbt sie in seinen Armen.

Deutschland 1926. Produktion: Ufa; Regie: Arthur Robison; Buch: Arthur Robison, Hans Kyser nach dem Roman des Abbé Prévost; Kamera: Theodor Sparkuhl; Bauten und Kostüme: Paul Leni
Mit Lya de Putti (Manon Lescaut), Wladimir Gaidarow (Des Grieux), Eduard Rothauser (Marschall des Grieux), Fritz Greiner (Marquis de Bli), Hubert von Meyerinck (Der junge de Bli), Frida Richard, Emilie Kurz (Manons Tanten), Lydia Potechina (Susanne), Theodor Loos (Tiberge), Siegfried Arno (Lescaut), Trude Hesterberg (Claire), Marlene Dietrich (Micheline) sowie Olga Engl, Karl Harbacher, Hans Junkermann und Hermann Picha

Drehzeit: Juni/September 1925 in den Ufa-Ateliers in Tempelhof; September/Oktober 1925 in Neubabelsberg. Länge: 2645 Meter, s/w, st. Uraufführung: 15. 2. 1926, Ufa-Palast am Zoo, Berlin

Eine Dubarry von heute

Korda begeht den schweren Fehler, sein Thema, das er Akte hindurch mit beschwingtem Feingefühl in Bilder umsetzt, totzutreten, mit Panzerautos, reitenden, marschierenden Truppen niederzuschießen. Plötzlich liegt ein namenloser Toter mitten im Film, eine Blutlache überdeckt alle Lustigkeit, peinlicher Pulverdampf sprüht aus hundert Gewehren.
[...]
Der Film ist in jeder Hinsicht bezwingend, solange die kleine Modehausgehilfin Toinette Karriere macht, um in die große Welt hinaufzuklettern. Da baut O. F. Werndorff überzeugende Umwelt mit kleinen, großen und sehr großen Mitteln, da dreht F. O. Wagner das nächtliche Paris, wie man es in solcher Bewegtheit bisher noch nicht sah, da inszeniert Korda mit einem auserlesenen Sinn für das Malerische des Schwarz-Weiß Restaurantszenen, Hotelabenteuer, Tänze so geschmackvoll wie kein zweiter. Maria Corda bummelt auf langen schwarzen Baumwollstrümpfen gefährliche Wege und entzückt durch hundert Einzelheiten, wie sie ihren geschmeidigen Körper durch alle Stationen irdischen Vergnügens trägt, und gerade die Nuance, die ihrem Gatten-Regisseur abgeht — nämlich das bissel Komödiantische, das auch die Treue nur für Hokuspokus nimmt, macht ihre kleine Toinette so anziehend. [...] Vier hübsche Akte, die sich vor Lubitsch mit Kertesz nicht zu verstecken brauchen.

Schade, daß dann der Film in Gelände sich senkt, auf denen man Kohl zu bauen pflegt. [...]

-e-, d. i. Hans Feld in: Film-Kurier, Berlin, 9. Jg., Nr. 21, 25. 1. 1927

[...] Gerade bei diesem Film, der unter Alexander Kordas Regie reizend beginnt, durchsetzt von ironischen und amüsanten Einfällen, ununterbrochen belebt und anregend wie kaum jemals ein deutscher Spielfilm — gerade bei diesem Film bedauert man den Bruch im Manuskript, diese plötzliche Wendung zum pathetischen Ernst, die Flucht in eine Romantik, die allenfalls spielerisch und graziös als Nebenmotiv behandelt werden könnte. Es ist bis zur Mitte tatsächlich ein Film von heute, von einer Subtilität der Durchführung, die ihresgleichen sucht, aber am Ende hat man doch eine »Dubarry von gestern« vor sich.

-on- in: Berliner Börsen-Courier, 59. Jg., Nr. 42, 26. 1. 1927, Abend-Ausgabe

Das Ladenmädchen Toinette und Sandro, König von Astorra, verlieben sich; bald aber verlieren sie sich wieder aus den Augen. Aus Toinette wird eine Lebedame; Corbett, ein Milliardär, macht ihr den Hof. Der verarmte Sandro bittet Corbett um ein Darlehen. Auf einem Bankett begegnen sich Sandro und Toinette zufällig wieder; der ebenfalls anwesende Corbett begreift jetzt, warum seine Werbung vergeblich war. Aus Eifersucht unterstützt er einen Militärputsch in Astorra, in deren Verlauf Sandro und Toinette in Haft geraten. Von ihrer Liebe bewegt, befreit Corbett das Paar und bringt es in Sicherheit.

Deutschland 1926. Produktion: Fellner & Somlo für die Ufa; Regie: Alexander Korda; Buch: Robert Liebmann, Alexander Korda, Paul Reboux nach dem gleichnamigen Roman von Ludwig Biro; Kamera: Fritz Arno Wagner; Bauten: Otto Friedrich Werndorff
Mit Maria Corda (Toinette), Alfred Abel (Sillon), Friedrich Kayßler (Cornelius Corbett), Julius von Szöreghi (General Padilla), Jean Bradin (Sandro, König von Astorra), Hans Albers (Darius Kerbelian), Alfred Gerasch (Graf Rabbatz), Albert Paulig (Clairet), Hans Waßmann (Theaterdirektor), Karl Platen (Diener), Eugen Burg (Levasseur), Marlaine [sic!] Dietrich (Kokotte), Hilda Radney (Juliette), Julie Serda (Tante Julie), Hedwig Wangel (Rosalie), Lotte Lorring (Mannequin) sowie der Katze Hidigeiga

Drehzeit: April bis August 1926 in den Ufa-Ateliers in Tempelhof und Neubabelsberg; Außenaufnahmen in Spanien und an der französischen Riviera. Länge: 3004 Meter, s/w, st. Uraufführung: 24. 1. 1927, Ufa-Palast am Zoo, Berlin

Ich küsse Ihre Hand, Madame

[. . .] Harry Liedtke studierte jahrelang, bis er es wagte, mit diesem Tonfilm an die Öffentlichkeit zu treten. Ich bekenne mich zu ihm, er ist glatt und angenehm und geht statt auf Berliner Bälle nach Sakrow in die Nacht hinaus. Im übrigen ist dies der beste deutsche Film seit langer Zeit. Reservierter kann man nicht sein in seinen künstlerischen Mitteln als Marlene Dietrich, wohltuender Gegensatz zu allen neckischen Badeszenen und sonstiger unzulänglicher Pornographie. Außerdem Herr Huszar, der mit Hunden besser spazierengeht, als Fatty* es jemals gekonnt hätte. Und der wirkliche Oberkellner, der von Harry kein Trinkgeld annimmt, der ebenso kurz wie prägnant in Erscheinung tritt. Ein Film der Andeutungen, der schnellen Umstellungen, im Gegensatz zur dicken, fetten Unterstreichung, die übel macht und eine Beleidigung ist.

H. v. W., d. i. H. v. Wedderkop, in: Der Querschnitt, Berlin, 9. Jg., Heft 3, Ende März 1929, S. 218

Ich küsse Ihre Hand, Madame. Oder der Knödel in der Konservenbüchse. Nicht genug, Harry Liedtke nun auch als flüsternden Tenor auf der Leinewand agieren zu sehen — in dieser Übertragung, in dieser blechernen Konservierung wirkt es fast wie eine Parodie auf den Tonfilm. Bemerkenswert allein Marlene Dietrich, deren kühle, damenhafte Erscheinung den Beweis einer ungewöhnlichen Filmbegabung liefert. [. . .]

Hans Sahl in: Der Montag Morgen, Berlin, 7. Jg., Nr. 3, 21. 1. 1929

* Fatty (Roscoe Arbuckle) (1881—1933); amerikanischer Komiker, Darsteller, Drehbuchautor und Regisseur. Bekannt vor allem durch seine Stummfilmgrotesken.

[...] Man sollte die Reklame mit Harrys Liebeslied ruhig etwas mäßigen. Denn es ist nicht er, der etwas ist, sondern die ausgezeichnete Regie Robert Lands, die etwas aus ihm macht. Dieser Mann zeigt uns, weiß Gott, einen anständigen Gesellschaftsfilm (um nur das Genre zu nennen) und, zum ersten Mal, auch einen guten Harry Liedtke. Land schätzt Naturalismus mehr als Pose; das soll aber nicht etwa heißen, daß er's derb und allen deutlich meint. Sein Humor hat vielmehr englische Linie. Seien wir kühn und sagen: Gibt es Gentlemandichter, die Galsworthy heißen, so gibt es Gentlemanregisseure, die Robert Land heißen. Wir wundern uns über Harry. Land hat gefunden, daß er ein brauchbarer Garçon sein kann. Er riskiert sogar, ihn das oben erwähnte Volkslied singen zu lassen. »Dadüdadüdadü taaa tüü« — Gott sei dank, nicht im Ernst, sondern ein bißchen persifliert. Na, man schmilzt nicht hin vor Wonne, wenn man ihn hört, aber man ist wenigstens auch nicht völlig ruiniert ob seiner Liebesklage. Lassen wir's also angeh'n. Sein männliches Pendant ist Karl Huszar, dessen kindliche Bonhomie eine wirkliche komische Begabung verrät. Und dann, was den Film endgültig und unwiderruflich pikant macht: Er präsentiert einen neuen Frauentyp, eine Mittelblondine mit etwas müdem Augenlid und schönem Frauenmund: Marlene Dietrich. Sie ist schlechthin Madame, der die Hand geküßt wird. Ihr Format ist nicht übel, wenn sie, trotz des matten Augenaufschlags, Rache schmecken läßt. Erotik und doch Stil haben, Madame sein und doch durchbrennen können, das ist der neue Typ, wenn man Robert Land glauben darf. Sein Verdienst aber geht noch weiter — oder ist es antiquarisch, was er merklich anstrebt? Er liebt und schäkert nämlich ein wenig mit der Moral. Er fühlt ihr ein wenig auf den hohlen Zahn — und plombiert ihn dann regulär. Er ist zweifellos ein Menschenfreund, ein selbständiger Dichter. Wir sind ihm, trotz der etwas waghalsigen musikalischen Pointe, für seinen letzten Film verpflichtet.

At.: Der erste Tonfilm in Hamburg, in: Hamburger Anzeiger, 42. Jg., Nr. 20, 24. 1. 1929

Es gab zunächst die zweifelhafte Sensation des Tonfilms: mit blechernem Getöse, mit gruselig verzerrten Menschenstimmen, die krähend aus dem Kellerloch der tiefsten Unkunst kamen; dann einen kleinen, stummen Film, und darin das Gesicht einer Frau.

Marlene Dietrich.
[. . .] Warum aber malt man [ihr] die Frisur der Schwedin an, warum steckt man sie in die Kleider der Garbo? Wenn auch die Deutsche (die nicht allzuviel typisch Deutsches hat) eine ähnlich seltene, seltsame, lockende Sprache der stillen Lässigkeit hat . . . Warum sucht man nicht die Persönlichkeit dieser Frau, anstatt ihr eine fremde aufzuzwingen?
Eine Debütantin des Films. Nicht oft gab ein Anfang so liebenswürdige Bürgschaft für die Zukunft.

Hanns G. Lustig: Filmlärm und das stumme Gesicht einer Frau, in: Tempo, Berlin, 2. Jg., Nr. 15, 18. 1. 1929

Laurence Gérard verliebt sich in den Grafen Jacques, der sein Leben als Kellner fristen muß; als sie erfährt, was für einen Beruf ihr Geliebter hat, fühlt sie sich hintergangen und rächt sich, indem sie sich bei seinem Chef über eine angebliche Beleidigung beschwert. Jacques wird zum Etagenkellner degradiert. Als Laurence erfährt, daß Jacques sie nicht belogen hat, sondern wirklich ein Graf ist, beteuert sie ihm ihre Liebe; trotz einiger Mißverständnisse kommt es zum Happy-End.

Deutschland 1928. Produktion: Super-Film GmbH; Regie: Robert Land; Buch: Robert Land nach einer Originalerzählung von Robert Land und Rolf E. Vanloo; Kamera: Carl Drews, Gotthardt Wolf; Musik des Titelliedes: Ralph Erwin; Text: Fritz Rotter; Bauten: Robert Neppach; Regieassistenz: Friedel Buckow; Kameraassistenz: Fred Zinnemann; Aufnahmeleitung: Fritz Brunn
Mit Harry Liedtke (Jacques, der Kellner), Marlene Dietrich (Laurence Gérard), Pierre de Guignand (Adolphe Gérard, ihr Ex-Ehemann), Karl Huszar-Puffy (Talandier, ihr Rechtsanwalt)

1928 in den Efa-Ateliers, Berlin, und in Paris gedreht. Länge: 2002 Meter, s/w, st. Uraufführung: 17. 1. 1929, Tauentzien-Palast, Berlin

Die Titelmelodie wurde nachträglich mit der Stimme Richard Taubers aufgenommen.

Das Schiff der verlorenen Menschen

Außerordentlich war die Hingabe, außerordentlich der Aufwand, mit denen hier gearbeitet wurde. Draußen in der Staakener Halle stand die getreue 1 : 1-Kopie des alten Gaffelschoners. Zwanzig Zentner schwere Segel hingen düster über dem wurmstichigen Holz. Wochenlang strahlten die Scheinwerferbatterien und Lichttopfkolonnen ihren gespenstischen Glanz. Der werkbesessene Produktionsleiter ratterte erregt die Statistik herunter: bis dato 80 000 Nägel verbraucht, 300 Mark kostet täglich der Wind, den die Propellermotoren ersurren, zwanzig Mann schaukeln die riesigen Kufen der Barke, das macht stündlich ... täglich ... wöchentlich ... Dreißig Meter hoch reckte sich daneben die Bordwand des Ozeanriesen, in der Ecke stand er als puppiges 12-Meter-Modell, wie Glühwürmer-Bataillone leuchteten die Kabinenfenster durch das Halbdunkel des Ateliers. In anderen Hallen war die Barke seziert: die Kapitäns-Kabuse, der Packraum, der stickig-niedere Mannschaftssaal. Zwischen Schiffsballen und Scheinwerferlicht lag die Dietrich in blasser Schönheit, drüben gab es die Revolte dufter Gestalten, Kortner schlugen sie bis zur Ohnmacht zusammen, dem anderen zerschnitt ein splitterndes Fenster die Adern.

Hingabe und Aufwand imponierten gewaltig. Nahm man die Namen der Spieler hinzu und diesen Gentleman-Kerl Tourneur, der einst unter dem ähnlich gewürfelten Titel *Insel der verlorenen Schiffe** ein Standardwerk schuf, so durfte man hoffen. Aber ach, nur ein Schiff der verlorenen Hoffnungen segelte vom Atelier auf die Leinwand. Denn die getreue Imitation wurde nicht zum Sprungbrett in ein anderes Reich, in das Reich optischer Visionen, sie blieb, was sie war: Imitation der Wirklichkeit, mußte von ihr übertrumpft werden, weil das weite, bunte Leben immer reicher sein wird als die Ateliers-Reportage, die sich auf eine atmosphärenlose Enge beschränkt. Beleuchtungsfehler traten hinzu, die vom groß Gewollten zum peinlich Erscheinenden nur einen winzigen Schritt sein ließen. Bis auf wenige Momente wurden so die Schwächen des Manuskripts nicht verdeckt. Die Einfachheit seiner Handlung sinkt im Detail zur Primitivität. [...]

* *Isle of Lost Ships.* USA 1923. Regie: Maurice Tourneur

Spielgelegenheiten gibt es hier kaum. Kortner repetiert zwanzigmal Dagewesenes, die Dietrich hat sich mit Daliegen und Katz-und-Maus-Spielen zu begnügen, den prächtigen Sokoloff verführt die Spielleere zu Grimassen. Einzig Gaston Modots Usurpator-Kapitän macht Eindruck. Schiff der verlorenen Hoffnungen!

Hanns Horkheimer in: Berliner Tageblatt, 58. Jg., Nr. 448, 22. 9. 1929, Beilage Lichtspiel-Rundschau

[...] Maurice Tourneur hat die Atmosphäre der Hafenviertel und Kaschemmen, der Kajüten- und Achterdeckprofile in einer Reihe von Bildern gestaltet, deren wundervoll getöntes, abschattiertes Helldunkel an die Porträtkunst französischer Meister erinnert. (Photographie: Nikolaus Farkas.) Aber es geht nicht an, einen Film lang nichts weiter als eine einzige, tobende Rauferei, ohne Steigerungen und Einschnitte, ohne Pausen und Ruhepunkte, zu zeigen. Immer wieder gröhlende, saufende, dämonisch umherschwankende Komparsen, immer wieder Marlene Dietrich, obzwar herrlich anzusehen, auf der Flucht durch ein Labyrinth von Falltüren und Bullaugen! Und es geht nicht an, Fritz Kortner einen Kapitän spielen zu lassen, der die Kommandobrücke mit dem Regiestuhl bei Jeßner zu verwechseln scheint. Nur Gaston Modot, fremd und bedrohlich in der Maske eines Verbrechers, und Wladimir Sokoloff, der einen Schiffskoch menschlich, einfach und suggestiv hinstellte, hatten jene Unmittelbarkeit des Ausdrucks, die nicht aus der Überlegung kommt, sondern aus dem Instinkt. Sonst: ein Film der verlorenen Schauspieler.

Hans Sahl: Ein deutscher Millionen-Film, in: Der Montag Morgen, Berlin, 7. Jg., Nr. 38, 23. 9. 1929

Die Ozeanfliegerin Ethel Marley stürzt auf hoher See mit ihrem Flugzeug ab; von dem Amerikaner Cheyne und dem Koch Grischa wird sie aufgegriffen und an Bord eines dubiosen Handelsschiffes versteckt. Die aus Abenteurern und gescheiterten Existenzen bestehende Besatzung entdeckt den neuen Passagier bald und droht, ihn zu vergewaltigen. In letzter Minute wird Ethel Marley mit ihren Beschützern Cheyne und Grischa durch die Besatzung eines zur Hilfe eilenden Schiffes befreit.

Deutschland 1929. Produktion: Max-Glaß-Produktion; Regie: Maurice Tourneur; Buch: Maurice Tourneur nach dem Buch von Franzos Keremen; Kamera: Nikolaus Farkas; Bauten: Franz Schroedter; Aufnahmeleitung: Rudolf Strobl; Regieassistenz: Jack (Jacques) Tourneur
Mit Fritz Kortner (Kapitän Fernando Vela), Marlene Dietrich (Ethel Marley), Robin Irvine (T. W. Cheyne), Wladimir Sokoloff (Grischa, der Koch), Gaston Modot (Morain, flüchtiger Sträfling), Boris de Fas (Tätowierter), Fedor Schaljapin Jr. (Nick), Max Maximilian (Tom Butley) sowie Fritz Alberti, Robert Garrison, Heinrich Gotho, Harry Grunwald, Emil Heyse, Fred Immler, Alfred Loretto, Gerhard Ritterband, Aruth Wartan, Heinz Wemper

1929 in Staaken und an der Ostsee gedreht. Länge: 2593 Meter, s/w, st. Uraufführung: 17. 9. 1929, Ufa-Pavillon am Nollendorfplatz, Berlin

Gefahren der Brautzeit

[...] Um Marlene Dietrich haben Walter Wassermann und Walter Schlee ein Manuskript zu konstruieren gesucht, mit gewisser Anlehnung an *Die Frau, nach der man sich sehnt**. Sie bringen daher eine Frau, die geheimnisvoll traurig im Eisenbahncoupé auftaucht, bringen eine Liebesnacht, gewonnen durch einen Eisenbahnunfall, und die plötzliche Flucht der schönen Unbekannten; kombinieren ein Wiederfinden der beiden seltsam Zusammengeführten, das zur Tragödie führt, weil der beste Freund des Liebenden der Verlobte der Unbekannten ist.
Ein Versuch also, einen Rahmen für Marlene Dietrichs Art zu schaffen. Aber ein Versuch, der gelegentlich ins Umständliche abgleitet und gegenüber dem schwankhaften Anfang von den Amouren des dann zu ernster Liebe Bekehrten absticht.
Doch Fred Sauer macht mit Takt aus diesem Filmvorgang etwas. Er bringt flüssig und leicht diesen leichten Anfang mit den Frauen, die im Wechsel rasch vorüberziehen, und legt dann seinen Nachdruck auf die Wendung zum Tragischen, auf das Spiel der drei Menschen. Willi Forst ist erstaunlich reif geworden. Ausgezeichnet, wie er den Übergang findet, wie er im Gestalten seiner Rolle den Bruch im Manuskript zu verdecken versteht.

* *Die Frau, nach der man sich sehnt*. Deutschland 1929. Regie: Kurt Bernhardt

Eleganter junger Windhund zuerst, verwöhnt von den Frauen, blasiert; dann, mit gelegentlichen Rückfällen in seine alte Art — und darum gerade so natürlich — sich wandelnd zum Mann, der für sein Tun einsteht.

Sein Gegenpart Ernst Stahl-Nachbaur, der mit Zurückhaltung, menschlich schlicht und vornehm die schwierige Rolle des Älteren, Verzichtenden spielt. Amüsant und voll Gliedergeschmeidigkeit eine Frau aus dem Leporelloregister: Elza Temary. Neben ihr anmutig Lotte Lorring.
Marlene Dietrich, die jetzt nach Hollywood Fortengagierte, reizvoll in ihrer Mischung von geheimnisvollem Tun und seltsamer Passivität, das schöne Gesicht von Trauer überschattet. Mit besonderer Liebe von Laszlo Schäffer aufgenommen. Ein Begabter ist hier am Werk.
Schäffer ist es um das Herausarbeiten eines Kopfes zu tun, das Herausholen einer Gestalt aus dämmrigen Eisenbahncoupés, aus Zimmern mit erlöschenden Petroleumlampen. Er sucht nicht den billigen Virtuosenkontrast eines grellen Hell und tiefen Dunkel, sondern verschwimmende Zwischentöne. In Max Heilbronners Bauten bringt er so Atmosphäre hinein, arbeitet subtil, alle Vorgänge auswertend.
Das Publikum spendet dem sorgsam gemachten Film viel Beifall.

-ner., d. i. Lotte H. Eisner, in: Film-Kurier, Berlin, 12. Jg., Nr. 47, 22. 7. 1930

Diese »Novität« gehört zu den Restbeständen jener Kitschproduktion, die einmal den gesamten deutschen Film völlig zu diskreditieren drohte. Die Sinn- und Zwecklosigkeit dieser larmoyanten Affäre dürfte wohl kaum überboten werden können. Dazu kommt eine ganz unmögliche Regie (Fred Sauer), unter deren Leitung ein paar prominente Darsteller (Marlene Dietrich, Ernst Stahl-Nachbaur, Willi Forst) hilflos herumirren.

R. E. in: 8 Uhr-Morgenblatt, Berlin, 83. Jg., Nr. 46, 25. 2. 1930

Ein Titel, der tolles Zeug vermuten läßt, sexuelle Probleme von Wichtigkeit, dramatische Zeitgeschichte. Was man dann sieht, ist eine weitgesponnene Weibergeschichte eines Barons, der sich von einem Bett ins andere wälzt, dem die Frauen immer um den Hals fallen. Ein schönes Mädchen nach dem anderen wird uns in heiklen Situatiönchen vorgeführt, mit dem nötigen Aufwand an Halbnacktheit und schöner Wäsche. Nur auf die *Gefahren der Brautzeit* wartet man vergeblich. [...]

G. F. in: Neue Zeitung, München, 13. Jg., Nr. 87, 15. 4. 1930

Der Frauenheld Baron von Geldern macht auf einer Bahnfahrt die Bekanntschaft der jungen Evelyne. Sie ist auf dem Weg zu ihrem ungeliebten Verlobten. Baron von Geldern will seinen Freund McClure besuchen. Durch einen Zwischenfall werden beide gezwungen, die Nacht gemeinsam in einem Hotel zu verbringen. Am Ziel ihrer Reise erkennen sie, daß sie denselben Mann im Sinn hatten. Rasend vor Eifersucht schießt McClure auf seinen Freund; dieser beteuert, daß nichts zwischen ihm und Evelyne vorgefallen sei. Tödlich getroffen, täuscht er aus Rücksicht auf seinen Freund einen Selbstmord vor.

Deutschland 1929. Produktion: Strauß-Film-Fabrikation und Verleih GmbH; Regie: Fred Sauer; Buch: Walter Wassermann, Walter Schlee; Kamera: Laszlo Schäffer; Bauten: Max Heilbronner; Aufnahmeleitung: Robert Leistenschneider
Mit Willi Forst (Baron von Geldern), Marlene Dietrich (Evelyne), Lotte Lorring (Yvette), Elza Temary (Florence), Ernst Stahl-Nachbaur (McClure), Bruno Ziener (Miller) sowie Albert Hörrmann, Otto Kronburger, Hans Wallner

1929 in Staaken gedreht. Länge: 2232 Meter, s/w, st.; vorher unter dem Titel *Liebesnächte* mit einer Länge von 2174,60 Metern zensiert. Uraufführung: 21. 2. 1930, Roxy-Palast, Berlin

Morocco (Herzen in Flammen; Marokko)

Die Ateliers waren bereit. Die Sanddünen der Sahara fanden wir in Kalifornien. An ein paar staubigen Wegen im nahegelegenen San Fernando Valley errichteten wir übermannshohe Spaliergitter und bedeckten sie mit Palmblättern. Eines dekorierten wir mit auf Stekken aufgespießten Totenschädeln. Sie sollten die Fremdenlegionskompanie grüßen, wenn sie einzog.
Nun ging es um die Uniformen und die Kostüme für die Hauptdarstellerin. Ich hatte die »kleine deutsche Hausfrau«, der alle diese

Vorbereitungen galten, in einem Berliner Bumms in voller Herrengarderobe und mit Zylinder gesehen und wollte sie in einer im Café spielenden Szene des Films so auftreten lassen. Sie sollte ein französisches Lied singen und dann eine andere Frau küssen, wenn sie durch das Publikum schlenderte. Diese männliche Attitüde verstärkte ihren Charme. Ich wollte nicht nur einen leichten lesbischen Akzent setzen (keine meiner Szenen, die sexuelle Bedeutung gehabt haben, ist je von der Zensur beanstandet worden), sondern ich wollte auch zeigen, daß ihr sinnlicher Reiz nicht nur in der klassischen Form ihrer Beine lag. Ich wollte damit keinesfalls jene neue Mode kreieren, die dann kurz nach dem Film die Frauen dazu brachte, statt ihrer Röcke die weniger pittoreske untere Hälfte der Herrengarderobe zu tragen.
In einem Werbevorspann, den ich herstellen mußte, um die Finanzgewaltigen an den neuen Star zu gewöhnen, trat sie kurz in Frack und Zylinder auf. Sofort erhob sich ein Sturm der Opposition. Die Chefs der Gesellschaft schworen bei allem, was ihnen heilig war, ihre Frauen trügen nichts anderes als Röcke. Einer von ihnen ging soweit, zu behaupten, Hosen könnten nicht gelüftet werden. Es folgten stundenlange Debatten. Ich verbrauchte meine Energie und sie die ihre, aber sie konnten sich wieder erholen, und ich mußte meinen Film machen. [...] In dem Zusammenhang muß ich noch erwähnen, daß mir Adolph Zukor ein halbes Jahr später anvertraute, durch den Erfolg dieses Films sei die Gesellschaft vorm Bankrott gerettet worden.

Ich, Josef von Sternberg, a. a. O., S. 271f.

[...]
Wir wollen hier weder auf die Handlung noch auf die Charaktere dieses Films näher eingehen. Auch wenn beide Elemente zweifellos faszinieren, so liegt die besondere, überragende Leistung von *Morocco,* deretwegen er die Filmkunst einen Schritt voranbringt und in den Augen vieler Cinéasten zu den bemerkenswertesten Tonfilmen überhaupt gehört, doch woanders.
[...]
In *Morocco* dominiert der Ton nicht, seine Sprache ist reine Bildersprache, die durch den Ton nur dort ergänzt wird, wo er die Wir-

kung der Bilder steigert. Zum Beispiel: Ein Legionär erhält den Befehl, einen feindlichen Maschinengewehrposten auszuheben. Man hört das »tak-tak-tak« des Maschinengewehrs, erst aus der Entfernung, dann näher und näher, während man den Soldaten (der die ganze Zeit im Bild ist) darauf zukriechen sieht. Dies ergibt einen äußerst intensiven Effekt, läßt sozusagen die Realität in den Film ein, die Unmittelbarkeit eigener Erfahrung. Bei der Überwältigung des Postens blendet das Bild ab, und die Spannung führt wie eine Brücke zu den kommenden Ereignissen. Eine solche Verwendung des Tons muß der Stelle Prägnanz geben, da sie die filmischen Mittel ökonomisch einsetzt und gekonnt mit Andeutungen operiert: wo der Ton im Kontext des bewegten Bildes und der Assoziationen, die es hervorruft, wahrgenommen wird, entsteht mit ihm ein neues, eigenes Bild. Innovationen dieser Art machen *Morocco* zu einem Vorläufer künftiger Entwicklungen, einem Wegweiser für den Film von morgen.

[...]

Weil anzunehmen ist, daß die Leser dieser Kritik etwas mehr über *Morocco* erfahren wollen als ein paar Anmerkungen zum Verhältnis von Bild und Ton, sei noch erwähnt, daß seine fotografische Qualität häufig vorzüglich ist (auch dies eine Rückkehr zur besten Stummfilmtradition, zu der Zeit, da die Kameraleute noch nicht nachlässig und schlampig waren); daß seine Atmosphäre nicht aus einander übertrumpfenden Klischees fabriziert ist, sondern — trotz ihrer Exotik — echt und adäquat wirkt; und daß die Schauspieler ... aber dafür muß man den Film sehen: denn unter der Regie von Sternbergs gibt Menjou sein Bestes in einer Rolle, die leicht hätte ins Sentimentale oder Unglaubhafte abgleiten können, und Gary Cooper findet zu einer rauhen Natürlichkeit, die seine Rolle verständlich und interessant macht; vor allem aber leuchtet Marlene Dietrich, der neuentdeckte Star, eine wirkliche (und sehr ungewöhnliche) Persönlichkeit, wie sie auf der Leinwand noch nicht zu sehen war, eine Schauspielerin eben, Symbol filmischen Glamours: nur eine einzige Schauspielerin ist ihr in dieser Hinsicht ebenbürtig — wer *Morocco* sieht, wird wissen, wer gemeint ist.

Noch eins. Als psychologische Studie der Attraktion zwischen Mann und Frau eines bestimmten Typs — der Attraktion, die eine Frau alle Sicherheit und alle Freuden ihres bisherigen Lebens vergessen lassen kann — ist *Morocco* durchaus genau. Und vielleicht ist dies der Grund für das Gefühl, daß uns der Film — bei aller Exotik — ein Stück Wahrheit vermittelt.

Wilton A. Barrett in: National Board of Review Magazine, New York, November 1930; nachgedruckt in: Stanley Kauffmann with Bruce Henstell (ed.): American Film Critizism. New York 1972, S. 240—243

Bei der delikaten Aufgabe, die Schafe von den Böcken oder die Spreu vom Weizen zu trennen oder was der Metaphern mehr sind, mit denen die Schwächen und Stärken des Films *Morocco* [...] bezeichnet werden könnten — auf der Seite von Schafen und Weizen muß auf jeden Fall Marlene Dietrich erscheinen, die deutsche Musical-Schauspielerin, die kürzlich in Berlin von Josef von Sternberg entdeckt und nach Hollywood gebracht wurde — offensichtlich, um das Erbe von Greta Garbo und Jeanne Eagels* anzutreten.
Ob ihre Ähnlichkeit mit diesen Schauspielerinnen rein zufällig ist, sei dahingestellt — sie erinnert an beide, sowohl in ihren stilisierten Posen wie in ihrer äußeren Erscheinung; aber unabhängig davon ist die Dietrich auch ganz offensichtlich eine interessante und bezaubernde Schauspielerin von ungewöhnlicher Stärke und Faszination. Sie nur nach ihrer Leistung in diesem Film zu beurteilen — ihrer ersten Hollywood-Rolle —, wäre übrigens ungerecht, denn sie wird gelegentlich zu Dingen gezwungen, die ihren Fähigkeiten nicht entsprechen und ihre Limitationen deutlich werden lassen. Innerhalb eines gewissen Rahmens ist die Dietrich eine hinreißende und interessante Schauspielerin, aber sie verliert an Glaubhaftigkeit, wenn sie die Grenzen überschreitet.
All dies gilt auch für den Film selbst. Wo *Morocco* gelungen ist, erfüllt er die höchsten filmischen Ansprüche, aber wo er mißlingt, mißlingt er gründlich. Glücklicherweise beschränkt sich sein Scheitern hauptsächlich auf den Schluß und auf jene prekären Momente, die einen Höhepunkt versprechen, der nie kommt.
[...]
Marlene Dietrich ist am besten, wenn sie sich melancholisch und desillusioniert gibt. Ihr Porträt der Kabarett-Sängerin wird etwas brüchig, wenn sie auf der Bühne agiert, und in Szenen von emotio-

* Jeanne Eagles (1894—1929), amerikanische Film- und Theaterschauspielerin

naler Intensität wirkt sie etwas unreif. Gary Cooper [...] spielt zurückhaltend und eindrucksvoll. Auch Adolphe Menjou ist ausgezeichnet: aber das ist er immer. Vorzüglich auch Ullrich Haupt und Paul Porcasi. Von Sternbergs Meisterschaft liegt in der glamourösen Kameraführung; aber mit der Story des Films kam er leider nicht zurecht.

Anonym in: The New York Post, 14. 11. 1930

In einem marokkanischen Tingeltangel wird die Nachtclubsängerin Amy Jolly von dem Fremdenlegionär Tom Brown und dem reichen Kennington umworben. Brown verzichtet auf Amy Jolly; sie wird Kenningtons Lebensgefährtin. Als sie die Nachricht erhält, daß Brown verwundet ist, läßt sie Kennington im Stich und pflegt Brown gesund. Mit den eingeborenen Frauen folgt sie ihm, als er mit seiner Truppe in die Wüste marschieren muß.

USA 1930. Produktion: Paramount; Regie: Josef von Sternberg; Buch: Jules Furthman nach Benno Vignys »Amy Jolly, die Frau aus Marrakesch«; Kamera: Lee Garmes, Lucien Ballard; Bauten: Hans Dreier; Songs: »Give Me the Man Who Does Things«, »What Am I Bid for My Apples?« von Leo Robin und Karl Hajos; »Quand l'amour meurt« von Millandy und Crémieux; Kostüme: Travis Banton; Schnitt: Sam Winston; Ton: Harry D. Mills
Mit Gary Cooper (Tom Brown), Marlene Dietrich (Amy Jolly), Adolphe Menjou (Kennington), Ullrich Haupt (Adjutant Caesar), Juliette Compton (Anna Dolores), Francis McDonald (Corporal Tatoche), Albert Conti (Oberst Quinnovieres), Eve Southern (Madame Caesar), Michael Visaroff (Barratire), Paul Porcasi (Lo Tinto), Emil Chautard (Französischer General)

Länge: 2511 Meter, s/w. Uraufführung: 14. 11. 1930, Rivoli Theatre, New York

Dishonored (X. 27)

[...] In diesem Film emanzipiert sich Marlene Dietrich von Josef von Sternberg, ihrem Regisseur, von dem sie sich in *Morocco* nachgerade hatte unterdrücken lassen. In *Dishonored* dominiert die Dietrich. Sie zeigt in diesem, ihrem bisher besten amerikanischen Film, daß sie sich ganz genau kontrolliert, daß sie immer weiß, worauf es ankommt. Man sollte dieser jungen Deutschen in einem großen

Film eine große Chance geben, denn inzwischen dürfte klar sein, daß sie eine schöpferische Begabung ist. Sie allein macht *Dishonored* zu einem interessanten Film. Am Ende läßt sie deutlich werden, daß sie ihren Gegenspieler, den russischen Spion (McLaglen) liebt, obwohl die brillante Szene, in der sie ihn betäubt, diesen Eindruck momentan zu widerlegen scheint.
[...]
Noch immer verläßt sich Miss Dietrich auf europäische Schauspieltricks. Auch wenn sie nicht aus der Reinhardt-Schule stammt, gehört sie doch stilistisch dorthin. Allerdings sind ihre Tricks effektvoll und werden von Mal zu Mal charmanter. Schon ihre kontrollierte Stimme hat einen ganz eigenen Stil. Sei es, daß sie es so haben will, sei es zufällig — ihre Fragen und Antworten sind Gott sei Dank immer sehr lakonisch. So sagt uns ihre Stimme, was zwischen den Zeilen steht.

Simo, in: Variety, New York, Anfang März 1931

Mich hat Marlene (Legs) Dietrich bisher nie so begeistern können, daß ich Artikel über sie geschrieben oder gelesen hätte, die erklären, warum sie das »Mysterium Frau« schlechthin verkörpert; aber mindestens zum dritten Mal hat sich ihr Regisseur als ungewöhnlicher und begabter Kameramann bewährt. Josef von Sternberg kann keine Kamera in die Hand nehmen, ohne etwas zu tun, was ihn als einen Mann erweist, der sich der schöpferischen Möglichkeiten und der Wirkung dieses Apparats durchaus bewußt ist. Dennoch sollten — und ich hoffe, einige der großen Geister beachten meinen tiefgründigen Rat — die Herren Wanger, Lasky und ihre Mitarbeiter, die Sternberg mit Zelluloid beliefern, ihn unbedingt in Zukunft von der Schreibmaschine fernhalten. *Dishonored* ist der aufregendste Film, den ich seit Monaten gesehen habe; trotzdem möchte ich lieber sterben, als noch einmal einen Dialog mitanhören zu müssen, der so voller ungereimter, geschraubter, veralteter theatralischer Wendungen steckt wie dieser — und Herr Sternberg hat daran mitgewirkt.
[...] Abgesehen von diesem fast durchgehend idiotischen Handicap ist *Dishonored* wirklich ziemlich aufregend.
Sie glauben vielleicht, das läge an der erwähnten Marlene (Legs) Dietrich, aber ich versichere Ihnen — auch auf die Gefahr , daß Sie

mich Freud oder schlimmeren anempfehlen —, daß Charme, Zauber oder Können der Dame so gut wie nichts damit zu tun haben, daß diese Show so aufregend ist. Wie vorher Pauline Starke* und Esther Ralston**, setzt Sternberg nun die Dietrich mit Hilfe von Licht und Musik so in Szene, daß sie exotisch und umwerfend wirken müßte, selbst wenn sie ein halber Krüppel wäre. Kein anderer hat bisher im Stummfilm wie im Tonfilm Musik so erfolgreich benutzt wie er. Er läßt Frau Dietrich eine Etüde, von Chopin glaube ich, spielen, während er herumsaust, um ihr Gesicht auszuleuchten, hinter das Piano kriecht, Nahaufnahmen von ihrem Haar und ihrer Figur macht, mit jedem nur erdenklichen Kunstgriff ihre Emotionen in Bild und Ton umsetzt. Sie müßte ein Ausbund an Häßlichkeit sein, wenn sie angesichts dieser Hilfsmittel nicht interessant wirkte. Ich will damit die Fähigkeiten von Miss Dietrich nicht kleiner machen, als sie sind, aber ich muß immer wieder betonen, daß sie bei einem solchen Regisseur nichts weiter zu tun braucht — und vermutlich auch nicht kann — als seinen Anweisungen zu folgen und ihrem Schicksal zu danken. [. . .]

Pare Lorentz in: Judge, New York, 28. 3. 1931; nachgedruckt in: Lorentz on Film. New York 1975, S. 67f.

Die österreichische Geheimagentin X. 27 entlarvt einen Generalstabsoffizier ihres Landes als Verräter. Seinen russischen Kompagnon Kranau kann sie jedoch nicht fangen. Wenig später arbeitet sie in dessen Hauptquartier in Polen, wird von Kranau entdeckt, kann ihn aber überlisten und fliehen. Mit Hilfe ihrer Informationen erringen die Österreicher einen Sieg über die Russen, setzen Kranau fest und wollen ihn als Spion sofort füsilieren. Unter dem Vorwand, ihn vorher zum Reden bringen zu wollen, verhilft ihm X. 27 aus Liebe zur Flucht. Für diesen Verrat wird sie am nächsten Morgen hingerichtet.

USA 1931. Produktion: Paramount; Regie: Josef von Sternberg; Buch: Daniel H. Rubin nach einer Story von Josef von Sternberg; Kamera: Lee Garmes; Bauten: Hans Dreier; Musik: Karl Hajos nach Motiven aus Ivanovici's »Donauwellen« und Ludwig van Beethovens »Mondscheinsonate« sowie Originalkompositionen von Josef von Sternberg; Kostüme: Travis Banton; Ton: Harry D. Mills

* Gemeint ist wahrscheinlich Evelyn Brent, die in mehreren Sternberg-Filmen auftrat.

** Spielte unter Sternberg in *The Case of Lena Smith,* USA 1929

Mit Marlene Dietrich (X. 27), Victor McLaglen (Leutnant Kranau), Lew Cody (Oberst Kovrin), Gustav von Seyffertitz (Chef des österreichischen Geheimdienstes), Warner Oland (General von Hindau), Barry Norton (Junger Leutnant), Davison Clark (Gerichtsoffizier), Wilfried Lucas (General Dymov), Bill Powell und George Irving

Länge: 91 Minuten, s/w. Uraufführung: 5. 3. 1931, Rialto Theatre, New York

Shanghai Express (Schanghai Express)

Es ist ein Vergnügen, einer der schönsten und kompetentesten Filmschauspielerinnen wiederzubegegnen, selbst wenn die für sie geschriebene Geschichte keine neuen oder originellen Akzente enthält, wie es die Dietrich bei ihrem Talent verdient hätte; wir haben es vielmehr mit einer Wiederholung alter melodramatischer Formeln zu tun, wie wir sie schon längst von Bühne und Leinwand kennen.
Miss Dietrich aber ist eine so gute Schauspielerin, und der Film ist alles in allem so vorzüglich, daß das Ergebnis am Ende seine Mängel — eine dürftige Geschichte und banale Dialoge — vergessen macht.
[...]
Dieser Sternberg ist ein wahrer Meister der Kamera. Er kennt sie in- und auswendig, und was wichtiger ist, er weiß, wie man sie benutzt, um eine Geschichte zu erzählen. *Shanghai Express* ist eigentlich ein Stummfilm, in dem die Dialoge so geschickt eingebaut sind, daß sie den Fluß der Handlung niemals aufhalten. Wie bedauerlich, daß ein Regisseur, der beinahe perfekt zu kombinieren versteht, durch abgedroschene Dialoge gehandikapt wurde. [...]
William Boehnel in: The New York World Telegram, 18. 2. 1932

[...] Der Film, die brillante Produktion eines begabten Regisseurs, einer der wenigen mit einem entschiedenen Stil, großartig photographiert von dem ausgezeichneten Kameramann Lee Garmes, zeichnet sich durch eine gleichbleibende visuelle Qualität aus. Leider müssen wir immer dann, wenn ein Film meint, nicht ohne Dialoge auskommen zu können, nach den Fähigkeiten seiner Autoren fragen, die auch in *Shanghai Express* in beklagenswerter Weise fehlen. Wer jemals bezweifelt hat, daß die Garbo ihrer einstigen Rivalin Miss Dietrich überlegen ist, wird durch diesen Film eines besseren belehrt. Bestimmt hat Miss Garbo in einigen schwachen Filmen mitgewirkt. Sicher sind die meisten ihrer Filme, in denen sie sich artikulieren konnte, einschließlich ihres triumphalen Erfolges *Mata Hari** in puncto Regie und Kamera schwächer als *Shanghai Express*. Während es jedoch Miss Garbo immer gelang, ihren Figuren dramatische Wahrheit und emotionale Tiefe zu geben, ist Miss Dietrich in ihren Rollen nie ganz glaubhaft; sie bewegen uns nicht. Sie ist eine schöne und faszinierende Frau, aber ihr fehlen die schauspielerischen Fähigkeiten ihrer Rivalin; das Ergebnis ist, daß ihre Miseren, ihre Romanzen und ihre Selbstaufopferung uns niemals so anrühren, wie das bei der Garbo geschähe.

Richard Watts Jr. in : New York Herald Tribune, 18. 2. 1932

[...] *Shanghai Express* steckt voller Verleumdungen. Die Paramount, vertreten durch ihren Feldmarschall von Sternberg, hat das Melodram mit bösartigen, konterrevolutionären Sentiments gespickt. Der chinesische Revolutionär ist ein »prinzipienloser Bandit«. Der Kommandant, ein »Mischling«, hat ein »Schloß in den Wäldern«, wohin er die nordische Dirne, Shanghai Lily, entführt, die von Marlene (»Legs«) Dietrich gespielt wird. Er brandmarkt alle, die er nicht leiden kann. Sein Verhalten wird niemals von den Gesetzen der Revolution bestimmt; er handelt nach einem egoistischen Rachekodex.
Der neutrale und unvoreingenommene Filmkritiker wird sagen, bei diesem Film handle es sich eben um ein »künstlerisch« gemachtes Melodram. Zu seiner bösartigen und unfundierten Propaganda, einer gegen die chinesischen Massen gerichteten Propaganda, wird er nicht Stellung nehmen; andererseits ist er von einer Propaganda zugunsten des chinesischen Volkes, wie sie in *China-Express***, dem Sternberg Titel und die technisch besten Passagen seines Films verdankt, so kraftvoll zum Auzsdruck kam, nicht besonders angetan. Das angeblich »Künstlerische« an diesem Hollywood-Machwerk ist

* *Mata Hari.* USA 1931. Regie: George Fitzmaurice

** *The China-Express.* Originaltitel: *Goluboj Ekspress.* Dt. Titel: *Der Blaue Express.* UdSSR 1929. Regie: Ilja Trauberg

genauso echt wie der Junkersname seines Regisseurs, der zwar behauptet, daß er von Europa nichts lernen kann, aber seine Beleuchtungseffekte in den deutschen Studios geklaut hat. [. . .] Hier und da gibt es einige gekonnte Details, die im allgemeinen mehr pittoresker als demaskierender Natur sind. Tatsächlich unterstreicht die Bildqualität von *Shanghai Express* nur die herablassende Einschätzung eines unterdrückten Volkes als »pittoresk«. Dazu trägt auch die dem »Rebellen«- oder »Banditen«-Häuptling zugeschriebene »chinesische Philosophie« bei, die da lautet: »Zeit und Leben haben in China keine Bedeutung.« Der Begriff »Rebell« ist negativ gemeint. Er ist Synonym für Haß, Unverschämtheit, Unvernunft und Unreife, niemals aber für Tapferkeit, Integrität, Zuverlässigkeit und die historische Bedeutung des Revolutionärs. Diese Bezeichnung ist eine bewußte Herabsetzung der Roten Armee Chinas. [. . .]

Anonym in: New Masses, New York, Mai 1932

Im Shanghai Express wird wenige Minuten vor der Abfahrt ein Spion der chinesischen Roten Armee verhaftet. Nach kurzer Fahrt wird der Zug von Revolutionären gestoppt, einer der Passagiere — Mr. Chang — gibt sich als Anführer dieser Truppen zu erkennen. Um Captain Harvey, ihren früheren Geliebten, vor Chang zu retten, geht Shanghai Lily auf dessen Werbung ein. Chang wird kurz darauf von einem weiblichen Passagier erstochen. Nach diesem Zwischenfall setzt der Zug seine Reise fort, und Harvey und Shanghai Lily planen eine gemeinsame Zukunft.

USA 1932. Produktion: Paramount; Regie: Josef von Sternberg; Buch: Jules Furthman nach einer Story von Harry Hervey; Kamera: Lee Garmes; Bauten: Hans Dreier; Musik: W. Franke Harling; Kostüme: Travis Banton
Mit Marlene Dietrich (Shanghai Lily), Clive Brook (Captain Donald Harvey), Anna May Wong (Hui Fei), Warner Oland (Henry Chang), Eugene Pallette (Sam Salt), Lawrence Grant (Mr. Carmichael), Louise Closser Hale (Mrs. Haggerty), Gustav von Seyffertitz (Eric Baum), Emile Chautard (Major Lenard), Claude King (Albright), Nesheda Minoru (Chinesischer Spion) sowie Willie Fung

Länge: 84 Minuten, s/w. Uraufführung: 12. 2. 1932, Rialto Theatre, New York
Für seine Kameraarbeit erhielt Lee Garmes einen Oscar. James Wong Howe stellte einige atmosphärische Aufnahmen aus China zur Verfügung.

Blonde Venus (Die Blonde Venus)

Der neueste Film von Sternberg hat die glänzendste Oberfläche von allen Filmen, die Amerika uns dieses Jahr geschickt hat. Eine Stunde lang ist die Leinwand erfüllt von bezaubernden Bildern, delikat montierten Details und phantasievoll komponierten Dekorationen, aufgenommen mit einer ungewöhnlich sensiblen Kamera. Drei Szenen vor allem suchen an Schönheit der Komposition und Ausgewogenheit der Struktur ihresgleichen: ein Schiff, das in der Dämmerung in einen Hafen einläuft, ein Zug, der westwärts durch die Nacht fliegt, und die Großaufnahme eines Jungen, der einen Bubblegum aufbläst. Die Augen kommen in *Blonde Venus* mehr auf ihre Kosten als in Hunderten von anderen Filmen. Aber was wird eigentlich so schön bebildert? Die Geschichte einer Frau, die sich ihrem Mann zuliebe aushalten läßt und für ihr Kind zur Prostituierten wird.
Wie in *Shanghai Express* steht Marlene Dietrich im Mittelpunkt des Films, und ebenso wie in diesem Film ist jede ihrer Posen grandios photographiert; wie selbstverständlich nimmt sie den Film als das, was er ist — Hintergrund für ihr Ego. Sternbergs Regiestil ist elegant. Er lernt mehr und mehr, Aufmachung für die Sache selbst auszugeben.

Forsyth Hardy in: Cinema Quarterly, Edinburgh, Vol. I, No. 1, Autumn 1932

Sein jüngster Film *Blonde Venus* ist möglicherweise sein schlechtester. Hier hat Sternberg samt seinen Talenten einen Tiefpunkt erreicht. Die Aufnahmen sind entschieden manieriert — eine widerliche Mischung aus diffusem Licht, gesofteten sowie über- und unterbelichteten Bildern, wobei jede Szene so offensichtlich »komponiert« ist, daß es wehtut. Sternbergs Rhythmus ist zu sinnlosen, hin- und herwogenden Strukturen degeneriert. Und der kaleidoskopartige Schnitt wird bis zu dem Punkt getrieben, daß der Film nur noch Tempo ist und sonst nichts. Die Szenerie wechselt oft, nur weil Sternberg die Kraft fehlte, aus der einzelnen Szene genug herauszuholen. Aus diesem Grunde hetzt seine Kamera ruhelos und sinnlos von New York nach New Orleans, von dort nach Berlin und Buenos Aires. Das ganze erinnerte mich an das galvanische Zucken einer Leiche. Was die Handlung, die Gestaltung der Charaktere und die Besetzung betrifft — nie hat man etwas Naiveres, absurd Künstlicheres und »Hollywooderisches« erlebt. Um in der rauhen Atmosphäre von Hollywood zu bestehen, braucht ein Künstler, wie es scheint, mehr als Talent.

Dwight MacDonald: Notes on Hollywood Directors, in: Symposium, Concord, N. H., No. 3 und 4, April und Juli 1933; nachgedruckt in: On Movies. New York 1969, S. 97

Um ihrem durch Radiumexperimente erkrankten Mann einen Klinikaufenthalt zu finanzieren, tritt Helen Faraday in einem Nachtclub auf. Dort lernt sie den jungen und reichen Nick Townsend kennen, der Helen Faraday und ihrem Kind eines seiner Häuser für die Zeit, da ihr Mann zur Kur ist, zur Verfügung stellt. Bei seiner Rückkehr glaubt Edward Faraday, daß sie ihn betrogen hat und läßt ihr das Kind durch die Polizei wegnehmen. Nach dem harten und entbehrungsvollen Aufbau einer neuen Karriere als Nachtclubsängerin versöhnt sich Helen mit Nick Faraday.

USA 1932. Produktion: Paramount; Regie: Josef von Sternberg; Buch: Jules Furthman und S. K. Lauren nach einer Story von Josef von Sternberg; Kamera: Bert Glennon; Bauten: Wiard Ihnen; Musik: Oskar Potoker; Songs: »Hot Voodoo« und »You Little So-and-So« von Ralph Rainger, Text: Sam Coslow; »I Couldn't Be Annoyed« von Dick Whiting, Text: Leo Robin; Kostüme: Travis Banton

Mit Marlene Dietrich (Helen Faraday), Herbert Marshall (Edward Faraday), Cary Grant (Nick Townsend), Dickie Moore (Johnny Faraday), Gene Morgan (Ben Smith), Rita La Roy (»Taxi Belle« Hooper), Robert Emmett O'Connor (Dan O'Connor), Sidney Toler (Detektiv Wilson), Francis Sayles (Charlie Blaine), Morgan Wallace (Dr. Pierce), Evelyn Preer (Iola), Robert Graves (La Farge), Lloyd Whitlock (Manager), Cecile Cunningham (Managerin), Emile Chautard (Chautard), James Kilgannon (Hausmeister), Sterling Holloway (Joe), Charles Morton (Bob), Ferdinand Schuman-Heink (Henry), Jerry Tucker (Otto), Harold Berquist (Fettwanst), Dewey Robinson (Griechischer Restaurantbesitzer), Clifford Dempsey (Richter), Bessie Lyle (Grace), Gertrude Short (Empfangsdame), Hattie McDaniel (Negermädchen), Brady Kline (Polizist)

Drehzeit: ca. Mai/Juni 1932. Länge: 80 Minuten, s/w. Uraufführung: 22. 9. 1932

Um das Drehbuch kam es vor Drehbeginn zu einer Kontroverse: Sternberg hatte die Story für 12 000 Dollar an Paramount verkauft, Produktionsleiter Ben Schulberg ließ das Drehbuch ändern. Sternberg weigerte sich, diese Änderungen zu berücksichtigen und verließ Hollywood. Richard Wallace wurde als neuer Regisseur genannt, doch nun weigerte sich Marlene Dietrich, unter einem anderen Regisseur als Sternberg zu spielen. Paramount drohte Marlene Dietrich und Sternberg mit einer Klage. Mitte Mai 1932 lenkte Sternberg ein.

Song of Songs

Ich aß im Intendantenbüro des Paramount-Studios mit meinem Regisseur Rouben Mamoulian, und anschließend gab er mir das Manuskript von *Song of Songs*. Ich hockte allein in einem kleinen Studiobüro, blätterte die Seiten um, und meine Stimmung sank rapide; es war nicht mehr als der Entwurf, eine kleine, dünne Geschichte von einem deutschen Bauernmädchen, das sich in einen Bildhauer verliebt und von ihm betrogen wird. Zweifellos war die Story nicht gut und meine Rolle undankbar. Ich hätte zu gerne gewußt, was Marlene Dietrich veranlaßt hatte, das Buch zu akzeptieren. [. . .]
Täglich wartete ich darauf, daß Miss Dietrich auf der Wolke ihrer geheimnisvollen Schönheit hereinschweben würde; endlich kam sie. Ja, sie war schön, aber anstatt auf eine geheimnisvolle traf ich auf eine sehr praktische Frau. »Warum wollen Sie in diesem albernen Film spielen?«, fragte sie mich sofort. »Ich bin dazu vertraglich verpflichtet, außerdem ist Herr von Sternberg gegangen, und ich bin jetzt ganz ohne Protektion; aber Sie, der große Schauspieler aus New York, Sie können doch machen, was sie wollen. Sind Sie verrückt?«
Ich war zu verlegen, ihr die schlichte Wahrheit zu sagen, daß ich ihretwegen gekommen war. Aber bald lachte sie und buk für mich einen sagenhaften Wiener Kuchen; sie macht tollen Kuchen. [. . .]
Der letzte Drehtag von *Song of Songs* sollte in die Annalen eingehen. [. . .] Mamoulian setzte sich, nahm das Drehbuch, blätterte um und fand nichts. »Wo ist die letzte Szene?«, fragte er das Scriptgirl. »Ich weiß es nicht, Mr. Mamoulian, wir haben sie nie bekommen.«
[. . .]
»Rufen Sie das Produktionsbüro an!« brüllte er. »Sagen Sie ihnen, sie sollen den Drehbuchautor sofort herschicken!«

Es gab eine Pause. Der Assistent meldete, daß offensichtlich siebzehn Autoren zu verschiedenen Zeiten an dem Drehbuch gearbeitet hätten, und daß sich das Produktionsbüro nicht sicher sei, wer jetzt daran arbeitet, aber versprochen habe, das herauszufinden und uns Bescheid zu geben. [. . .]
Da war nichts zu machen. Mamoulian verkündete: »Mittagspause für alle!«, und wir verließen das Studio. [. . .]
Am späten Nachmittag wurden wir wieder ins Atelier geholt, wo Mamoulian gerade mit einem zerknautschten Kerl namens Sam Hoffenstein diskutierte. Hoffenstein hatte mit einem schmalen Gedichtband »Poems in Praise of Practically Nothing« einigen Erfolg gehabt, und deshalb war die Paramount, so vermute ich, auf den Gedanken gekommen, er sei der richtige für *Songs of Songs*. Entrüstet verteidigte er sich.
»Das ist einfach zu viel!«, sagte er. »Ich arbeite seit Wochen nicht mehr an diesem verdammten Ding! Ich bin mit was anderem beschäftigt!«. »Ach, bitte Sam«, bat Mamoulian, »hilf mir doch! Nur ein paar Worte — eine Seite genügt. Wir müssen den Film heute zu Ende bringen.« Sam kratzte sich am Kopf, murmelte irgendwas und rang sich dann zu einem Entschluß durch, der ihn mir für alle Zeiten lieb und teuer macht.
»Verdammtnochmal!", schrie er. »Für diese Szene kann ich beim besten Willen nichts schreiben. Ich denke, die Schauspieler sollten das machen!« Und damit verließ er das Studio.
Wir alle nahmen Papier und Bleistift, saßen herum und notierten unsere Einfälle für die Schlußszenen. Meine endete natürlich mit einer langen, wirkungsvollen Rede für mich; tatsächlich drehten wir diese Version auch, aber am nächsten Tag lehnte das Büro sie kategorisch ab, und so holte man uns für einen weiteren Tag zurück, um eine von Mamoulian selbst verfaßte Szene zu drehen.

Brian Aherne: A Proper Job. The Autobiography of an Actor's Actor. Boston 1969, S. 200—205

An *Song of Songs* hatte ich genauso wenig Interesse wie an dem Musical-Projekt *Love Me Tonight**. Die Dietrich hatte mit Sternberg eine Reihe von Filmen gedreht, und auf einmal entschied das Studio

* *Love Me Tonight.* USA 1932. Regie: Rouben Mamoulian

aus irgendeinem Grunde, sie zu trennen. Ein anderer Regisseur als ich kam für die Dietrich gar nicht in Frage, da mußte ich es machen. Ich fragte die Bosse: »Was für ein Sujet?« »Das Hohe Lied von Sudermann«, erklärten sie. »Da spiele ich nicht mit«, war meine Antwort, »das ist ein alter Hut, kein Interesse.« Von Sternberg und die Dietrich überredeten mich dann; sie sagten mir, daß man mich keinen anderen Film machen lassen würde, wenn ich diesen einen nicht übernähme. Also nahm ich an.
Der Film war nicht schlecht, aber er brachte nichts Neues. Ich konnte als Regisseur »keine Türen öffnen«.

Rouben Mamoulian in: Charles Higham/Joel Greenberg: The Celluloid Muse. London 1969, S. 138

I.

»... Aber dann (in der zweiten Hälfte) kam ein Augenblick, in dem sie hinreißender als in ihrer ganzen Laufbahn bis heute war. Ihr breitrandiger Hut neigt sich da halbschief über ein Gesicht — das es, für mein Empfinden, bloß einmal gibt. Ich will nachher davon sprechen.
Sie glaubt hier irrig (Umkehrung der Kameliendame), der geliebte Mensch habe sie, weißt du, käuflichen Sinnes und ihrer spottend verlassen. (Das Werkchen stammt von Sudermann — das steht fest; hieß die Romanerzählung nicht »Das Hohe Lied«? Doch!)

II.

Nur den Bildhauer hat sie geliebt; Unschuld vom Land, nach Berlin verschlagen; er war ihr Erster und bleibt im Herzen fest. Nicht hernach der gesellschaftliche Schloßherr in Pommern, ihr Gatte. Bei dem (als er, in Kenntnis der Sachlage, den Bildhauer zum Besuch einladet, das kommt ja vor) — bei dem erfährt sie, worin sie jedoch eben irrt. Sie war in Wirklichkeit nicht verschachert worden! Wohin stürzt sie sich nun? Hundert gegen Eins zu wetten, wenn es der Strudel nicht ist. Gesagt, getan.

III.

Aber im Ernst. Jetzt kommt für Marlene Dietrich der Augenblick. Sie trifft ... ihn. Und noch bevor sich alles aufgeklärt hat: — —

Nein, hier ist keine Kritik des Werkchens möglich; hier kriegt ein »höchstes Glück der Erdenkinder« bezaubernde Gestalt. Hier tritt das vorhin erwähnte Gesicht in Kraft.
Schwermut — und (die Zigarette schräg) etwas wie Ausgelassensein; eine witzigste Tragik; Verachtung liegt darin; Schmiß im Verzweifeln; die letzte Schönheit in der Trauer.
Nur diese eine Person hat das heut.

IV.

Manches in dem Film ist fast ertragbar: weil (in der zweiten Hälfte) diese Gipfelung erscheint.
Die Voraussetzung davon streng mit Stirngerunzel zu werten, nämlich das Stück, welches immerhin den Anlaß gibt: das wäre fast so banal wie der Anlaß.
Man könnte fragen, ob ein solches Geniewunder der Gesichtsvision (es ist ja nicht Kunst, es ist eine zufällige Frau) vielleicht am tauglicheren Objekt wirken soll. Gleichwohl. Heute kein böses Wort wider den seligen Sudermann.

V.

Im ersten Teil des Films, bevor sie Weib wird, soll sie das arglose Mädchen sein . . . Hm.

VI.

Hm.

VII.

Reizvoll auch da — (weil der Zuschauer weiß: sie ist es). Er fühlt etwa so: »Alle Achtung, daß sie dies kann«. Ohne zu vergessen, daß es von andren auch gekonnt würde. Vielleicht besser. Nein, nicht rechten.
Doch: rechten! Die Kritik, selbst in der dümmsten Periode des Weltunsinns, ist heilig. Also zusammengefaßt: das Mädel spielt sie, das Weibsbild ist sie. Ecco.
»Ecco«? Nein; der Mussolini stützt mir zu sehr die Träger der Weltverdummung . . . Von jetzt ab lieber: voilà.
Also warum spielt sie dann Mädel?

VIII.

Du behältst auch dies Mädel dennoch im Gedächtnis. Nicht wegen ihres schuldlosen Gehabs, doch wegen dieser einmaligen blassen Backenknochen mit ihrem himmlischen Schattenreich darunter.

Sogar trotz der anfänglichen Tracht aus dem Maskenverleih: trotz der Betonung (wenn sie einen englischen Satz abbrechen soll und irrig das letzte Wort unterstreicht; statt es fallen zu lassen) ... Man behält sie noch im Gedächtnis mit ihrer Zögerung, wenn sie das Hemd auszieht. Sie haftet: aber man weiß, daß es gespielt ist. Ecc ... Voilà.

IX.

Combien je suis heureux, mes chers confrères de France, d'être d'accord avec vous: vous l'aimez aussi. Dire que, parmi les vedettes d'une réputation mondiale, il y a telle autre artiste admirée qui, à l'écran, couchant avec un homme resterait toujours quelque chose comme une institutrice ... N'est-ce pas? Je ne voudrais point la comparer à Marlène qui a du chien. Est-ce qu'on pourrait dire d'elle qu'elle a du chien tragique? Ecoutez: —

Aber dies ist eine deutsche Zeitschrift. Ich fahre fort:

Das Stärkste der Frau liegt in dem, was Flaubert die »impassibilité« nennt. In dieser kaum bewegten Art etwas abzulehnen — auch einen Schmerz.

Es ist nicht ihr unsterblicher Popo im *Blauen Engel*; nicht ihr Schreiten, wenn sie jemandem in die algerische Wüste folgt; nicht wie sie Kleider in einem Spionenfilm trägt; und nicht ...

Nicht wie sie einen früheren Freund in der chinesischen Eisenbahn zurückgewinnt — — sondern wie sie zuvor einen Andren abweist: das macht ihre mystische Höhe.

Dies Verachten mit dem Hauch einer Lippenveränderung. Mit einem trüb verstehenden Zug um die adlige Schnauze ... hätt' ich fast gesagt. Dies hohe Telegraphieren einer geringen Seelenwallung zu den Mundwinkeln.

X.

In Deutschland ließ ich keinen Film aus, darin sie erschien; sah sie lebendig nur einmal in einem Theaterkorridor und einmal bei Frühstücksbekannten in meinem Wohnsitz Grunewald. (Trefflicher Gru-

newald, wo bist du?) Dazumal stand sie noch auf Kabarettplanken mit Mehreren; bemerklich durch Unbewegtheit. (Impassibilité.)
Gleichviel. Wenn jemand, als Kellnerin, etwa bloß die Worte gesprochen hat: »Herr Professor sind doch 'n janz hübscher Mann« — und man hört es nach Jahren immer noch; oder wenn sie in englischer Sprache bloß das Wort »Ssigerätt« lässig vorstößt (gemeint ist: Zigarrette), und etwas in mir gerät vor einem Satz, vor einem Wort aus dem Häuschen: dann muß (»di tanti palpiti« kritischer Selbstbeobachtung) etwas Vereinzeltes vor sich gegangen sein.
Und keine Zeit ist zu dumm, keine zu tierisch, keine zu verschleimt, keine zu unanständig, keine zu brüllend-subaltern, um für solche Menschenwerte Raum zu lassen.

XI.

... Musik aus dem Tristan umkitscht Rouben Mamoulians Inszene; hernach hör ich was aus der Pathétique von Tschaikowski, sogar öfter; Rubinstein zwischendurch.
Die Kritik ist heilig — auch im Exil. Also Mamoulian ... Wissen Sie, wann Sie mich an Sie erinnert haben? Nur einmal. An Ihren herrlichen Film von dem Schneider, der die Prinzessin heuert. Jetzt, als die Dietrichen auf der Brautfahrt vor dem Schloß in der Kutsche landet, hopst eines der Pferdeln in die Höh' — fast so wie der entzückende Hirsch damals, in dem Schneiderfilm.
Dieser Hopser war jetzo das Einzige — offen gegen offen, Mamoulian.
Wo nicht alles täuscht, können Sie kostbar das Märchen; und versagen vor der Wirklichkkeit.
Bei Sudermann ist es kein Märchen und keine Wirklichkeit. Aber bei Ihnen auch nicht.
Jedoch im ulkigen Halbmärchen, damals, in dem Geflüster voll Grazie (»he is a tailor« ... »he is a tailor« ... weißt du noch?): da sind die starken Wurzeln Ihrer Kraft.

XII.

So war nur ein seltnes Geschöpf an dem Abend vorhanden. Die genannte vormalige Kabarettkomparsin.
Und man blieb von Schönheit erschüttert. Das ist es: von Schönheit erschüttert.

XIII.

Nochmals: voilà.

Alfred Kerr: Marlene — an der Seine. In: Das Neue Tagebuch, Paris — Amsterdam, 1. Jg., Nr. 11, 9. 9. 1933

Lily Czepanek verliebt sich in den Bildhauer Richard Waldow, dem sie Modell steht. Waldow verzichtet auf Lily zugunsten seines Mäzens Baron von Merzbach. Dieser heiratet sie und nimmt sie mit auf sein Landgut; dort verfällt ihr der Reitlehrer Walter von Prell. Bei einem Besuch Waldows spottet Baron von Merzbach, Waldow habe sie wegen seiner Karriere im Stich gelassen. Tief verletzt wirft sich Lily in die Arme Walter von Prells. Durch eine Brandkatastrophe werden die beiden entdeckt, und Lily rettet sich nach Berlin. Nach langer Suche entdeckt sie Waldow dort in einem Nachtlokal, klärt das Mißverständnis auf, und beide beginnen ein neues Leben.

USA 1933. Produktion: Rouben Mamoulian für Paramount; Regie: Rouben Mamoulian; Buch: Leo Birinski und Samuel Hoffenstein nach Hermann Sudermanns »Das Hohe Lied« und dem Theaterstück von Edward Sheldon; Kamera: Victor Milner; Bauten: Hans Dreier; Musik: Karl Hajos, Milan Rodern; Franz Schuberts »Heiderösleín«; Song: »Johnny« von Friedrich Hollaender, englischer Text von Edward Heyman; Musikalische Leitung: Nathaniel W. Finston; Kostüme: Travis Banton; Skulpturen: S. C. Scarpitta
Mit Marlene Dietrich (Lily Czepanek), Brian Aherne (Richard Waldow), Lionel Atwill (Baron von Merzbach), Alison Skipworth (Frau Rasmussen), Hardie Albright (Walter von Prell), Helen Freeman (Fräulein von Schwartzfegger) sowie James Marcus, Richard Bennett, Morgan Wallace, Wilson Benge und Hans Schumm

Drehzeit: Frühjahr 1933 in den Paramount-Studios, Hollywood. Länge: 2300 Meter, s/w. Uraufführung: 19. 7. 1933, Criterion Theatre, New York

Der Song »You Are My Song of Songs« von Ralph Rainger (Musik) und Leo Robin (Text) wurde vor der Uraufführung geschnitten.

The Scarlet Empress (Die große Zarin; Die scharlachrote Kaiserin)

The Scarlet Empress [...] hätte es nach allen damals oder heute gültigen Maßstäben verdient, ein Erfolg zu werden, aber mit wenigen Ausnahmen galt er überall nur als ein Versuch, eine überragende Schauspielerin zu meucheln. Der Film war natürlich eine strenge Stilübung, aber im Gegensatz zu allen anderen Künsten gilt das in unserem Metier als unverzeihlich. Das Rußland der großen Katharina erstand in all seiner Großartigkeit, aber es war eine Neuschöpfung, keine Nachbildung. Die Geschichte vom Aufstieg einer unschuldigen jungen Prinzessin zu einer spöttischen und gnadenlosen Zarin konnte gar nicht langweilig werden, auch wenn es einmal eine Entgleisung gab, als das Medaillon eines treulosen Liebhabers gezeigt wird, wie es von Ast zu Ast eines winterlich verschneiten Baumes gleitet, noch eine Sekunde baumelt und schließlich in den Schnee fällt. Jede Szene trage meinen Stempel, erklärten die nun erzürnten Kunstrichter.
Meine Schuld; ich hatte den anderen nicht viel zu tun übrig gelassen. Ich war diesmal sogar so verwegen, bei den Musikaufnahmen das Los Angeles Symphony Orchestra zu dirigieren. [...] Sehr wirkungsvoll war eine andere Szene: ein Mönch macht seine Runde an der kaiserlichen Tafel, um Almosen für die Armen zu erbitten. Der Zar schlägt ihm ins Gesicht, doch der Mönch antwortet nur: »Das war für mich, was gibst Du mir jetzt für die Armen?« In dieser Szene wird ein Violinstück gespielt, das ich selber komponiert habe. Mit einer einzigen Ausnahme stammt jedes Detail, Szenerie, Gemälde, Skulpturen, Kostüme, Story, Photographie, ja jede Geste der Schauspieler von mir. Aber diese eine Ausnahme, eine kurze Szene von kaum zweieinhalb Metern, erwies sich als der Strohhalm, der den Rücken des Kamels zerbricht.
Diese einzige Ausnahme war der Anlaß zu einer verheerenden Verdammung. Die kurze Szene zeigte eine riesige Anzahl von Russen, die durch die Straßen schwärmen, um die Geburt eines männlichen Thronerben zu feiern. Diese Massenszene war nicht von mir. Sie stammte aus Ernst Lubitschs *Patriot**, aber ich hatte sie so geschickt eingeschnitten, daß alles glaubte, ich hätte in meiner verschwenderi-

* *The Patriot.* USA 1927. Regie: Ernst Lubitsch

schen Extravaganz eine so große Anzahl Darsteller für eine so kurze Szene eingesetzt. Mr. Lubitsch, der sein eigenes Werk nicht wiedererkannte, beschuldigte mich deswegen der Verschwendung und Kostenüberschreitung. Diese Beschuldigung wurde zu einer Lawine, die nicht mehr aufzuhalten war. Zur Verteidigung dieses fähigen Regisseurs muß ich sagen, daß mich das Ganze zu sehr amüsierte, als daß ich ihn oder irgendeinen anderen aufgeklärt hätte.

Ich, Josef von Sternberg, a. a. O., S. 290f.

Über dem Titel des Films erscheint der Name Marlene Dietrich, direkt daneben gehört der Name Josef von Sternberg. Es ist ebensosehr sein Film. Es ist kein besonders guter Film, er enthält viele schwerwiegende Fehler; was Regie und Bild betrifft, ist er jedoch eine der bedeutendsten Leistungen, seit es den Tonfilm gibt. Seine Bilder sind so intensiv, daß er für den Ausstattungsfilm zweifellos neue, für lange Zeit gültige Maßstäbe setzt. [. . .]
Was am meisten Eindruck macht, ist zugleich seine größte Schwäche. Von Sternberg verliebte sich so in den Glanz und den Pomp seiner Bilder, daß alles andere für ihn sekundär wurde. Daß ihm der Film dennoch so gut gelungen ist, verdankt er seinem künstlerischen Genie und seinem phänomenalen Sinn für Bildqualität. [. . .]
Niemals ist die Dietrich so schön gewesen wie hier. Wieder und wieder wird sie in Großaufnahmen gezeigt, hinter Schleiern, hinter dünnen Netzvorhängen, daß einem der Atem stockt. Niemals aber darf sie wirklich lebendig sein. Sie ist gleichsam wie verzaubert von den gewaltigen Dekorationen, durch die sie schreitet. Man darf ihren Stil nicht mit Elisabeth Bergner* vergleichen, beide haben unterschiedliche Konzeptionen. Interessant ist dennoch, daß in beiden Fällen der deutsche Akzent für historische Genauigkeit sorgt. [. . .]
Mit Ausnahme von Marlene Dietrich, die wirklich perfekt ist, hat Sternberg mit seiner Besetzung wenig Glück. Ein Mißgriff ist Sam Jaffe als der verrückte Peter, der ständig mit einem scheelen Seitenblick wie ein halbverrückter, wie ein dreißigfacher Harpo Marx herumläuft. [. . .] John Lodge als frustrierter Liebhaber ist glänzend. Louise Dresser als Zarin Elisabeth versagt total. Ihr Dialog ist

* Anspielung auf *Catherine The Great*. England 1934. Regie: Paul Czinner

schlecht (wie übrigens fast der gesamte Dialog), mit einem guten Dialog hätte sie aber ebenfalls nichts anfangen können. Nicht für einen Augenblick ist sie majestätisch oder als Herrscherin überzeugend. Außerdem ist sie durch und durch amerikanische Provinz, während alle anderen Schauspieler in dieser Produktion die europäische Atmosphäre vermitteln, in der der Film sich abspielt. [...]

Kauf. in: Variety, New York, 18. 9. 1934

Thema des Films ist weder Katharina, noch eine spezielle historische Episode, sondern das Rußland von Einst, gesehen durch einen fantastisch verzerrenden Vexierspiegel, in orientalischer Pracht, unendlich düster, heilig, furchterregend. Die Wirkung ergibt sich in erster Linie aus Szenerie und Dekor. Die Menschen bewegen sich andauernd zwischen Statuen, die sehr viel lebendiger wirken als sie; und mit der Heftigkeit und Leidenschaft der dekadenten byzantinischen Kunst, die oft zu einer Art von deutschem Expressionismus degeneriert, kann sich auch der stärkste Schauspieler nicht messen. Der Regisseur Mr. von Sternberg erfindet mit unerschöpflicher Phantasie ein schreckliches Stilleben nach dem anderen, bis am Schluß der Zarenmord, verglichen mit dem Skelett als Kuchenständer, geradezu banal erscheint. Die grimmigen Ikonen, die Märtyrerstatuen, die bedrohliche und erdrückende Architektur machen im Grunde den Film aus und tragen die Handlung.
Nur mit größter Mühe erreichen die Schauspieler, daß sie überhaupt gesehen und gehört werden. Miss Dietrich ist sehr gut, wenn sie nur überwältigt sein muß von dem Schauspiel, das Rußland bietet, aber sie kann uns kaum glauben machen, daß sie jemals etwas anderes tun könnte, als vor Schrecken zu zittern. Mr. Sam Jaffe als Großherzog Peter fügt sich müheloser in die Szenerie. Seine »folie de caporal« ist glänzend gezeichnet, und die ganze Figur paßt sehr gut in diesen einzigen großen Alptraum. Es ist ein Manko des Films, daß die Schauspieler zur Bedeutungslosigkeit verkümmern und sich daher kaum entfalten können. Die erste Hälfte ist so spannend, wie man es sich nur wünschen kann; ein faszinierendes und höchst dramatisches Schauspiel. Aber das bloße »crescendo« gleichartiger Schrecken, selbst wenn von Sternberg sie phantasievoll variiert, ist nicht genug für einen ganzen Film.

Anonym in: The Times, London, 10. 5. 1934

Der letzte Film von Josef von Sternberg stellt mit seinen geradezu idiotischen Manieriertheiten einen neuen, nicht zu überbietenden Rekord auf. Man muß einfach ein paar Worte sagen über die düstere, selbstquälerische Vorliebe dieses Regie-Svengali für Sex-Symbolismus und akzentuierte Dekors; diese intensive Beschäftigung mit dem Ornamentalen kann die Handlung verlangsamen. Aber sie kann auch einen entschiedenen, charakteristischen und außergewöhnlichen Stil entstehen lassen. *The Scarlet Empress* aber zeigt so überdeutlich alle Schwächen Sternbergs, daß der Film vielfach wie eine besonders grausame Satire auf die vielgerühmten Stilmittel des Regisseurs und seine unzähligen Schwächen wirkt.

Richard Watts jr. in: The New York Herald Tribune, 15. 12. 1934

Die junge Prinzessin Sophia Frederica wird gegen ihren Willen mit dem debilen Großfürsten Peter verheiratet. Unter den Fürsten und dem Wachpersonal am Hof sucht sich Sophia ihre Liebhaber; bald gebiert sie den sehnsüchtig erwarteten Thronfolger. Als die alte Zarin stirbt, will der betrogene Ehemann Großfürst Peter seine Frau ermorden lassen. Sophia bringt jedoch die Geistlichkeit und das Heer auf ihre Seite und wird Zarin von Rußland. USA 1934. Produktion: Paramount; Regie: Josef von Sternberg; Buch: Manuel Komroff nach dem Tagebuch Katharinas der Großen; Kamera Bert Glennon; Bauten: Hans Dreier, Peter Ballbusch und Richard Kollorsz; Musik: W. Franke Harling, John M. Leipold, Milan Roder nach Themen von Tschaikovskij und Mendelssohn; Kostüme: Travis Banton; Spezialeffekte: Gordon Jennings

Mit Marlene Dietrich (Sophia Frederica/Katharina II.), John Lodge (Fürst Alexei), Sam Jaffe (Großfürst Peter), Louise Dresser (Zarin Elisabeth), Maria Sieber (Sophia als Kind), C. Aubrey Smith (Prinz August), Ruthelma Stevens (Fürstin Elisabeth), Olive Tell (Prinzessin Johanna), Gavin Gordon (Gregory Orloff), Jameson Thomas (Leutnant Ovtsyn), Erville Alderson (Kanzler Bestuchef), Marie Wells (Marie), Edward van Sloan (Herr Wagner), Jane Darwell (Mlle. Cardell), Harry Woods (Arzt), Hans von Twardowski (Ivan Shuvolov), Davison Clark (Archimandrit Simeon Tevedovski/Erzbischof), Philipp G. Sleeman (Fürst Lestocq), John B. Davidson (Marquis de la Chetardie), Gerald Fielding (Offizier/Leutnant Dmitri), James Burke (Wächter), Belle Stoddard Johnstone (Erste Tante), Nadine Beresford (Zweite Tante), Eunice Moore (Dritte Tante), Petra McAllister (Vierte Tante), Blanche Rose (Fünfte Tante), James Marcus (Gastwirt), Thomas C. Blythe (Erste Narzisse), Clyde Davis (Zweite Narzisse), Richard Alexander (Fürst von Breummer), Hal Boyer (Paul, zweiter Lakai), Bruce Warren (Siebter Lakai), George Davis (Hofnarr), Eric Alden (Fünfter Lakai), Agnes Steele, Barbara Sabichi, May Foster, Minnie Steele (Kammerzofen der Kaiserin Elisabeth), Katherine Sabichi, Julanne Johnson, Elinor Faire, Dina Smirnova, Anna Duncan, Patricia Patrick, Elaine St. Maur (Kammerzofen Katharinas II.)

Drehzeit: Frühjahr 1934. Länge: 2797 Meter, s/w. Uraufführung: 19. 5. 1934 im Carlton, London

The Devil is a Woman (Die spanische Tänzerin)

»Die Federn waren die Idee Josef von Sternbergs«, sagte Miss Dietrich. »In den Filmen nach dem *Blauen Engel* wurde die Handlung immer unwichtiger, der Dekor raffinierter, die Effekte wurden zwingender und kostspieliger. *Devil* war unser letzter gemeinsamer Film, und ich war darin vollkommen in netzartige und drapierte Stoffe gehüllt.«
»Eines der modernen Elemente des Films«, fügte Miss Dietrich hinzu, »ist seine Ambivalenz. Am Schluß verläßt die Frau ganz unerwartet den Mann, den sie liebt, um zu dem angetrauten Offizier zurückzukehren, den sie ruiniert hat. Einige Kritiker glaubten, daß sie bewußt zurückkehrt, um ihr Zerstörungswerk zu vollenden. Andere nannten die Rückkehr einen Akt der Sühne. Ich glaube, sie konnte ganz einfach nicht anders.«

Eugene Archer: 1935 Film Hailed by Miss Dietrich, in: The New York Times, 29. 11. 1961

Es ist nicht schwer zu begreifen, warum Hollywood eine so vehemente Abneigung gegen den neuen Film von Josef von Sternberg zum Ausdruck gebracht hat. Denn der begabte Regisseur und Kameramann hat mit *The Devil is a Woman* einen mokanten, unbarmherzigen Angriff auf das von Hollywood während all der Jahre so andächtig abgehandelte Motiv vom romantischen Sex gestartet. Sein Erfolg ist zugleich sein Scheitern. Unvermeidlich wird der intellektuellste Film, der jemals in Amerika produziert wurde, von neun Zehnteln des normalen Kinopublikums mißverstanden und abgelehnt werden. [. . .]

Der Film, der nach dem Buch »La femme et le pantin« von Pierre Louys gedreht wurde, hat auch etwas von der Atmosphäre von Rimski-Korsakows »Caprice Espagnol«, die in die musikalische Partitur eingebaut wurde. Oberflächlich gesehen, wird die an »Carmen« erinnernde Geschichte eines spanischen Freudenmädchens erzählt, die das Leben eines einflußreichen Politikers in den besten Jahren zerstört. Mehr in Rückblenden als in einem gradlinigen Erzählstil entfaltet sich der Film vor dem sinnenfrohen Hintergrund der spanischen Fiesta. Sternberg, der immer ein Meister von Licht und Schatten war, erreicht eine zerbrechliche und auch sinistre Schönheit, durchbrochen von Gelächter, von Liedern und dem Konfetti-Rausch dieses Festes. [. . .]

Ich halte *The Devil is a Woman* für das beste Ergebnis der Kombination Sternberg-Dietrich seit dem *Blauen Engel*. Frau Dietrich selbst steigert unter der klugen Anleitung ihres Regisseurs ihre große persönliche Anziehungskraft noch um einige wesentliche Grade. Lionel Atwill zeigt sich als ergreifender Pasqual von seiner besten Seite. Seine Darstellung löst nicht nur jenes ironische Gelächter aus, das Sternberg von den Zuschauern erwartet, sondern sie bewirkt auch Emotionen, die man beinahe, wenn auch nicht ganz und gar, als Sympathie bezeichnen könnte. Beide sind sie Symbol der Absurdität menschlicher Leidenschaften. [. . .]

André Sennwald in: The New York Times, 4. 5. 1935

Obgleich der neue Dietrich-Film *The Devil is a Woman* nicht eine einzige der tollen Manieriertheiten wie in *The Scarlet Empress* enthält, ist er doch nicht viel mehr als ein Katalog von Arrangements und Posen. In diesem Film hat Sternberg auf den quälenden Symbolismus seiner früheren Arbeiten zugunsten rein bildhafter Wirkungen verzichtet. Mit der bezaubernden Miss Dietrich, die in fast jeder Szene im Mittelpunkt steht und dem von Sternberg nachempfundenen Spanien als Hintergrund, gleicht der Film einer eleganten, opulenten Wandmalerei, die nahezu jegliche dramatische Substanz vermissen läßt.

Angesichts seiner großen Begabung, die sich in einem Bilderstrom von äußerster Schönheit manifestiert, kann man nur bedauern, daß von Sternberg für die Wiedergabe wesentlicher menschlicher Erfahrungen mit den Mitteln des Films kein Gespür hat. Sogar aus der dürftigen Handlung von *The Devil is a Woman* hätte er Augenblicke dramatischer Spannung gewinnen können, aber der Regisseur hat jeden scharfen Situationskonflikt in einem Labyrinth lieblicher Bilder verschwinden lassen.

Howard Barnes in: The New York Herald Tribune, 4. 5. 1935

The Devil is a Woman ist ein pornographischer Film. Er wurde nach einem widerlichen Roman von Pierre Louys gedreht namens »Frau und Hampelmann«. Film und Buch kann man nicht trennen. Wenn die Leute von Paramount diesen Film in Baltimore, Washington oder irgendeiner anderen Stadt im Verbreitungsgebiet von »The Review« zeigen, wird »The Review« einen Leitartikel veröffentlichen, an dem gemessen ihr bisher schärfster Leitartikel zahm und langweilig wirken wird. »The Review« wird jeden katholischen Priester, alle katholischen Eltern, jeden katholischen Lehrer in unseren Konfessionsschulen, die katholischen Hochschulen und Colleges und überhaupt alle Katholiken auf den pornographischen Charakter dieses Films aufmerksam machen.

Originalquelle unbekannt; zitiert nach einem Leserbrief in: The New York Times, 30. 6. 1935

Der ehemalige Revolutionär Antonio Galvan verspricht seinem Freund Don Pasqual ein Rendezvous mit der Tänzerin Concha Perez nicht einzuhalten; Don Pasqual hat nämlich bereits eine unglückliche Affäre mit der Dame hinter sich und liebt sie noch immer. Galvan jedoch bricht sein Versprechen, wird von Don Pasqual überrascht und zum Duell gefordert; Pasqual weiß, daß Concha seinen Rivalen liebt, und schießt bei dem Duell absichtlich daneben. Er selbst wird schwer verwundet. Concha und Antonio fliehen über die Grenze nach Frankreich. Dort verläßt Concha ihren Geliebten und kehrt zurück zu Pasqual.

USA 1935. Produktion: Paramount; Regie: Josef von Sternberg; Buch: Josef von Sternberg, S. K. Winston und John Dos Passos nach dem gleichnamigen Roman von Pierre Louys; Kamera: Josef von Sternberg; Bauten: Hans Dreier; Musik: »Caprice Espagnol« von Rimski-Korssakow, arrangiert von Ralph Rainger und Andrea Setaro; Song: »Three Sweethearts Have I« von Ralph Rainger, Text: Leo Robin; Schnitt: Sam Winston; Kostüme: Travis Banton; Kameraassistenz: Lucien Ballard

Mit Marlene Dietrich (Concha Perez), Lionel Atwill (Don Pasqual), Cesar Romero (Antonio Galvan), Edward Everett Horton (Don Paquito), Alison Skipworth (Senora Perez), Don Alvarado (Morenito), Morgan Wallace (Dr. Mendez), Tempe Pigott (Tuerta), Jill Dennett (Maria), Lawrence Grant (Dirigent), Charles Sellon (Briefschreiber), Luisa Espinal (Zigeunertänzerin), Hank Mann (Aufseher), Edwin Maxwell (Oberaufseher) sowie Donald Reed und Eddie Borden

Drehzeit: 10. Oktober 1934 bis ca. Mitte Januar 1935; nach wenigen Wochen Dreharbeit wird Joel McCrea durch Cesar Romero ersetzt. Länge: 76 Minuten, s/w. Uraufführung: 3. Mai 1935, Paramount Theatre, New York

Der Song »If It Isn't Pain, It Isn't Love« wurde vor der Premiere geschnitten.

Die spanische Regierung, durch einen ehemaligen Paramount-Angestellten informiert, sah in dem Film eine Verächtlichmachung Spaniens. Die Paramount wurde aufgefordert, sämtliche Kopien des Films zurückzurufen und zu zerstören, darüber hinaus solle das Negativ vernichtet werden, andernfalls würde das spanische Büro der Paramount geschlossen, die Auswertung von Filmen dieser Firma in Spanien somit verhindert werden. Am 11. 11. 1935 geht Paramount auf diese Forderung ein, das Negativ wurde aber offensichtlich nicht vernichtet, da bis heute Kopien dieses Films erhältlich sind.

Knight Without Armour (Tatjana)

Marlene Dietrich hat viel Charme. Sie macht davon mit erstaunlicher Virtuosität Gebrauch.
Man muß bewundern, wie sie ihr Metier bis ins Detail beherrscht.
Da sie natürlich nur »Marlene Dietrich«-Filme dreht, hat sie auch nur die eine Sorge, daß der Film wirklich ein »Marlene Dietrich«-Film bleibt. Ihr kommt es nur auf ihr eigenes Bild an, auf ihre Erscheinung, ihre Kostüme, ihre photogene Wirkung. Dank ihrer technischen Erfahrung ist sie selbst imstande zu überprüfen, ob ihr Gesicht richtig ausgeleuchtet ist. Oft hört man, wie sie den Beleuchtern Anweisungen gibt: »Bitte rechts noch zwei Lampen und den Scheinwerfer hinten etwas höher.«
Sie ist leicht zu führen, versiert und begreift auf der Stelle; wenn man mit ihr arbeitet, gibt es keinen Leerlauf.

In einem Punkt riskiert der Regisseur allerdings, mit ihr aneinandergeraten; dann nämlich, wenn es um ihre Kleidung geht.
In dieser Hinsicht hat sie sehr eigenwillige, unerschütterliche Anschauungen, von denen man sie nur schwer abbringen kann. Bei ihrem Kostümkonzept kümmert sie sich weder um das Drehbuch noch um aktuelle Notwendigkeiten, weder um die Situation der Heldin noch um ihr soziales Milieu. Es müssen eben nur »Marlene Dietrich-Modelle« sein.
[...]
Über kleinere Unglaubwürdigkeiten diskutiert sie, entfaltet dabei eine subtile Verführungskunst und geduldige Diplomatie. Sie macht Zugeständnisse, beruft sich auf ihre Bescheidenheit, schmeichelt geschickt dem Regisseur und lobt seine absolute Genauigkeit. Er glaubt, an Boden gewonnen zu haben, ist sicher, sie beispielsweise davon überzeugt zu haben, daß die Heldin nach zwanzig Tagen Gefängnis nicht so gut frisiert sein kann und ihr Kleid wenigstens ein bißchen verknittert sein sollte.
Weit gefehlt! Wenn der Film dann fertig ist, muß er feststellen, daß sich Marlene genau so angezogen hat, wie sie es wollte. Soviel Charme hat Marlene Dietrich!

Jacques Feyder/Françoise Rosay: Le Cinéma — Notre Métier. Genf 1944, S. 56 ff.

»Sie haben also die erstaunlichen Kostüme für *Knight Without Armour* gemacht?«
»Reden wir nicht davon, oder Marlene wird uns allesamt verfluchen! Überall will sie Federn haben! In diesem Film spielt sie eine junge russische Gräfin, die alle möglichen Abenteuer erlebt. Ich entwerfe für sie ein Jungmädchenkleid aus schwarzem Samt mit Brillanten am Arm, sie will es nicht... Ich entwerfe ein ungarisches Bauernkleid, in dem sie unerkannt die Grenze passieren soll, denn ein üble Bande ist hinter ihr her... Sie sagt: ›Ich könnte in diesem gräßlichen Zeug niemals eine Liebesszene spielen; ich brauche einen Offiziersmantel, den ich mir um die Schultern hänge...‹ Der blaue Engel hat immer recht!«

Paule Hutzler: Dans le sillage de Marlène Dietrich [Gespräch mit George Benda] in: Ciné-Miroir, Paris, 15. Jg., No. 610, 11. 12. 1936

[...]
Feyders Genie lag immer in seiner Treue zum Detail. Er ist eine jener seltenen Naturen, die mit immer wieder neuen, sorgfältig und gewissenhaft arrangierten Kompositionen eines Haufens Plunder ein ganz einfaches Gefühl ausdrücken können. Ähnlich verfährt er mit Schauspielern, und in diesem Fall hat er mit Ausnahme der unglücklich besetzten Miss Dietrich aus einer vorzüglichen Truppe das Beste herausgeholt. Es ist ein Vergnügen, Robert Donat wieder auf der Leinwand zu sehen. Ein unbedeutenderer Schauspieler wäre nicht allein an den blödsinnigen Liebesszenen gescheitert, sondern auch an den übrigen Ansprüchen der Rolle — ein verräterischer Spion, der sein Mäntelchen nach dem Wind hängt und dessen Moralempfinden nicht weiter reicht als der aufgesetzte Charme einer Herzogin in mittleren Jahren. Donat spielt die Rolle überzeugend; mehr als das, er beweist wieder einmal, daß er der beste Schauspieler ist, den dieses Land jemals hervorgebracht hat.
Das vielleicht rettet den Film. Denn die Heldin, um die sich die ganze Geschichte dreht, ist eine absolute Fehlbesetzung; oder, um gerecht zu sein, sie verfängt sich hoffnungslos in der Darstellungstechnik ihrer früheren Erfolge, so daß die Verführungsszenen vor dem gemarterten Publikum nolens volens nach einem öden Schema ablaufen. Die luxuriösen Schlafzimmer, die Flucht der Dietrich, die angesichts eines betrunken gröhlenden revolutionären Mobs nur mit einem Negligé bekleidet über einen altehrwürdigen Rasen läuft, das wohlgeformte Bein, das aus einem unglaublich schäumenden Bad aufragt — all das und mehr müssen wir über uns ergehen lassen. Glücklicherweise aber ist das alles sehr komisch, und man könnte meinen, daß Miss Dietrich sich absichtlich selbst parodiert hat; denn genau das hat sie, bewußt oder unbewußt, getan.
Feyder und Donat machen den Film sehenswert. Die technischen Leistungen des Architekten Meerson und des Kameramannes Stradling sind beachtlich; und unter dem analytischen Blick Feyders gewinnen die Szenen, die auf Bahnhöfen und Straßen spielen, bevölkert von dem erbärmlichen Flüchtlingsstrom kämpfender Parteien der Russischen Revolution, ein hohes Maß an Authentizität. Man muß Feyder das große Kompliment machen, daß viele seiner Massenszenen nahezu dokumentarisch echt wirken.

Basil Wright in: The Spectator, London, 8. 10. 1937

30 *Song of Songs.* USA 1933

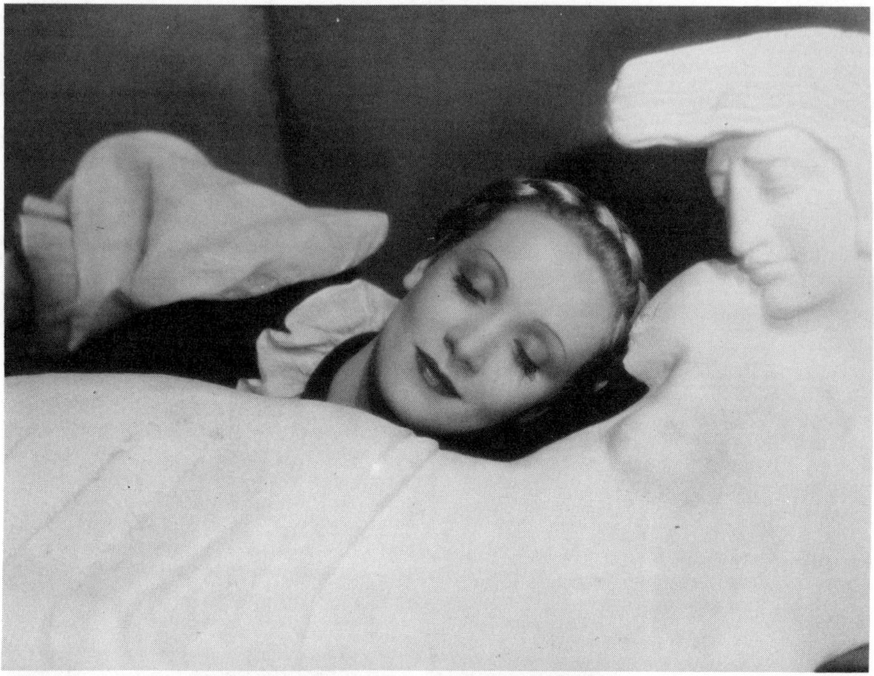

31 *Song of Songs (links oben)*
32 *Song of Songs (links unten)*
33 *The Scarlet Empress.* USA 1934 *(oben)*

34 *The Scarlet Empress.* Mit John Lodge *(links oben)*
35 *The Scarlet Empress (links unten)*
36 *The Devil is a Woman.* USA 1935 *(oben)*

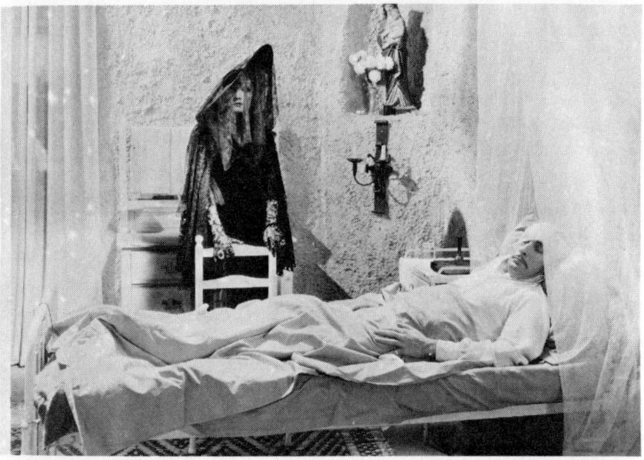

37 *The Devil is a Woman (links oben)*
38 *The Devil is a Woman.* Mit Lionel Atwill *(links Mitte)*
39 *Knight Without Armour.* England 1937
Mit Robert Donat *(links unten)*
40 *Knight Without Armour (rechts Mitte)*
41 *Seven Sinners.* USA 1940 *(rechts oben)*

42 *Seven Sinners.* Marlene Dietrich singt »The Man 's in the Navy«. V. l. n. r.: Broderick Crawford, Billy Gilbert, Mischa Auer. Marlene Dietrich spielt die singende Säge *(links oben)*

43 *The Lady is Willing.* USA 1942 Mit Jimmy Conlin und Fred Mac Murray *(links unten)*

44 *The Lady is Willing.* Bei den Dreharbeiten. Links mit Kopfhörer: Mitchell Leisen, am Tisch Fred MacMurray *(rechts oben)*

45 *The Spoilers.* USA 1942 Mit John Wayne und Marietta Canby *(rechts Mitte)*

46 *The Spoilers.* Mit Randolph Scott *(rechts unten)*

47 *Follow the Boys.* USA 1944
Mit Orson Welles *(links)*
48 *Golden Earrings.* USA 1947
(rechts oben)
49 *Golden Earrings.*
Mit Ray Milland
(rechts unten)

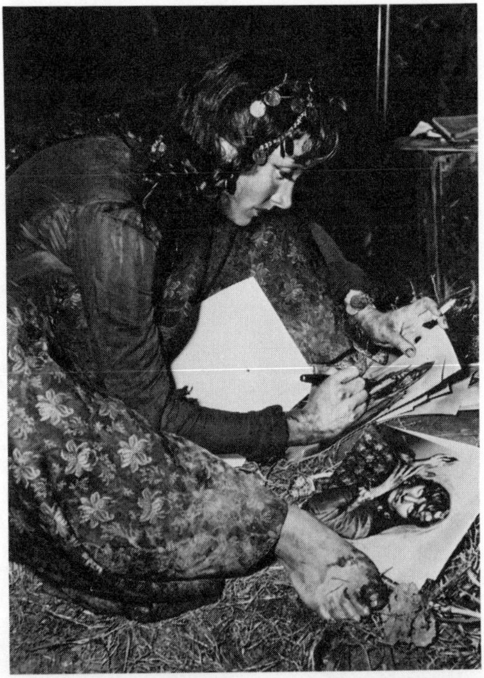

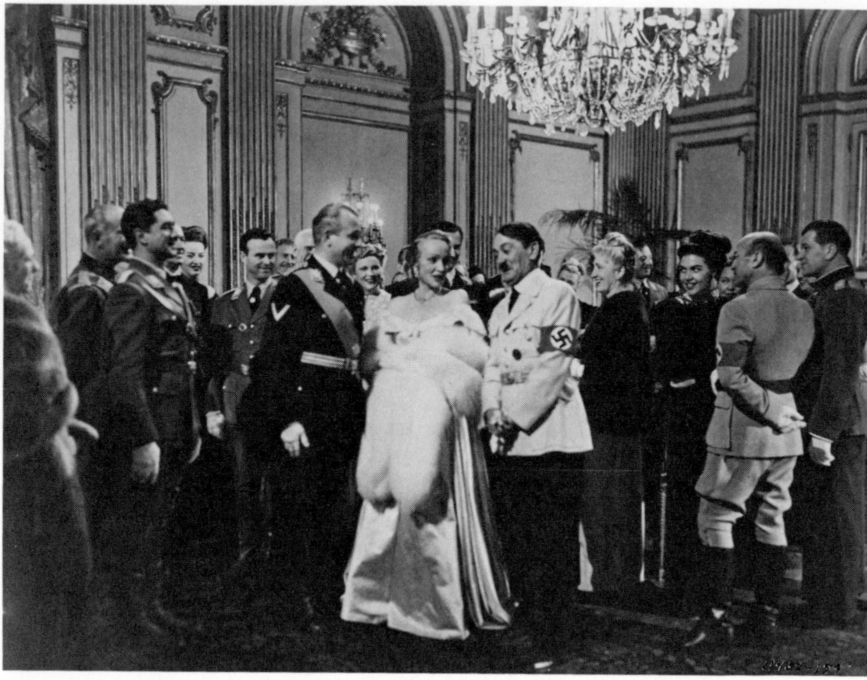

50 *A Foreign Affair.* USA 1948. Mit Bobby Watson als Hitler *(links)*
51 *A Foreign Affair.* Mit Billy Wilder bei den Dreharbeiten *(oben)*

52 *A Foreign Affair.*
Mit Friedrich Hollaender *(oben)*

53 *Around The World in 80 Days.* USA 1956
Mit Cantinflas *(rechts oben)*

54 *Judgment at Nuremberg.* USA 1961
Mit Spencer Tracy *(rechts unten)*

55 *Judgment at Nuremberg.*
(übernächste Seite)

REE LUNCH
5¢

Der Engländer Fotheringhill läßt sich im zaristischen Rußland in revolutionäre Kreise einschleusen. Als diese ein Attentat auf den Innenminister und seine Tochter Alexandra verüben, wird Fotheringhill mitverhaftet und nach Sibirien verbannt, dort aber nach der Revolution befreit. Als Kommissar der Roten Armee soll er Alexandra nach Petersburg bringen; er verliebt sich jedoch in sie, und es gelingt ihm, sie und sich selbst nach einer abenteuerlichen Odyssee in Sicherheit zu bringen.

England 1937. Produktion: Alexander Korda für London Films; Regie: Jacques Feyder; Buch: Lajos Biro, Arthur Wimperis nach dem Roman von James Hilton; Adaption: Frances Marion; Kamera: Harry Stradling; Bauten: Lazare Meerson; Musik: Miklos Rosza; Schnitt: Francis Lyon; Kostüme: George Benda; Musikalische Leitung: Muir Matheson; Ton: A. W. Watkins; Erster Kameraassistent: Jack Cardiff; Regieassistent: Imlay Watts; Technische Beratung: Roman Goul
Mit Marlene Dietrich (Alexandra), Robert Donat (A. J. Fotheringhill), Irene Vanburgh (Herzogin), Herbert Lomas (Vladinoff), Lisa d'Esterre (Zarin), Austin Trevor (Oberst Adraxin), Basil Gill (Axelstein), David Tree (Maronin), John Clements (Poushkoff), Frederick Culley (Stanfield), Lawrence Hanray (Forester), Dorice Fordred (Zofe), Franklin Kelsey (Tomsky), Lawrence Kingston (Kommissar), Hay Petrie (Stationsvorstand), Miles Malleson (Betrunkener Rotarmist), Lyn Harding (Kahnführer), Raymond Huntley (Offizier der Weißen Armee), Peter Evan Thomas (General Andreyevitch)

Drehzeit: ca. August bis November 1936 in den Denham-Studios. Länge: 1862 Meter, s/w. Uraufführung: 2. 9. 1937, Cinéma Avenue, Paris; 20. 9. 1937, London Pavillon, London

Seven Sinners (Das Haus der Sieben Sünden)

Joe [Pasternak] hatte ein Manuskript für den Star Marlene Dietrich ausgesucht; die Sache hatte aber noch einen Haken: er deutete an, in welchem Dilemma er sich befand. »Die Geschichte heißt ›Seven Sinners‹ — das ist der Name eines Nachtclubs auf den Südsee-Inseln. Der Held ist ein Marine-Offizier, der sich in Marlene verliebt, die als Sängerin in diesem Nachtclub auftritt. Es ist eigentlich die Umkehrung von ›Madame Butterfly‹. Die Sängerin verknallt sich in den Leutnant. Aber um seine Karriere, die durch eine Liaison mit ihr gefährdet wäre, zu retten, läuft sie ihm davon. Wir brauchen einen großen, rauhen und betont männlichen Typ mit Sexappeal,

der mit seinen Fäusten etwas anzufangen weiß. Keine einfache Sache.« Ich hatte eine Idee. »Wie wäre es mit einem Kerl, den Republic unter Vertrag hat? Er hat bald Urlaub, da müßten wir ihn nicht ausleihen und brauchen auch Yates* keine phantastische Summe zu zahlen. Unser Mann würde die volle Gage bekommen; er heißt John Wayne und paßt bis zu den handgearbeiteten Stiefeln auf deine Beschreibung.«
»Von mir aus ist das O. K.«, sagte Joe, »aber er muß noch von Marlene akzeptiert werden.«
Ich verabredete mich mit Marlene in der Kantine von Universal. Als wir eintraten, stand Wayne dort wie versprochen im Türrahmen und redete mit ein paar Freunden. Die Dietrich schwebte an ihm vorüber, wie es ihre Art war, als wäre er unsichtbar, dann hielt sie an, machte eine halbe Drehung und musterte ihn von oben bis unten, von der Schmalzlocke bis zu den Stiefeln. Als wir weitergingen, sagte sie zu mir in ihrem charakteristischen, heiseren Flüsterton: »Daddy, *den* kauf mir.« Ich sagte: »Honey, abgemacht. Das ist unser Mann.«

Tay Garnett with Fredda Dudley Balling: Light your torches and pull up your tights. New York, 1973, S. 244f.

Miss Dietrichs »Frenchy« in *Destry*** war wie ein Typ von Arno***, wie eine seiner vielen erotischen Barmädchen; ihre Bijou Blanche in *Seven Sinners* ist eine herrlich subtile Parodie auf alle Sadie Thompsons und Singapore Sals****, die jemals das heiße Blut kühler Kunden südlich und östlich der Manila-Bucht in Wallung brachten. Wäre Miss Dietrich in ihren Komödien ein bißchen unanständiger, sie würde Mae West in den Schatten stellen.
[...]
Der Regisseur Tay Garnett und sein Kameramann Rudy Maté treffen die Atmosphäre jenes miesen, billigen Inselcafés genau; es gibt mehrere aufregende Schlägereien und eine einfach fabelhafte

* Herbert John Yates (1880–1966), Produzent in Hollywood, Präsident der Republic

** *Destry Rides Again*. USA 1939. Regie: George Marshall. Vgl. Bd. 2

*** Peter Arno, langjähriger Cartoonist des ›New Yorker‹

**** Anspielung auf die Filme *Sadie Thompson*. USA 1928. Regie: Raoul Walsh und *Sal of Singapore*. USA 1928. Regie Howard Higgin

Schlußprügelei, bei der das ganze Café vollständig zertrümmert wird. John Wayne spielt einen derben und romantisch veranlagten Leutnant Whitney; Broderick Crawford, rauh, aber herzlich, ist Bijous getreuer Leibwächter; Mischa Auer bleibt hier als komischer Taschendieb wieder Mischa Auer, und Oscar Homolka ist der finstere und zu allem entschlossene Schurke.
Allen voran Miss Dietrich, die sich fast ein wenig zu verführerisch in den Hüften wiegt, mit den Wimpern klimpert und mit ihren dickbemalten Lippen ein unterkühlt amüsiertes Lächeln hervorzaubert und gelegentlich Gags losläßt, die die Zensoren vor Lachen übersehen haben müssen. Sie singt natürlich mit derselben heiser-rauchigen Stimme drei schwüle Songs — vorzüglich besonders »I've Been In Love Before« und »The Man's In the Navy«. Und sie trägt einige gefährliche Kleider. [...]

Bosley Crowther in: The New York Times, 18. 11. 1940

[...] Der Film ist von ungeheurer Komik und hat viel Lokalkolorit. Nicht ein so vollendeter Spaß wie *Destry Rides Again,* aber voller Action, mit einem amüsanten Dialog und drei Gesangsnummern, wie nur Marlene sie singen kann. Sie stammen von Friedrich Hollaender und Frank Loesser und heißen »I've Been in Love Before«, »I Fall Overboard« und »The Man's In The Navy«. Überall, wo Marine ist, wird »The Man's In The Navy« ein Schlager sein.

Kate Cameron in: The New York Daily News, 17. 11. 1940

Marineleutnant Bruce Whitney verliebt sich in die schöne Bijou, eine Caféhaussängerin von zweifelhaftem Ruf. Sein Vorgesetzter und seine Kameraden raten ihm, die Verbindung mit Bijou zu lösen, doch Whitney denkt ernsthaft daran, wegen der Sängerin den Abschied zu nehmen. Um seine Karriere nicht zu zerstören, inszeniert Bijou eine Schlägerei, in deren Verlauf Whitney k. o. geschlagen wird. Am nächsten Tag reist sie ab.

USA 1940. Produktion: Joe Pasternak für Universal; Regie: Tay Garnett; Buch: John Meehan, Harry Tugend nach einer Erzählung von Ladislas Fodor und Laszlo Vadnai; Kamera: Rudolph Maté; Bauten: Jack Otterson, Martin Obzina; Musik: Frank Skinner, Hans Salter; Songs: »I've Been in Love Before«, »I Fall Overboard«, »The Man's in the Navy« von Friedrich Hollaender und Frank Loesser; Schnitt: Ted J. Kent; Musikalische Leitung: Charles Previn; Kostümentwürfe: Vera West; Marlene Dietrichs Kostüme: Irene; Ton: Bernard B. Brown

Mit Marlene Dietrich (Bijou), John Wayne (Ltd. Bruce Whitney), Broderick Crawford (Little Ned – Edward Patrick Finnegan), Anna Lee (Dorothy Henderson), Mischa Auer (Sasha), Billy Gilbert (Tony), Reginald Denny (Kapitän Church), Albert Dekker (Dr. Martin), Oscar Homolka (Antro), Samuel S. Hinds (Gouverneur), Vince Barnett (Barmixer), Herbert Rawlinson (Obermaat), James Craig (Leutnant), William Bakewell (Leutnant), Antonio Moreno (Rubio), Russell Hicks (Erster Gouverneur), William B. Davidson (Polizeichef), Richard Carle (Bezirksbeamter), Willie Fung (Händler)

Drehzeit: August 1940. Länge: 85 Minuten, s/w. Uraufführung: November 1940.

The Lady is Willing

[...] Menschenskind, sie wußte alles, was man über Beleuchtung wissen konnte. Sie wußte genau, wie sie sich drehen mußte, um mitten im Licht zu sein, und wann sie im Schatten war.
[...] Sie konnte auf Kommando hysterisch weinen. Aber das genügte ihr nicht. Sie sei außerdem die ganze Nacht wach geblieben, sagte sie; dann sprühte sie sich dieses schreckliche Zeug in die Augen, bis sie rot und geschwollen waren, und dann erst legte sie richtig los und schluchzte.
[...] Wir hatten erst ein paar Tage gedreht, als sie sich ihren Fuß verletzte. Sie kam ziemlich spät an diesem Morgen. Ihr Astrologe Carroll Righter habe ihr vorausgesagt, sie werde an diesem Tag einen Unfall haben. Sie ließ daher ihren Chauffeur auf dem Weg ins Studio ganz langsam fahren, damit ja nichts passierte. Wir fingen an, und sie nahm einen der Zwillinge, die wir für die Babyrolle benutzten. Ich sah nicht genau, was geschah, aber sie ging hinter die Couch und stolperte über einen kleinen roten Wagen. Beim Fallen drehte sie sich, so daß sie auf dem Rücken landete, das Baby auf ihr, und dabei brach sie sich einen Knöchel. Es muß sehr schmerzhaft für sie gewesen sein, aber von Umbesetzung war überhaupt nicht die Rede. Sie bekam orthopädische Schuhe, und wir machten weiter. Wir mußten ein paar kleine Tricks anwenden, damit das Publikum nicht merkt, wie sie hinkt. In der Dekoration gab es eine Spiegelwand; jedesmal wenn sie durchs Zimmer ging, ließen wir sie den ersten Schritt mit dem gesunden Fuß machen, dann kam ein Gegenschuß auf Fred, der auf der Couch saß, und man sah dann im

Spiegel hinter ihm das Double durch das Zimmer gehen. Dann zurück auf Marlene, wie sie gerade bei Fred ankommt, und wieder einen Schritt mit dem gesunden Fuß macht. Wir konnten die Kamera nur so placieren, daß sie sich nicht im Spiegel selber filmte, aber die Scheinwerfer so aufzustellen, wie es Marlene wollte, ohne daß man sie im Spiegel sah, war manchmal sehr schwierig.

David Chierichetti: Hollywood Director. The Career of Mitchell Leisen. New York 1973, S. 175—177

Der Anblick, wie die grazile Marlene Dietrich ein Baby auf ihren absichtsvoll ins Bild gerückten Knien schaukelt und voller Mutterliebe gurrt, ist schon ein komischer Widerspruch in sich selbst. Und tatsächlich könnte sich unter bestimmten Voraussetzungen aus dieser Situation ein herrlicher Schwank entwickeln. Aber hier [...] handelt es sich nur um ein Stück Schmierentheater von ziemlich empörendem Geschmack und auch nur um eine von mehreren ähnlich billigen Szenen, in denen ein kleines Kind dazu benutzt wird, einer langweiligen Geschichte auf die Sprünge zu helfen.
Wie kommen eigentlich diese großen Geister auf den Gedanken, daß Glamour-Frauen manchmal vor Mutterliebe beben müssen? [...] Miss Dietrich kam als betont unmütterliche femme fatale ganz gut zurecht. Warum sollte sie ausgerechnet wegen eines Babys, das sie in der Eighth Avenue findet, sentimental werden? Warum sollte sie, die Frau in Samt und Seide, es mit in ihre Luxuswohnung schleppen und dann, um es zu adoptieren, eine Vernunftehe mit Fred MacMurray eingehen, einem höchst erfolgreichen Kinderarzt, der sich besonders mit Pädiatrie beschäftigt? [...]
Die Antworten kennen wir, aber sie genügen uns nicht. Dasselbe gilt für die Art und Weise, wie die Geschichte erzählt wird. Wo Sensibilität und Einfachheit vonnöten wären, ist sie weinerlich und überladen. Und wo die romantische Affäre mit Delikatesse behandelt werden müßte, ist sie plump und lüstern. Miss Dietrich gibt eine unglaubwürdige Mama; sie hat mehr Augen für die Kamera als für das Kind. [...]

Bosley Crowther in: The New York Times, 24. 4. 1942

Der Broadwaystar Elizabeth Madden entdeckt ein Findelkind und nimmt es bei sich auf. Da das Kind einen Vater braucht, geht sie mit Dr. Cory McBain eine Vernunftehe ein. Eifersucht gefährdet diese Ehe, doch als das Kind erkrankt und Dr. McBain ihm das Leben rettet, versöhnt sich Elisabeth mit ihrem Mann.

USA 1942. Produktion: Mitchell Leisen und Charles K. Feldman Gruppe für Columbia; Regie: Mitchell Leisen; Buch: James Edward Grant, Albert McCleery nach einer Originalerzählung von James Edward Grant; Kamera: Ted Tetzlaff; Bauten: Lionel Banks, Rudolph Sternad; Musik: W. Franke Harling; Song: »Strange Thing (And I Find You)« von Jack King und Gordon Clifford; Ton: Lodge Cunningham; Schnitt: Eda Warren; Choreographie: Douglas Deane; Musikalische Leitung: Morris W. Stoloff; Kostüme für Miss Dietrich: Irene; Hüte für Miss Dietrich: John Fredericks; Schmuck für Miss Dietrich: Paul Flato
Mit Marlene Dietrich (Elizabeth Madden), Fred MacMurray (Dr. Corey McBain), Aline MacMahon (Buddy), Stanley Ridges (Kenneth Hanline), Arline Judge (Frances), Roger Clark (Victor), Marietta Canty (Mary Lou), David James (Baby Corey), Ruth Ford (Myrtle), Sterling Holloway (Arthur Miggle), Harvey Stephens (Dr. Golding), Harry Shannon (Kriminalinspektor Barnes), Elisabeth Risdon (Mrs. Cummings), Charles Lane (K. K. Miller), Murray Alpar (Joey Quig), Kitty Kelly (Nellie Quig), Chester Clute (Steuerbeamter), Robert Emmett Keane (Hoteldirektor), Eddie Acuff (Murphy), Lorna Dunn (Dienstmädchen), Eugene Borden (Steward), Judith Lindon (Stewardess), Neil Hamilton (Charlie), Helen Ainsworth (Innenarchitektin), Lou Fulton, Billy Newell (Zwei Männer), Jimmy Conlin (Schnorrer), Charles Halton (Dr. Jones), Romaine Callender (Glatzkopf), Ray Walker (Reporter), Roy Crane (Portier), Georgia Backus (Erste Krankenschwester), Frances Morris (Zweite Krankenschwester), Myrtle Anderson (Dienstmädchen), Ernie Adams (Portier), Paul Oman (Geiger), Edward McWade (Portier in Boston)

Drehzeit: September/Oktober 1941. Länge: 92 Minuten, s/w. Uraufführung: 17. 2. 1942

The Spoilers (Die Freibeuterin; Stahlharte Fäuste)

Rette sich wer kann — die Supermänner sind wieder da. Nachdem er die Muskeln von John Wayne und Randolph Scott befingert und für gut befunden hatte, bringt sich Ray Enright mit einem Sprung auf den Kamerakran in Sicherheit und läßt die beiden [. . .] um die manikürte Hand der Marlene Dietrich kämpfen [. . .]. Die Regeln

des Marquis of Queensberry wirft er über Bord und akzeptiert die Schläge, wie sie kommen. Zweifellos hat Enright nach den zahmen Faustkämpfen, die wir in letzter Zeit gesehen haben, ein wahres Glanzstück zustande gebracht. Aus dem exzentrischen Roman über die harten Männer und die dickschädligen Frauen von Klondike zur Zeit des Goldrausches, den Rex Beach geschrieben hat, hat er eine einzige große Keilerei gemacht, die sich originalgetreu nach altem Kodex abspielt. Wenn ich mich nicht irre, befinden sich die Herren Wayne und Scott in diesem Augenblick irgendwo in einem beschaulichen Krankenzimmer, um sich auszukurieren.
Natürlich verlangt ein Krawall von diesen Dimensionen mit Tisch-, Fenster- und Balkonstürzen wie im letzten Akt von *The Spoilers* eine Art Motivation. Dafür wird doppelt gesorgt. Mr. Scott, dieser glattzüngige Schurke, versucht nicht nur, Mr. Wayne um die Midas-Goldmine zu prellen, er erlaubt sich auch einige zweideutige Gesten Miss Dietrich gegenüber, die sofort weiß, was gespielt wird. Als Saloonwirtin Cherry Malotte setzt sie die rauhbeinige Tradition der Mae West fort und trägt Rüschenkleider, die ebenso viel verbergen wie Fischflossen. Kurz gesagt, Miss Dietrich ist über Subtilitäten und schmachtendes Liebesgeflüster hinausgelangt. In *The Spoilers* führt sie sich mit einem halben Dutzend hartgekochter Eier und einem Viertel Brandy ein; eine handfeste Schönheit, diese Miss Dietrich. [. . .]

T. S. in: The New York Times, 22. 5. 1942

Wie in anderen Versionen derselben Story [. . .] ist in *The Spoilers* der Entscheidungskampf zwischen Wayne und Scott der Höhepunkt, der auch jede Prügelei zweier zum Äußersten entschlossener Männer, die man jemals irgendwann und irgendwo gesehen hat, in den Schatten stellt; er versöhnt uns mit dem Film. Ohne ihn wäre er wieder nur ein langweiliges Stück Kino über hart arbeitende Pioniere in Alaska, die ihre Goldclaims gegen skrupellose Betrüger verteidigen müssen, ausgestattet mit ein paar Glanzlichtern durch die hinreißend kostümierte, Mae West ausstechende Marlene. Die Dietrich hat Glamour, und ihre Dialoge sind nicht von schlechten Eltern. Ganz interessant ist ihre Darstellung der Cherry Malotte. Aber nicht sie, sondern die Schlägerei macht den Film zu dem, was er ist.
Wanda Hale in: The New York Daily News, 22. 5. 1942

Cherry Malottes Herz gehört dem Minenbesitzer Roy Glennister, doch als Glennister mit Helen Chester, Nichte des Richters Stillman, flirtet, freundet Malotte sich mit dem Regierungsbeamten McNamara an. McNamara und Stillman versuchen, Roy Glennister um seine Mine zu betrügen; sie beschlagnahmen seinen Besitz, unterschieben ihm einen Mord und nehmen ihn fest. Mit Malottes Hilfe bricht Glennister aus dem Gefängnis aus und nimmt seine Mine wieder in Besitz. Als er in einem Faustkampf seinen Rivalen McNamara besiegt, hat er auch das Herz Cherry Malottes wiedergewonnen.

USA 1942. Produktion: Frank Lloyd, Charles K. Feldman Group und Lee Marcus für Universal; Regie: Ray Enright; Buch: Lawrence Hazard, Tom Reed nach dem Roman von Rex Beach; Kamera: Milton Krasner; Bauten: Jack Otterson, John B. Goodman: Ausstattung: Russell A. Gausman, Edward R. Robinson; Musik: Hans J. Salter; Musikalische Leitung: Charles Previn; Ton: Bernard B. Brown; Schnitt: Clarence Colster; Kostüme: Vera West

Mit Marlene Dietrich (Cherry Malotte), Randolph Scott (Alexander McNamara), John Wayne (Roy Glennister), Margaret Lindsay (Helen Chester), Harry Carey (Dextry), Richard Barthelmess (Broncho Kid Farrell), William Farnum (Wheaton), Marietta Canty (Idabelle), Russell Simpson (Flapjack Simms), George Cleveland (Banty), Samuel S. Hinds (Richter Stillman), Robert W. Service (Dichter), Irving Bacon (Hotelbesitzer), Robert McKenzie (Restaurateur), Chester Clute (Montrose), Jack Norton (Mr. Skinner), Harry Woods (Minenbesitzer), Charles Halton (Jonathan Struve), Robert Homans (Schiffskapitän), Bud Osborne (Marshal), William Gould (Marshal Thompson), Charles McMurphy, Art Miles, William Haade (Hilfssherriffs), Willie Fung (Chinese), Lloyd Ingraham (Kelly), Ray Bennett (Mark)

Drehzeit: Mitte Januar bis Ende Februar 1942. Länge: 84 Minuten, s/w. Uraufführung: 8. 5. 1942

Follow the Boys

[. . .] Dieser Film ist legitime Unterhaltung und insoweit nicht zu tadeln. Aber damit steht er (leider) nicht außerhalb jeder Kritik. *Follow the Boys* ist ein nichtendenwollendes Potpourri der unterschiedlichsten Nummern — Unterhaltungskünstler aller Art, Tanzkapellen, Tänzer, Music-hall-Entertainer, Sänger, Kabarettisten, Gesangsgruppen — das Ganze von einem hauchdünnen Handlungsfaden zusammengehalten. Wir beginnen, wenn's beliebt, mit den Unterhaltungskünstlern.

Eine lange und bunt gemischte Reihe illustrer Namen — ähnlich den glanzvollen Starprogrammen, wie man sie früher allabendlich in den Music-halls des Londoner Westends zu sehen bekam. Jeanette MacDonald singt für uns: aber leider ist ihr Lied ungeheuer banal, im Text wie in der Melodie. Es folgt eine große Überraschung: ein Zauberkünstler der Spitzenklasse tritt auf, zusammen mit einer wunderschönen Frau, die in zwei Teile zersägt wird, worauf ihre untere Hälfte aus dem Bild tanzt, während ihr Oberteil uns aus den Kulissen zulächelt. Na und, sagt man sich, was soll das? Moment mal: der Zauberer ist Orson Welles, die Dame immerhin Marlene Dietrich! Es folgt W. C. Fields mit seinen unnachahmlichen Clownerien an einem Billardtisch. Sophie Tucker, wie immer ein Anblick robuster Gesundheit, trägt ein patriotisches Lied vor, wie immer mit großen Gesten und makelloser Diktion. Die Andrews Sisters singen ihren üblichen unverständlichen Unsinn und ernten damit soviel Applaus, daß eine Melba oder eine Tetrazzini vor Neid erblassen würde. Arthur Rubinstein spielt den »Liebestraum«, und er spielt ihn natürlich so wunderbar, daß er fast wie neu klingt, was ihm sehr gut bekommt. Und dann, die endlosen Tanzkapellen: Ted Lewis, Freddy Slack, Charlie Spivak, Louis Jordan — es kam mir vor, als spielten alle dasselbe, dieselbe Melodie, mit denselben Instrumenten, im selben Tempo. [...]

James Agate: Around Cinemas. 2nd series. London 1948, S. 249f.

Der ehemalige Steptänzer Tony West wird in Hollywood zu einem großen Star. Als Pearl Harbour von den Japanern zerstört wird, gründet er das Hollywood Victory Committee zur Unterhaltung der amerikanischen Truppen. Mit einer Showgruppe fährt er nach Australien und stirbt bei einem Angriff der Japaner.

USA 1944. Produktion: Charles K. Feldman mit Albert L. Rockett für Universal; Regie: A. Edward Sutherland; Buch: Lou Breslow, Gertrude Purcell; Kamera: John P. Fulton, David Abel; Bauten: John B. Goodman, Harold H. MacArthur; Ausstattung: Russell A. Gausman, Ira S. Webb; Choreographie und Regie der Tänze: George Hale, Joe Schoenfeld; Musikalische Leitung: Leigh Harline; Songs: »The Bigger the Army and Navy«, »I'll Get By«, »Mad About Him Blues«, »I'll Walk Alone«, »I'll See You In My

Dreams«, »Beyond the Blue Horizon«, »Good Night«, »Furlough Fling«, »Shoo Shoo, Baby«, »Swing Low, Sweet Chariot«, »Merriment«, »Besame Mucho«, »Sweet Georgia Brown«, »Is You Is, or Is You Ain't«, »Tonight«, »I Feel a Song Coming On«, »The House I Live In«, »A Better Day is Comin'«, »Andrews Sisters' Medley«, »Kittens With Their Mittens Laced«, »Some of These Days« von Sammy Cahn und Jule Styne, Kermit Goell und Walter Donaldson, Billy Austin und Louis Jordan, Dorothy Fields und Jimmy McHugh, Sheldon Brooks, Inez James und Buddy Pepper, Phil Moore, Leo Robin mit W. Franke Harling und Richard Whiting, Roy Turk und Fred Ahlert, Dick Charles und Larry Markes; Tonüberwachung: Bernard B. Brown; Tontechnik: Robert Pritchard; Schnitt: Fred R. Feitshans Jr.; Kostüme: Vera West; Regieassistent: Howard Christie

Mit George Raft (Tony West), Vera Zorina (Gloria Vance, ehemals Bertha Lindquist), Charles Grapewin (Nick West), Grace McDonald (Kitty West), Charles Butterworth (Louie Fairweather), George Macready (Walter Bruce), Elizabeth Patterson (Annie), Theodore von Eltz (William Barrett), Regis Toomey (Dr. Jim Henderson), Ramsey Ames (Laura), Spooks (Junior), Jeanette MacDonald, Orson Welles, Marlene Dietrich, Dinah Shore, Donald O'Connor, Peggy Ryan, W. C. Fields, The Andrews Sisters, Arthur Rubinstein, Carmen Amaya and Company, Sophie Tucker, Delta Rhythm Boys, Leonard Gautier's Bricklayers, Agustin Castellon Sabicas, Ted Lewis' Band, Freddie Slack and Orchestra, Charles Spivak and Orchestra, Louis Jordan and Orchestra (Gastauftritte), Louise Beavers, Clarence Muse, Maxie Rosenbloom, Maria Montez, Susanna Foster, Louise Allbritton, Robert Paige, Alan Curtis, Lon Chaney Jr., Gloria Jean, Andy Devine, Turhan Bey, Evelyn Ankers, Noah Beery Jr., Gale Sondergaard, Peter Coe, Nigel Bruce, Thomas Gomez, Lois Collier, Samuel S. Hinds, Randolph Scott, Martha O'Driscoll, Elyse Knox, Philo McCullough (Mitglieder des Hollywood Victory Commitee), Mack Gray (Leutnant Reynolds), Molly Lamont (Sekretärin Miss Hartford), John Meredith (Blinder Soldat in Jeanette MacDonalds Nummer), Ralph Gardner (Patient in Jeanette MacDonalds Nummer), John Estes (Patient), Doris Lloyd (Krankenschwester), Charles D. Brown (Oberst Starrett), Cyril Ring (*Life* Photograph Laughton), Emmett Vogan (*Life* Reporter Harkness), Addison Richards (*Life* Herausgeber MacDermott), Frank LaRue (Postbote), Tony Marsh (Erster Offizier), Stanley Andrews (Australischer Offizier), Lane Chandler (Diensthabender des Schiffs), Leslie Denison (Reporter), Leyland Hodgson (Australischer Reporter), Bill Healy (Schiffsoffizier), Frank Jenks (Chick Doyle), Ralph Dunn (Loomis), Billy Benedict (Soldat Joe), Grandon Rhodes (George Grayson), Howard Hickman (Dr. Wood), Edwin Stanley (Filmregisseur Taylor), Roy Darmour (Regieassistent Eddie), Carl Vernell (Choreograph Terry Dennis), Wallis Clark (HVC Komitee-Mann), Richard Crane (Marineoffizier), Frank Wilcox (Armeearzt

Cpt. Williams), Jimmy Carpenter, Bernard Thomas, John Whitney, Walter Tetley, Joel Allen, Carlyle Blackwell, Charles King, Mel Schubert, Stephen Wayne (Soldaten), Dennis Moore (HVC Offizier), Billy Wayne (Kolumnist), Jack Wegman (Major), Odessa Lauren, Nancy Brinckman, Janet Shaw, Jan Wiley (Telephonmädchen), Duke York (Militärpolizist), George Eldredge (U-Boot Offizier), Nicodemus Stewart (Leutnant Reynolds), George Shorty Chirello (Assistent in Orson Welles' Zauberakt) sowie Nelson Leigh, Tony Hughes, Edwin Stanley, Janice Gay, Jane Smith, Marjorie Fectean, Doris Brenn, Rosemary Battle, Lolita Leighter, Mary Rowland, Eleanor Counts, Linda Brent, Bill Wolfe, Bobby Barber, Carey Harrison, William Forrest, Steve Brodie, Clyde Cooke, Tom Hanlon, Bob Ashley, Lennie Smith, Don Kramer, Allan Cooke, Luis Torres, Nicholai, John Duane, Ed Browne, Clair Freeman, Bill Meader, Eddie Kover, Daisy, Lee Bennett und Baby Marie Osborne

Länge: 122 Minuten, s/w

Golden Earrings

Das Studio lehnte zunächst Marlene ab, aber ich insistierte. Der Angelpunkt der ganzen Geschichte war, daß diese Zigeunerin trotz schmutziger Kleider und fettigen Haars so verführerisch sein mußte, daß der biedere Engländer sich in sie verliebte. »Es gibt nur eine Frau, die unter solchen Umständen noch bezaubernd wirkt«, sagte ich, »und das ist Marlene.« Nachdem sie die Rolle akzeptiert hatte, entschloß sich Marlene, Studien zu treiben. Sie besuchte alle Zigeunerlager in der Nähe von Paris und blieb in einem sogar mehrere Tage. Sie erkundete, wie sie leben und wie sie sich kleiden. Bevor sie hier ankam, fuhren wir zu Außenaufnahmen in die Berge und drehten einige Totalen mit Ray Milland und einem Double in Marlenes Kostümen. Als Marlene eintraf, warf sie nur einen kurzen Blick auf die Kostüme und weigerte sich, sie anzuziehen, weil sie wußte, daß sie nicht authentisch waren. Es war furchtbar schwierig, die von Marlene gewünschten Kleider so zu verändern, daß sie den in der Totale benutzten ähnlich sahen.

[...]

Marlene schminkte sich natürlich selbst und entschied sich für eine sehr dunkle Grundfarbe. Sie schmierte Ruß drüber, den sie so in ihrem Gesicht verrieb, daß es bei der Aufnahme dunkler wirkte als ein schwarzes Loch. Mit ihren Fingernägeln riß sie außerdem so lange Löcher in ihr Kleid, bis ich ihr schließlich auf den Handrücken schlug und sagte, sie solle aufhören. [. . .]

David Chierichetti: Hollywood Director. The Career of Mitchell Leisen. New York 1973, S. 260—262

[. . .] *Golden Earrings* ist kein Kunstfilm der Superklasse, aber als Unterhaltungsfilm, nimmt man ihn nicht allzu ernst, ein gelungener Spaß. Melodramatische Spionagefilme aus der Kriegszeit sind zwar inzwischen etwas aus der Mode gekommen, aber man hat genug aufregende Zwischenfälle und liebenswürdige Albernheiten in die übliche Story eingebaut, daß sie hinreichend amüsant verläuft. Mit hitziger, durch die Subtilitäten des Production Code nur mühsam gebändigter Leidenschaft, umwirbt und gewinnt die zigeunernde Marlene den sehr britischen und sehr widerstrebenden Milland. [. . .] »La Dietrich« überbrückt langweilige Momente, indem sie auf der Zither klimpert und mit ihrer tiefen Altstimme (oder ist es ein Baß?) sehnsüchtig singt, was bei einem kinoerprobten Publikum im Paramount-Theater teils unfreiwilliges Gelächter, teils (bei den empfänglicheren Leuten) wehmütige Seufzer provoziert.

Jesse Zunser in: Cue, New York, 6. 12. 1947

Die märchenhaften Beine der Marlene Dietrich und den bemerkenswerten Charme dieser Dame, die wir zum letzten Mal vor drei Jahren in *Kismet** sahen, kann man in dem Paramount-Film *Golden Earrings* [. . .] unter Bärenfett und einem Haufen Zigeunerlumpen gerade noch erkennen. Ein seltsam selbstmörderischer Impetus hat das Studio offenbar dazu getrieben, die positiven Eigenschaften von Miss Dietrich in diesem Film um jeden Preis verbergen zu wollen und sie in eine schmutzige Vogelscheuche zu verwandeln, auf die das Publikum kaum neugierig sein dürfte. [. . .]
Und, offen gesagt, Miss Dietrich ist hier das Opfer fahrlässiger Sabotage geworden, da man sie in eine Rolle drängt, die ihre eigentlichen Vorzüge so wenig zur Geltung kommen läßt wie eine Großmutterrolle. Es ist weder reizvoll noch hat es etwas mit Kunst zu

* *Kismet.* USA 1944. Regie: William Dieterle. Vgl. Bd. 2

tun, mitansehen zu müssen, wie die Dietrich, Prototyp graziler Eleganz, mit einer öligen dunklen Salbe beschmiert in schmutzigen Lumpen herumhüpft.

Bosley Crowther in: The New York Times, 4. 12. 1947

In seinem Londoner Club erhält der britische Oberst Ralph Denistoun eine Botschaft mit einem Paar goldener Ohrringe. Er nimmt sofort ein Flugzeug und erzählt während der Reise einem Passagier, daß er bei Ausbruch des Krieges in Deutschland einen Geheimauftrag ausführte; dies gelang ihm nur mit Hilfe der Zigeunerin Lydia, die ihn in ihrem Stamm versteckte und durch die feindlichen Linien schleuste. Da der Krieg nun vorbei ist, kehrt er zu Lydia zurück.

USA 1947. Produktion: Harry Tugend für Paramount; Regie: Mitchell Leisen; Buch: Abraham Polonsky, Frank Butler, Helen Deutsch nach einem Roman von Yolanda Foldes; Kamera: Daniel L. Fapp; Bauten: Hans Dreier, John Meehan; Ausstattung: Sam Comer, Grace Gregory; Musik: Victor Young; Song: »Golden Earrings« von Victor Young, Jay Livingstone und Ray Evans; Ton: Don McKay, Walter Oberst; Schnitt: Alma Macrorie; Kostüme: Mary Kay Dodson; Maskenbildner: Wally Westmore; Regieassistent: Johnny Coonan; Spezialeffekte: Gordon Jennings; Kombinationsaufnahmen: Farciot Edouart; Musikberater: Phil Boutelje; Choreographie: Billy Daniels; Orchestrierung: Leo Shuken, Sidney Cutner
Mit Ray Milland (Col. Ralph Denistoun), Marlene Dietrich (Lydia), Murvyn Vye (Zoltan), Bruce Lester (Byrd), Dennis Hoey (Hoff), Quentin Reynolds (Quentin Reynolds), Reinhold Schünzel (Professor Krosigk), Ivan Triesault (Major Reiman), Hermine Sterler (Greta Krosigk), Eric Feldary (Zweig), Fred Nurney (Erster Agent), Otto Reichow (Zweiter Agent), Gisela Werbiseck (Witwe), Larry Simms (Page), Haldor de Becker (Telegraphenjunge), Gordon Richards, Vernon Downing (Klubmitglieder), Leslie Denison (Miggs), Tony Ellis (Melder), Gwen Davies (Stewardess), Robert Cory (Portier), Hans von Morhart (SS-Soldat), Henry Rowland (Pfeiffer), William Yetter Sr., Henry Guttman (Bauern), William Yetter Jr., Leo Schlesinger (Soldaten), Ellen Baer (Mädchen), Louise Colombet (Blumenfrau), Carmen Beretta (Touristin), Frank Johnson (Kellner), Maynard Holmes (Privatdetektiv), Fred Giermann (Sergeant), James W. Horne (Soldat), Roberta Jonay (Bauernmädchen), Harry Anderson (Deutscher Bauer), Caryl Lincoln (Seine Frau), Robert Val, Gordon Arnold, Pepito Perez (Zigeuner), George Sorel, Hans Schumm (Polizisten), Martha Bamattre (Wahrsagerin), Antonia Morales (Zigeunertänzerin), Jack Wilson (HJ-Führer), Charles Bates (Kleiner Junge), John Dehner (SS-Mann), Howard Mitchell (Marineoffizier), Arno

Frey (Major), John Good (SS-Leutnant), Jack Worth, Walter Rode (NS-Offiziere), Peter Seal (Polizeichef), John Peters (Oberstleutnant), Al Winters (Oberst der Wache), Greta Ullmann, Catherine Savitzky (Deutsche Frauen)

Drehzeit: 6. 8. bis 17. 10. 1946. Länge: 2589 Meter, s/w. Uraufführung: 27. 8. 1947

A Foreign Affair (Eine auswärtige Angelegenheit)

[...]
Nicht nur wegen der Qualität seiner Dialoge verdient der Film Beachtung, sondern wegen seiner authentischen Atmosphäre. Die Aufnahmen von Berlin — dokumentarische Bilder, keine Studiobauten oder Modelle — sind faszinierend und erschütternd wie alliierte Wochenschauen aus dem besiegten Deutschland. Umso erstaunlicher, daß sich dieser nüchterne Realismus in eine Komödie einbringen ließ; doch Brackett und Wilder, diesen erprobten Zelluloidalchemisten, gelang es mühelos.
Mit den Schauspielern, die an diesem gelungen Streich beteiligt waren, muß die Regiearbeit das reine Vergnügen gewesen sein. [...]
Marlene Dietrich fühlt sich wohl in ihrer Rolle, ihrer besten seit zehn Jahren; sie ist ihr offensichtlich auf den Leib geschrieben.
Perfekt und präzise spielt sie das amouröse »Fraulein«, das auf Nylons scharf ist, und mit ihrer burlesken Komik hat sie die Lacher auf ihrer Seite.
Solche Filme gibt's nicht viele. Gehen Sie hin!

Dorothy Kilgallan in: Modern Screen, New York, Vol. 37, No. 5, Oktober 1948

[...]
Marlene Dietrich war immer am besten, wenn sie in sarkastischen Komödien oder im Glamour der Halbwelt brillieren konnte, und wenn dieser Film gelungen wäre, könnten wir sie sicher auch diesmal in einer Glanzrolle sehen. Stattdessen muß sie pseudobitteren Kabarett-Ersatz singen — wie z. B. »Black Market«. [...]
Der Film bescheinigt der Armee durch die Bank einen ungebrochenen, gesunden Geist, obwohl sie sich offenbar am meisten darum

kümmert — und das wird gleich zweimal gesagt —, deutschen Jungen Baseball beizubringen. Ein paar Seitenhiebe auf jene sentimentalen, neunmalklugen Amerikaner, die aus sicherer Distanz darüber plaudern, wie es mit Deutschland weitergehen soll, sind durchaus wohltuend. Aber der Humor des Films ist größtenteils so geschmackvoll wie jemand, der einen Sterbenden zur Eile antreibt.

Anonym in: Time, New York, 26. 7. 1948

[...]
Es mag ja komisch sein (und das Publikum hat in der Tat gelacht), wenn eine auf dem Schwarzmarkt Unter den Linden feilgehaltene Geburtstagstorte aus Iowa mit der Aufschrift »I love you, I love you, I love you« fast einen Aufruhr verursacht. Vielleicht lachen Sie sich tot, wenn zwei Schmieren-G.I.s auf einem Tandem deutsche »Frauleins« mit Schokolade becircen. Aber dann haben Sie sicher auch beim Begräbnis Ihrer Großmutter ein Faß aufgemacht. [...]
Etwas weniger Komisches als die derzeitige Lage der Militärregierung in Deutschland gibt es wohl kaum auf der Welt, und weder die spritzigen Dialoge des Drehbuchautors Charles Brackett noch die geschickte Regie Billy Wilders können darüber hinwegtäuschen, daß dieses Gelächter ziemlich hohl klingt.
[...] Marlene Dietrich kennt die Männer immer noch besser als jede andere Frau, und noch immer steigt ihre Stimme durch den Rauch wie die Stimme Liliths. Aber wenn Sie unbekümmertes Gelächter in einem Krankenzimmer für unpassend halten, sollten Sie sich *A Foreign Affair* lieber nicht ansehen.

Anonym in: The New Republik, New York, Vol. 119, No. 2, 12. 7. 1948

[...]
Der Film *A Foreign Affair* zeichnet sich dadurch aus, daß er eine der geschmacklosesten Episoden auf die Leinwand bringt, die dort jemals zu sehen waren; es handelt sich um eine idyllische Liebesgeschichte, oberflächlich betrachtet eine ganz harmlose Story, die aber mehr Brutalität impliziert als ein Film, der die Verbrennungsöfen eines Vernichtungslagers zeigte, in denen noch Menschenasche schwelt. Die Szene, in der ein Archivraum mit Kriegsverbrecherak-

ten als Schauplatz für ein »Hasch-mich-wenn-Du-kannst«-Spielchen dient, ein wahrhaft teuflischer Kontrast, muß bei denen, die noch nicht vergessen haben, ein Gefühl des Abscheus hervorrufen. Es ist schlimmer, als wenn sich zwei Liebende im Film am Ende über der noch warmen Leiche des Rivalen in die Arme sinken, denn hier werden nicht die Gefühle einiger weniger verletzt, sondern man rührt an das qualvolle Leiden von Millionen.

[...]

A Foreign Affair, ein Originalstoff, verrät deutlich Wilders Vorliebe für abgeschmackte Witzeleien im Boulevardstil. Eine Schutthalde ist nicht gerade der passende Schauplatz für eine propere Filmkomödie. Wir sehen die Ruinen Berlins, doch fällt kein Wort der Erklärung, warum diese Stadt bis auf die Grundmauern zerstört werden mußte, um den Geist der Unterdrückung zu brechen. Die Nazis sind zwielichtige Charaktere, aber ausgestattet mit Charme und Noblesse; relativ unbehelligt leben sie hinter einer romantischen Fassade, die zehn Jahre Massenmord verbirgt. Wer die Courage lobt, die dazu gehört, das Thema anzugehen, hat die Gemeinheit dieser Travestie nicht begriffen. Es ist nicht komisch, mitansehen zu müssen, wie Berlin noch immer von der gleichen Nazi-Clique tyrannisiert wird, die wir so oft zum Teufel gewünscht haben; wie »Frauleins« in aller Ruhe über das Schicksal amerikanischer Offiziere befinden; oder wie unter den Augen der Militärregierung ein riesiger Schwarzmarkt floriert. Es steht außer Frage, daß diese frivole Haltung die Empfindlichkeit derjenigen Amerika gegenüber verstärkt, die unter der Naziherrschaft leben mußten.

[...]

Nun zu Herbert Luft, der an *A Foreign Affair* Wilders »Vorliebe für abgeschmackte Witzeleien im Boulevardstil« bemängelt. Der Film spielt im zerstörten Berlin. Auf diese Stadt haben die meisten von uns Amerikanern zehn Jahre lang mit Schaudern und Entsetzen geblickt. Der Krieg ist vorbei — ausgelassene junge Amerikaner durchstreifen die Trümmer, junge Menschen, die sich gottlob ihre Vitalität und Lebensfreude bewahrt haben. [...] Aber möchte Herr Luft überhaupt wissen, was in diesen jungen Männern vorgeht? Offenbar nicht; denn das würde jener Heiterkeit Raum geben, die ihm so zuwider ist. Er verlangt eine Erklärung dafür, warum diese Stadt

so entsetzlich zerstört werden mußte. Das Publikum kennt den Grund; warum sollten wir es erneut damit langweilen?
Marlene Dietrich in der Rolle einer Berlinerin war so negativ gezeichnet, daß wir sie etwas menschlicher machen mußten. So wurde eigens eine Szene eingebaut, in der die Gründe für ihr Verhalten erklärt werden. Herbert Luft entnimmt ihr offensichtlich, daß sie als eine Frau von »Charme und Noblesse« dargestellt wird. Was allerdings die Publikumsreaktion angeht, so kann ich nur sagen, die amerikanischen Zuschauer haben ihre Einweisung in ein Arbeitslager am Ende mit begeistertem Lachen quittiert. Für Herbert Luft war das ein wehmütiger und romantischer Abgang.

Herbert Luft/Charles Brackett: Two Views of a Director — Billy Wilder, in: The Quarterly of Film, Radio and Television, Hollywood, Vol. VII, No. 1, Fall 1952

[. . .]
Ich erinnere mich an die Nacht, als wir *A Foreign Affair* vor dem Screening Committee der Militärregierung in Berlin zeigten. Sollte der Film unter dem Gesichtspunkt der Umerziehung akzeptiert werden, würde ihn die MPEA* in Deutschland herausbringen. (Oberflächlich betrachtet hatte der Film alles: Wilder, die Dietrich und Berlin. Beinahe vermißte man das alte Ufa-Zeichen im Vorspann.) Und ich erinnere mich auch, wie unsere Enttäuschung immer mehr in Zorn und unser Zorn in Ekel umschlug. Vielleicht hatten wir alle nicht genug Abstand; ganz sicher fehlte uns auch die unbekümmert — leichtfertige Perspektive Wilders. Aber selbst, wenn wir unsere Objektivität bis zum Geht-nicht-mehr strapazierten, konnten wir kein Verständnis für einen Regisseur aufbringen, der die Ruinen für eine witzige Kulisse hält, die Offiziere der Militärregierung zu komischen Figuren macht und die Nazis als Schießbudenfiguren in den Film einführt.
Um nicht mißverstanden zu werden: wir »fanden nicht den Witz geschmacklos« (um mit Mr. Brackett zu sprechen). Wir fanden einen *Film* geschmacklos, für den das sehr heikle Thema der Rehabilitierung Deutschlands nichts als ein Witz war. Was *A Foreign Affair* angeht, so hielten wir Mr. Wilder nicht für dekadent (Mr. Luft), auch

* MPEA: Motion Picture Export Association

nicht für humoristisch (Mr. Brackett), sondern einfach für verantwortungslos.

Zu einer Zeit, da es für unsere Außenpolitik darauf ankam, bei den Amerikanern sachliches Verständnis für die deutschen Probleme zu wecken, erwies uns Wilder mit seiner Slapstick-Version der Berliner Verhältnisse einen Bärendienst. [...]

Stuart Schulberg: A Communication: A letter about Billy Wilder in: The Quarterly of Film, Radio and Television, Hollywood, Vol. VII, No. 4, Summer 1953

Die Abgeordnete Phoebe Frost fährt in das besetzte Berlin, um die Moral der amerikanischen Besatzungstruppen zu untersuchen. In einem Nachtclub entdeckt sie die Sängerin Erika von Schluetow, die im Dritten Reich zu den Spitzen der Gesellschaft gehörte und durch einen amerikanischen Offizier – John Pringle – gedeckt wird. Phoebe Frost fordert Pringle auf, ihr bei der Suche nach diesem Offizier zu helfen, verliebt sich in ihn und macht bald die Entdeckung, daß Pringle der von ihr gesuchte Offizier ist. Man erklärt ihr, daß er den Kontakt mit der Sängerin nur pflegt, um ihren Freund von der Gestapo, Hans Otto Birgel, aus seinem Versteck zu locken. Von Eifersucht getrieben verrät sich Birgel, und wird erschossen. Erika von Schluetow wird in ein Arbeitslager eingewiesen, Phoebe Frost und John Pringle fahren als glückliches Paar nach Amerika.

USA 1948. Produktion: Charles Brackett für Paramount; Regie: Billy Wilder; Buch: Charles Brackett, Billy Wilder und Richard L. Breen nach einer Story von David Shaw; Adaption: Robert Harari; Kamera: Charles B. Lang Jr.; Kombinationsaufnahmen: Farciot Edouart, Dewey Wrigley; Bauten: Hans Dreier, Walter Tyler; Ausstattung: Sam Comer, Ross Dowd; Musik und Musikalische Leitung: Friedrich Hollaender; Songs: »Black Market«, »Illusions«, »The Ruins of Berlin«, »Iowa Corn Song« und »Meadowland« von Friedrich Hollaender; Ton: Hugo Grenzbach, Walter Oberst; Kostüme: Edith Head; Schnitt: Doane Harrison; Produktionsleiter: Hugh Brown; Spezialeffekte: Gordon Jennings; Erster Kameraassistent: Guy Bennett; Scriptüberwachung: Harry Hogan; Regieassistent: C. C. Coleman Jr.

Mit Marlene Dietrich (Erika von Schluetow), Jean Arthur (Phoebe Frost), John Lund (Captain John Pringle), Millard Mitchell (Col. Rufus J. Plummer), Peter von Zerneck (Hans Otto Birgel), Stanley Prager (Mike), Bill Murphy (Joe), Gordon Jones (Erster M. P.), Freddie Steele (Zweiter M. P.), Raymond Bond (Pennecott), Boyd Davis (Griffin), Robert Malcolm (Kraus), Bobby Watson (Hitler), Charles Meredith (Yandell), Michael Raffeto (Salvatore), James Larmore (Leutnant Hornby), Damien O'Flynn (Oberstleutnant), Harland Tucker (General McAndrew), George Carlton (General Finney), James Fenton (Major), William Neff (Leutnant Lee Thompson)

Drehzeit: Dezember 1947 bis Februar 1948 in den Paramount Studios in Hollywood, Außenaufnahmen in Berlin. Länge: 3192 Meter, s/w. Uraufführung: 20. 8. 1948

Around the World in 80 Days (In 80 Tagen um die Welt)

[...] Es ist ein Wunder, daß dieser Polyphem unter den Filmproduktionen nicht an seinem eigenen Übergewicht zu Boden geht; im Gegenteil — er hüpft mit erstaunlicher Leichtigkeit herum (dies ist vor allem dem Showman Todd zu verdanken), wie eine dicke Dame, die ein Cha-Cha-Cha-Turnier gewinnt. Als Reisefilm ist *Around the World* jedem Cinerama-Erzeugnis zumindest ebenbürtig. Dem Zuschauer bietet sich ein ganzes Album voll überdimensionaler Schnappschüsse: Sommer in Paris, Stierkampf in Spanien, religiöse Feste in Indien, eine Wild-West-Show nach ältester Hollywood-Manier; und einmal darf er sogar einer Szene beiwohnen, für deren Anblick jeder viktorianische Mann freudig die Hälfte seines Bartes gegeben hätte: Königin Viktoria im Bett.
Außerdem ist S. J. Perelmans Drehbuch eine raffinierte, witzige Parodie des Verneschen Romans, der seinerseits die Engländer parodiert, so daß der Zuschauer häufig in den subtilen Genuß kommt, sich über jemand lustig zu machen, der sich über jemand anderen lustig macht. [...]
Anonym in: Time, New York, 29. 10. 1956

Jules Vernes Buch war ein Abenteuerroman, und auch der Film ist da, wo er gut ist, ein Abenteuerfilm und weiter nichts. Allerdings Abenteuer in seiner simpelsten Form — für Zuschauer, die nicht nachdenken wollen. Aber warum darf man sich solch ein unschuldiges Abenteuer nicht hin und wieder gönnen? Der Film trifft in einer Reihe von Szenen die Atmosphäre, die Fantasie, den jugendlichen Überschwang des Buches. Es ist ein Abenteuer ohne Tiefe, ohne Psychologie, ohne Symbolik — ein Genre, das nahezu ausgestorben ist. Man wünscht sich Fairbanks herbei, der unbekümmert, lächelnd, strahlend ins Bild springen könnte — oder vielmehr sogar den alten Filmhund Rin-Tin-Tin.

Jonas Mekas: Movie Journal, in: The Village Voice, New York, 19. 11. 1959

Phileas Fogg, Michael Todd — die Namen scheinen irgendwie zusammenzugehören. Phileas war der unerschrockene Held des Jules-Verne-Romans »In 80 Tagen um die Welt«, ein sehr properer Engländer, der seine Properkeit gelegentlich vergaß und einer Wette wegen Anno 1872 um den Erdball fuhr. Michael Todd mag weder proper noch englisch sein, aber er besitzt die gleiche Unerschrockenheit und Zielstrebigkeit wie Phileas. Er hat den Roman »In 80 Tagen um die Welt« verfilmt, und der Film verweist mit seiner Phantasie, seiner Frische und fröhlichen Frechheit den armen alten Verne weit ins 19. Jahrhundert. [. . .]
Mr. Todd möchte *Around the World in 80 Days* nicht als Film, sondern als Show Business verstanden wissen. [. . .] Warum Todd so auf diesem Punkt besteht, ist schwer einzusehen. Denn *Around the World in 80 Days* ist reinstes Kino, jene umfassende, irreale, fantasievolle Unterhaltung, wie sie nur das Kino bieten kann, wie sie aber auch dort nur allzu selten gelingt. [. . .]

Herbert Kupferberg in: The New York Herald Tribune, 18. 10. 1956

Im Reform Club wettet Phileas Fogg im Jahre 1842 um 20 000 Pfund, daß er in achtzig Tagen die ganze Welt bereisen könne. Mit seinem Diener beginnt er am nächsten Tag die Fahrt; später schließt sich ihnen Inspektor Fix an, der in Fogg einen gesuchten Bankräuber vermutet. Unter Verwendung der skurrilsten Beförderungsmittel — u. a. einem Strauß und einem Elefanten — gelingt es Fogg, nach vielen Abenteuern die Wette zu gewinnen.

USA 1956. Produzent: Michael Todd mit William Cameron Menzies; Regie: Michael Anderson; Buch: S. J. Perelman nach dem gleichnamigen Buch von Jules Verne (Paris 1872); Kamera: Lionel Lindon; Musik: Victor Young; Song: »Around the World« von Victor Young, Text von Harold Adamson, gesungen von Eddie Fisher; Bauten: James Sullivan, Ken Adams; Ausstattung: Ross Dowd; Kostüme: Miles White; Choreographie: Paul Godkin; Ton: Joseph Kane; Schnitt: Paul Weatherwax, Gene Ruggiero; Regieassi-

stenten: Ivan Volkman, Lew Borzage, Dennis Bertera, Farley James; Regie des zweiten Aufnahmeteams: Kevin McClory; Spezialeffekte: Lee Zavitz; Titel: Saul Bass
Mit David Niven (Phileas Fogg), Cantinflas (Passepartout), Shirley MacLaine (Prinzessin Aouda), Robert Newton (Inspektor Fix), Charles Boyer (Monsieur Casse), Joe E. Brown (Bahnhofsvorsteher), Martine Carol (Touristin), John Carradine (Oberst Proctor Stamp), Charles Coburn (Schreiber), Ronald Colman (Eisenbahnangestellter), Melville Cooper (Steward), Noël Coward (Roland Hesketh Baggott), Finlay Currie (Whist Partner), Reginald Denny (Polizeichef), Andy Devine (Erster Offizier), Marlene Dietrich (Barbesitzerin), Luis Miguel Dominguin (Stierkämpfer), Fernandel (Droschkenkutscher), Sir John Gielgud (Foster), Hermione Gingold (Sportliche Dame), José Greco (Spanischer Tänzer), Sir Cedrick Hardwicke (General Sir Francis Gromarty), Trevor Howard (Fallentin), Glynis Johns (Trinkkumpanin der sportlichen Dame), Buster Keaton (Zugschaffner), Evelyn Keyes (Flirt in Paris), Beatrice Lillie (Predigerin), Peter Lorre (Steward), Edmund Lowe (Schiffsingenieur), Victor McLaglen (Steuermann), Col. Tim McCoy (Kavallerie-Kommandeur), A. E. Mathews (Mitglied des Reform-Clubs), Mike Mazurki (Individuum in Hongkong), John Mills (Droschkenkutscher), Alan Mowbray (Britischer Konsul), Robert Morley (Ralph), Edward R. Murrow (Sprecher des Prologs), Jack Oakie (Kapitän), George Raft (Herausschmeißer), Gilbert Roland (Achmed Abdullah), Cesar Romero (Diener), Frank Sinatra (Klavierspieler), Red Skelton (Betrunkener), Ronald Squire, Basil Sidney (Mitglieder des Reform-Clubs), Harcourt Williams (Diener Hinshaw), Ava Gardner (Zuschauerin)

Länge: 175 Minuten, Todd-AO, Farbe. Uraufführung: 17. 10. 1956, Rivoli Theatre, New York

Judgment at Nuremberg (Urteil von Nürnberg)

Drei Stunden Spielfilm über die deutsche Mentalität unter dem Nationalsozialismus können bei aller Komplexität nicht den Stempel letzter Gültigkeit tragen. So ist Kramers Film einerseits spektakulär und damit auch für ein breites Publikum attraktiv, andererseits um eine Dialektik bemüht, die auch höheren Ansprüchen gerecht wird. Es ist die Popularisierung eines politischen Stoffs, der sonst die Domäne der politischen Literatur ist. [. . .] Kramer ist darauf angewiesen, große Initialen zu setzen und Denkkategorien aufeinanderprallen oder zumindest aneinander rütteln zu lassen. Wie war das möglich? Wie konnte ein Glaube so blind sein, der Hitler an die Macht

und dann zu seinen Massenmorden verhalf? Wie gefährdet aber angesichts dieses durch Unmenschlichkeit irrationalen Themas das Kalkül ist, wie unzureichend eine Begegnung im Film, eine wohlgemeinte Absicht des Drehbuchs, beweist die allzu gepflegte Rolle von Marlene Dietrich als Witwe des hingerichteten deutschen Generals. Sie erscheint als unantastbar interessant und schön — Persönlichkeit aus bester Familie, sitzt in einem »Kultur-Komitee« und betreibt Verständigung. Daneben haßt sie die Mörder ihres Mannes — Amerikaner. Nach Kramers Auffassung vertritt sie die »anderen Deutschen«, wie die Rolle der Dietrich vorschreibt, um zu zeigen: daß nicht alle Deutschen Ungeheuer waren. Spencer Tracy runzelt zu ihren privaten Aussagen die Stirn. Die Rolle der Dietrich bleibt künstlich, in einem Filmprozeß, der auf seiner anstrengenden Suche nach Wahrheit mit Großmut zur Künstlichkeit neigt. Da sitzen auf der Anklagebank Väter der Weimarer Republik, Juristen, die schon prominent waren und in Hitlers Dienste traten, und solche, die unter Hitler prominent wurden, weil sie dem Regime in allen Punkten hörig waren. [...]
Sehen wir einmal von der spektakulären Ebene dieses Films ab, und das kann man, ohne den Film zu begünstigen, dann bleiben ein paar lebenswichtige Wahrheiten in der dialektischen Auseinandersetzung zwischen Ideologie und Humanität. Hier hat der Film Stanley Kramers seine Verdienste. Über der auskalkulierten Szenerie findet sich eine Moral, die länger existiert als die Starkultur dieses Films. Dieser Film ist keine Sekunde lang ein antideutscher Film.
[...] Der Film ist gegen Schluß von einer gebieterischen Unbestechlichkeit. Vor dem weißhaarigen amerikanischen Richter ist jede Rechtsbeugung ausgeschlossen, auch dann, als von amerikanischer Seite, aus Interesse an Deutschland, Druck auf ihn ausgeübt wird. Mit dem Recht darf nicht jongliert werden. Stanley Kramer setzt mit diesem Gedanken den Schlußpunkt. Die politische Entwicklung hat jene Prozesse längst überrollt, eine Logik des »Kalten Krieges«: keiner der 99 Männer, die in dem Juristenprozeß zum Teil zu lebenslänglichen Freiheitsstrafen verurteilt wurden, verbüßt mehr seine Strafe, besagt eine Schlußnotiz des Films. Die politische Räson biegt das Recht. Kramers Film aber handelt, und das gibt ihm ein Übergewicht.

Günter Seuren: Wie lange dauert ein Sieg? In: Deutsche Zeitung, Stuttgart-Köln, 19. 12. 1961

Kramer faßt das Thema [...] so komplex und schwierig an, wie es ist. Dadurch wird der Film, in seiner eifernd ernsten Ausführlichkeit ihm unter der Hand, als Film, zu ausführlich. [...] Er »löst« die Unlösbarkeit des gezeigten Dilemmas nicht. Aber er zeigt sie mit quälender und ehrlicher Deutlichkeit.
Der Film predigt. Er eifert mit einer ruhigen, oft etwas betulichen Ernsthaftigkeit für die Unzerstörbarkeit eines ewigen Rechtes. Er will an den Grund schlimmer, immerwährender Fragen. Die Mittel, mit denen er dorthin gelangen will, sind die des kompetenten Kinos, der paradigmatischen Abbildung an der Leinwand, sind das Handwerk Hollywoods mit seinen Vorzügen und allen seinen Fragwürdigkeiten.
Seine Vorzüge: gespielt wird vorzüglich. Spencer Tracy im Richterstuhl strahlt die Menschlichkeit eines hohen alten Herrn aus. Ein Nonkonformist, ein Rechtsbesessener, der zu lächeln versteht. Eine wunderbare Figur, die die Handlung und alle Urfragen der Zeitfabel durchaus trägt. Aber wenn ihm ein Vorwurf zu machen ist, so der, daß er wunderbar Spencer Tracy bleibt, ein Star, ein Großer. Man vergißt es nicht, da man über ihm vergessen sollte, wer das spielt, um zu erkennen, was da grundsätzlich Unlösbares gespielt wird.
Genauso Marlene Dietrich. Sie hat die vergleichsweise kleine Rolle einer Generalswitwe. Ihr Mann wurde gehenkt. Sie gibt eine glitzernde Figur aus Abscheu, Mitleid, Kälte, Arroganz, Haß und Attraktion. Sie ist wunderbar — Marlene aus dem Buch der Filmgeschichte. Ein Star mit einer klirrenden Nuance, einer unnachahmbaren, des Erotischen. Aber das, was sie sein sollte, eine deutsche Offiziersfrau, ist sie denn doch nicht. Sie bleibt eine Generalsfrau des hochgetriebenen Films. [...]
Der Film, so ehrlich, so sauber in seiner Intention und Beweisführung, so mutig in seinem Thema und so achtenswert in seinem unverschmierten Drang zur Wahrheit, er hat nur einen Fehler: Er ist immer zu sehr Film; er bleibt grandioses Kino, wo das Thema, das furchtbare, das so ehrlich und sauber angegangene, sich gegen die Mittel des noch so kompetenten und redlichen Films eben dauernd zu sträuben scheint.

Friedrich Luft: So ehrlich, so mutig — und doch immer nur Film. In: Die Welt, Ausgabe B, Berlin, 16. 12. 1961

Dieser Film ist guten Willens, und er enthält bezwingende Studien großer Schauspielkunst — mehr aber läßt sich zu seinen Gunsten nicht sagen. Ja, noch der gute Wille, da er den Beigeschmack vorsätzlicher Philantropie hat, den Charakter des allzu bemühten Verständnisses für die Motive des Gegners, wird, je länger der Film dauert (und er dauert mehr als drei Stunden), letztlich zum Einwand: denn er mindert die innere Glaubwürdigkeit, er saugt den Menschen das Blut aus, und er hinterläßt am Ende das Gefühl, man habe ein szenisches Kolleg über Unrecht und Gerechtigkeit erlebt, nicht aber ein Werk Stanley Kramers, des hochbegabten Filmregisseurs. Die Penetranz des guten Willens geht bis in die Darstellung: Sie äußert sich aufs Ärgerlichste in den großen Blicken, mit denen sich die Personen — etwa der amerikanische Ankläger und der junge deutsche Verteidiger — fortwährend, Aug' in Aug', begegnen, damit nur die Sympathie jenseits der Fronten nicht übersehen werde.
[...]

hdt. in: Frankfurter Allgemeine Zeitung, 16. 12. 1961

[...] Bevor der Film beginnt, hört man deutsche Militärmärsche. Man sieht die erste Hälfte des (vielzulangen) Films, die Pause beginnt, und wieder hört man die Märsche. Aber noch immer ist nicht klargeworden, ob sie nur ein Ärgernis sind oder eine provokatorische Funktion haben sollen. Das Publikum jedenfalls bleibt gedankenlos. Drei Viertel des Films plätschern nutzlos dahin, erst im letzten Viertel wird die Frontstellung klar. [...]
Der Film hat sich ein Ziel gesetzt, das gar nicht vehement genug befürwortet werden kann. Er will zeigen: daß der Abscheu vor dem verbrecherischen politischen System des Dritten Reiches nicht gemildert werden darf durch die Überlegung, Deutschland werde jetzt als Verbündeter gegen den neuen Gegner gebraucht. Die opportunistischen Verfechter dieser Überlegung werden einigermaßen klar gezeichnet. Trotzdem werden die beiden Positionen nicht klar genug gegeneinander abgesetzt. Die Gegenseite nämlich argumentiert in erster Linie moralisch, kaum jemals juristisch. Das genügt nicht in einem Gerichtsverfahren. Es gelingt Kramer nicht, den Zwiespalt zu artikulieren, in welchem sich ein Gericht befinden mußte, das Nazirichter zu verurteilen hatte. Diese Richter konnten sich ja für ihre

Urteile auf gültige Gesetze berufen, auf positives Recht. Damit setzen sie sich zwar einer moralischen und politischen, nicht aber (nach dem Rückwirkungsverbot) einer juristischen Verurteilung aus. Juristisch waren sie nur zu belangen, wenn sie entwdder über die Forderungen des positiven Rechts noch hinausgegangen waren, oder wenn sie an der Formulierung dieser (unmoralischen) Gesetze mitgewirkt hatten.

Kramers zweites Ziel, die Uneinsichtigkeit der Angeklagten, der Deutschen überhaupt, und die apologetische Haltung des Verteidigers zu zeigen, ist nicht weniger mißglückt. Die Angeklagten und alle anderen Deutschen (die Generalswitwe, das Dienerehepaar, der Chauffeur) sind zu stark typisiert und verzerrt, als daß irgend jemand im Publikum sich noch getroffen fühlen könnte. Und unsere Apologeten, wir kennen sie, sind milder und geschickter.

[...] Der Kamera, mit unmotivierten Schwenks, Aufsichten und Transfokatorfahrten, gelingt es nicht, den Gerichtssaal zu bewältigen. Man sage nicht, formale Schwächen seien bei einem politischen Film unerheblich. Ungestaltetes hat keine Wirkungskraft.

til, d. i. Reinhold E. Thiel, in: Filmkritik, Frankfurt/Main, 6. Jg., 1. Heft, 61. Heft d Gsf., Januar 1962

Über die zentrale Problematik der Kriegsverbrecherprozesse, die nach dem zweiten Weltkrieg in Nürnberg stattfanden, hat Stanley Kramer (als Produzent und Regisseur) einen packenden, überzeugenden Film gedreht. [...]

Das Kernproblem wirkt trügerisch simpel, wenn man es theoretisch, als moralische Grundfrage betrachtet, aber komplex und unauflösbar, sobald es vor dem konkreten Hintergrund der rauhen Wirklichkeit erscheint: es geht um die Frage, wieviel Verantwortung und Schuld der einzelne für Verbrechen zu tragen hat, die er auf Befehl und im Interesse des Staates begangen hat oder geschehen läßt.

[...]

Kramer und seinem intelligenten Drehbuchautor Abby Mann gelingt es, der Schwierigkeit dieser Problematik durchgehend gerecht zu werden, indem sie sowohl mit der Logik und dem Engagement von Anwälten der Menschlichkeit wie mit der Klarheit und Unbestechlichkeit der Richter von Nürnberg vorgehen. Es gelingt ihnen, die Ebene von opportunistischen Argumenten, Appellen an das

Mitleid und Plädoyers für Kompromißlösungen zu durchdringen, um eine subtile, dramatische Aussage von hoher moralischer Integrität zu machen. Sie bedienen sich des Mediums Film, um eine klare, erschütternde und ernüchternde Botschaft an die Welt zu formulieren.

Die Entscheidung, den größten Teil der Handlung im Brennpunkt des moralisch-ideologischen Konflikts, im Nürnberger Gerichtssaal, spielen zu lassen, entspricht der Thematik des Films. Das dramatische Muster gewinnen Kramer und Mann aus der geläufigen Formel grundsätzlichen Widerstreits zwischen hammerschwingendem Staatsanwalt und zähem Verteidiger; darüber, auch als Katalysator des Konflikts, thront ein amerikanischer Richter, Symbol juristischen Fair plays und Verfechter der Menschenrechte.

[...]

Seinen eigentlichen Höhepunkt erreicht der dramatische Konflikt jedoch, wenn Richard Widmark als amerikanischer Colonel, der als Staatsanwalt fungiert, unerschrocken und mit glühender Entrüstung die charakterlichen Qualitäten der Angeklagten angreift und ihr Verteidiger, der ausgezeichnete Maximilian Schell, diese Anwürfe flammend und treffsicher pariert. In diesem hitzigen Schlagabtausch wird der Konflikt vollends deutlich, und hier wird auch der Richter (vorzüglich von Spencer Tracy gespielt) am intensivsten auf die Probe gestellt.

Die Gerichtsverhandlung wird von einer Reihe interessanter Episoden unterbrochen, die zeigen, wie sich der amerikanische Richter um Verständnis für das deutsche Volk bemüht. Marlene Dietrich — sie spielt sehr sensibel die trauernde Witwe eines deutschen Generals — liefert ihm den distanzierten Standpunkt antinazistischer Aristokraten. Besuche in Konzerten, Cafés und Bierlokalen vermitteln ihm (und dem Publikum) einen Eindruck von ungetrübt bürgerlicher Kultur in Deutschland und altväterlicher Sentimentalität.

[...]

Umfang und Tiefe dieses Films, der über drei Stunden dauert, lassen Raum für viele beunruhigende Andeutungen und Enthüllungen. Die moralische Verantwortlichkeit politischer und religiöser Mächte wird in Frage gestellt, die Schwachheit der Menschen reflektiert; man sieht einige schockierende Aufnahmen aus Konzentrationslagern. [...]

Die Hauptschwäche des Films besteht wohl darin, daß er notwendig komprimieren muß und an manchen Stellen zu glatt gerät. Seine Stärke, seine erstaunliche Leistung: daß er so vieles ausspricht, was immer noch ausgesprochen werden muß.

Bosley Crowther in: The New York Times, 20. 12. 1961

Richter Dan Haywood führt 1948 den Vorsitz über ein Gerichtsverfahren gegen deutsche Richter, denen für die Zeit der Naziherrschaft Rechtsbeugung vorgeworfen wird. Der Hauptangeklagte Ernst Janning bricht sein langes Schweigen erst, als sein Verteidiger eine Zeugin der blanken Lüge bezichtigt. Er bekennt sich schuldig und wird neben anderen zu lebenslänglicher Haftstrafe verurteilt.

USA 1961. Produktion: Roxlom Films; Regie: Stanley Kramer; Produzent: Stanley Kramer; Buch: Abby Mann; Kamera: Ernest Laszlo; Bauten: George Milo; Musik: Ernest Gold; Songs: »Lili Marlen« von Norbert Schultze, Hans Leip, Thomas Connor, »Liebeslied« von Ernest Gold, Alfred Perry; Ton: James Speak; Schnitt: Frederic Knudtson; Tonschnitt: Walter Elliott; Musikschnitt: Art Dunham; Kostüme: Joe King; Miss Dietrichs Garderobe: Jean Louis; Aufnahmeleiter: Rudolph Sternad; Produktionsleiter: Clem Beauchamp; Regieassistent: Ivan Volkman; Erster Kameraassistent: Charles Wheeler; Drehbuchüberwachung: Marshall Schlom; Maskenbildner: Robert J. Schiffer; Requisiteur: Art Cole; Chefbeleuchter: Don Carstensen; Titel und technische Ausstattung: Pacific Title; Besetzung: Stalmaster – Lister Co.; Deutscher Stab: Richard Richtsfeld, L. Ostermeier, Lyn Hannes, Pia Arnold, Albrecht Hennings, Laci von Ronay, Hubert Karl, Egon Haedler, Frank Winterstein, Richard Eglseder, Hannelore Winterfeld

Mit Spencer Tracy (Richter Dan Haywood), Burt Lancaster (Ernst Janning), Richard Widmark (Oberst Tad Lawson), Marlene Dietrich (Frau Bertholt), Maximilian Schell (Hans Rolfe), Judy Garland (Irene Hoffmann), Montgomery Clift (Rudolf Petersen), William Shatner (Hauptmann Byers), Edward Binns (Senator Burkette), Kenneth MacKenna (Richter Kenneth Norris), Werner Klemperer (Emil Hahn), Alan Baxter (General Merrin), Torben Meyer (Werner Lammpe), Ray Teal (Richter Curtiss Ives), Martin Brandt (Friedrich Hofstetter), Virginia Christine (Frau Halbestadt), Ben Wright (Halbestadt), Joseph Bernard (Major Abe Radnitz), John Wengraf (Dr. Wieck), Karl Swenson (Dr. Geuter), Howard Caine (Wallner), Otto Waldis (Pohl), Olga Fabian (Frau Lindnow), Sheila Bromley (Frau Ives), Bernard Kates (Perkins), Jana Taylor (Elsa Scheffler), Paul Busch (Schmidt)

Drehzeit: 22. 1. 1961 bis ca. April/Mai 1961 in den Revue-Studios in Universal City; Außenaufnahmen in Berlin und Nürnberg im April 1961. Länge: 190 Minuten, s/w. Uraufführung: 14. 12. 1961, Kongreßhalle, Berlin

Der Film entstand nach dem gleichnamigen Fernsehspiel von Abby Mann (Regie George Roy Bill, Produktion Herbert Brodkin), das am 16. 4. 1959 von CBS ausgestrahlt wurde.
Maximilian Schell erhielt einen Oscar für die beste schauspielerische Leistung, Abby Mann erhielt einen Oscar für das beste Drehbuch.

Nachbemerkung

Die Autoren

Jean Améry, Schriftsteller und Essayist, lebt in Brüssel. Buchveröffentlichungen: »Churchill«, 1965; »Widersprüche«, 1971; »Unmeisterliche Wanderjahre«, 1971; »Über das Altern. Revolte und Resignation«, 1973[3]; »Lefeu oder Der Abbruch«, 1974; »Hand an sich legen. Diskurs über den Freitod«, 1976

Frieda Grafe, Filmkritikerin und Übersetzerin, lebt in München. Buchveröffentlichungen: »Im Off — Filmartikel« (zusammen mit Enno Patalas), 1974; »Fritz Lang« (zusammen mit Enno Patalas), 1976. Ihr Artikel bezieht sich auf folgende Quellen: Serge Danay/ Jean-Louis Noames: Rencontres avec un solitaire in: Cahiers du Cinéma, Paris, Nr. 168/1965; Kevin Brownlow: The Parade's Gone By. London 1968; Geburtstagsbrief von Siegmund Freud an Schnitzler in: Siegmund Freud: Briefe 1873—1939. Frankfurt 1968[2]; Andrew Sarris: Hollywood Voices. London 1971; Conathy/Freeland: Hollywood Costume. Amsterdam 1976; Ich, Josef von Sternberg, a. a. O.

Herman G. Weinberg, Filmkritiker, lebt in New York. Buchveröffentlichungen: »Josef von Sternberg — A Critical Study«, 1966 (Paris); 1967 (New York); »The Lubitsch Touch — A Critical Study«, 1977[3]; »Saint Cinema — Writings on the Film 1929—1970«, 1973[2]; »The Complete Greed of Erich von Stroheim«, 1972; »The Complete Wedding March of Erich von Stroheim«, 1974

Bildnachweis

John Kobal Collection: Nr. 3, 6, 18, 20, 22—24, 26, 28, 29, 32—53; Stiftung Deutsche Kinemathek: 1, 4, 5, 7—11, 14, 17, 19, 21, 30, 31, 54, 55; Sammlung Rieckehr: 13, 15, 16, 25; Deutsches Institut für Filmkunde: 2, 12, 29; Westdeutscher Rundfunk: 27

Für wertvolle Hilfe bei der Realisierung der Retrospektive und des vorliegenden Bandes danken wir folgenden Personen und Institutionen:

Reinhold Bernt, Gerhard Bienert, Olof Ellendt, Emil Hasler, Dr. F. P. Kahlenberg, John Kobal, Ulrich Kurowski, Werner G. Plack,

Frau Purrmann, Serge Silberman, Charles Silver, Manfred Schäfer, Eberhard Spieß, Hans Tasiemka und Ulrich von Thüna; Beta Film, München; Bibliothek der Film - und Fernsehakademie, Berlin; Bibliothek der Hochschule für Fernsehen und Film, München; Bundesarchiv, Koblenz; British Film Institute/National Film Archive, London; Československy Filmový Ústav/Filmový Archiv, Prag; Cinema International Corporation, Frankfurt; Cineteca Nazionale, Rom; Det Danske Filmmuseum, Kopenhagen; Deutsches Institut für Filmkunde, Wiesbaden; George Eastman House, Rochester; Landesbildstelle, Berlin; The Library of Congress, Washington; The Museum of Modern Art/Department of Film und Film Study Center; MCA Television, München; Polytel International, Hamburg; Ullstein Archiv, Berlin; Warner-Columbia, München; Westdeutscher Rundfunk, Köln; United Artists, Frankfurt; Theatersammlung Wilhelm Richter, Berlin
Allen Verlagen und Rechtsinhabern danken wir für die Genehmigung der Abdruckrechte.